Dietmar Polaczek
Gebrauchsanweisung für
Italien

Rosenhofer

Dietmar Polaczek

Gebrauchsanweisung für Italien

Piper
München Zürich

Mit 9 Abbildungen von Wolfgang Haut

In gleicher Ausstattung liegen vor:

Gebrauchsanweisung für Amerika von Paul Watzlawick
Gebrauchsanweisung für Ägypten von Wolfgang Koydl
Gebrauchsanweisung für China von Uli Franz
Gebrauchsanweisung für England von Heinz Ohff
Gebrauchsanweisung für Frankreich von Klaus P. Schmid
Gebrauchsanweisung für Hongkong und Macao
von Gerhard Dambmann
Gebrauchsanweisung für Japan von Gerhard Dambmann
Gebrauchsanweisung für die Sowjetunion von Johannes Grotzky

ISBN 3-492-03056-4
2. Auflage, 11.–18. Tausend 1989
© R. Piper GmbH & Co. KG, München 1988
Gesetzt aus der Times-Antiqua
Umschlaggestaltung und Foto:
Federico Luci
Vignette: Hans Traxler
Gesamtherstellung: Clausen & Bosse, Leck
Printed in Germany

Für
Mimma, die kritisierte,
Giovanna, die verbessert hat,
Teresa Maria, die *caffè* kochte,
und Gaetana, die lächelt.

Inhalt

Vorwort

Lieber Leser,

wenn Sie dieses Buch aufschlagen, leben Sie mit größter Wahrscheinlichkeit in den unwirtlichen, kalten und schneereichen Gegenden nördlich von Gotthard und Brenner. Vielleicht gehören Sie zu jenen 64 Prozent der Schneemenschen, die mindestens einmal die Alpen südwärts überquert haben. Dann wissen Sie sofort, wie schwierig meine Aufgabe ist.

Es ist leicht, ein Buch über theoretische Physik zu schreiben – vorausgesetzt natürlich, man versteht etwas davon. Es wird sich so schnell niemand finden, der es besser weiß. Auch die Experten für den Südpol oder für China sind (noch) dünngesät. Aber wehe, ich bin so unvorsichtig und schreibe über das, was alle angeht und wovon alle etwas verstehen! Über Politik zum Beispiel. Oder über die Schule. Auch Italien kennt jeder. Die alle Jahre nach Rimini fahren, sowieso, und die anderen vom Italiener bei sich zu Haus, bei dem sie ihre Pizza essen.

Mein selbstmörderisches Unternehmen ist also fast von vornherein zum Scheitern verurteilt. Immerhin gibt es ein paar gute Gründe, die für eine *Gebrauchsanweisung* sprechen. Einer davon: Wer den andern nicht versteht, weil er dessen Sprache nicht spricht, antwortet am häufigsten mit Angriffslust. Die Mißverständnisse werden noch begünstigt, wenn wir ohne weiteres annehmen, wir hätten ohnehin alles begriffen. Umgekehrt: Wenn Sie wissen, was Sie erwartet und was von Ihnen erwartet wird, gewinnen Sie Freunde statt Ärger. Beides können Sie in Italien leicht bekommen.

Ein zweiter Grund ist, daß dieses Land-wo-die-Zitronen-blüh'n, das Sehnsuchtsland der Deutschen schlechthin, nur scheinbar nichts als simpel, unbeschwert und unkompliziert ist. Es ist ein faszinierendes, vielgestaltiges Labyrinth, das kennenzulernen ein Leben nicht reichen möchte.

Ein dritter Grund ist der Stau am Brenner (oder die Verspätung des Romulus-Expreß oder der Streik bei der Alitalia). Statt sich zu ärgern, ziehen Sie dieses Buch aus der Tasche.

Vorwörter zu einem Buch sind wie Blitzableiter, sagt Georg Christoph Lichtenberg. Für ganze Bücher gilt das auch. Dies Buch, mitgenommen auf die *Italienische Reise*, möchte ein Blitzableiter für Ihren *italienischen Ärger* sein. Denn Italien ist das Land, über das sich die germanischen Choleriker seit der Völkerwanderung so gern ärgern, daß sie immer wieder hinfahren. Es ist besser für Sie, für das Vergnügen, das Sie erhoffen, für die Völkerfreundschaft im allgemeinen und für die Beliebtheit der Ausländer in Italien, wenn Sie zum Beispiel dieses Buch in die Ecke knallen, statt Ihre Ungeduld an einem Italiener auszulassen. Er würde nicht verstehen – oder nur allzu gut. Sie lächeln ihn besser an. Sie werden willkommen sein.

Das Land, wo die...

I have fallen in love – which except falling into the Canal... is the best or worst thing I could do. – I am therefore in love – fathomless love...
George Gordon Noel Byron, Brief vom 25. November 1816 aus Venedig an John Murray in London

Das Land, wo die Zitronen blüh'n, nach Meinung der Literaturkenner und der schweigenden Mehrheit, dahin, dahin zog und zieht es sie von Anbeginn. Aber wo liegt dieses Land-wo-die überhaupt?

Schon die Antike kannte den Drang nach dem Süden. Selbst die Römer hatten ihn, obwohl man ja annehmen möchte, sie hätten ihre Wohnsitze südlich genug gehabt. Der Luxustourismus der Kaiserzeit im Mittelmeerraum ging nach Griechenland und Nordafrika, mit Nilfahrt und Einkratzen des Namens an einer ägyptischen Pyramide. Zwar drängten auch die Hungerleider aus dem rheumatischen Germanien nach Süden. Für sie lag er jenseits der Alpen, in Italien. Doch der Fremdenverkehr kam nicht recht in Gang.

Zunächst wurden die Italienreisenden nur unwillig und unfreiwillig aufgenommen. Sie respektierten – fast wie manche heutigen Touristen – die Landessitten nicht. Sie wollten alles haben und nichts bezahlen. Sie hinterließen Schmutz und Beschädigungen. Im Jahr 410 plünderten die Wisigoten Rom und hinterließen unangenehme Erinnerungen. Die Hunnen benahmen sich 452 in Mailand nicht besser. Die Wandalen hausten 455 wüst in Rom. (Ein schlechtes Image bekamen sie später. 1794 erfand der Bischof von Blois das

Schlagwort »Wandalismus«.) Die Germanen wurden immer aufdringlicher. 476 riefen Gastarbeiter in Ravenna Odoaker zum König aus, und der setzte den letzten weströmischen Kaiser ab. 488 zogen die Ostrogoten gen Italien und blieben da eine Weile. 568 begann die Reise- und Eroberungssaison der Langobarden. Sie gaben der Lombardei den Namen.

Als Begründer des Geschäftstourismus (Sightseeing *und* Business) kann Karl der Große gelten. Nach ihm mußte praktisch jeder, der *in* sein wollte, sich in Rom zum Kaiser krönen lassen. Otto der Große kam in Geschäften gleich dreimal, Sohn und Enkel kehrten gar nicht mehr in den Norden zurück. Die Staufer machten ihre Zweitwohnungen auf den Reisen durch die Toskana, Latium, Kampanien oder Apulien zum Hauptwohnsitz.

Dichter, Maler und Musiker, überhaupt Kulturreisende kamen erst später – Goethe und Winckelmann und Byron und Shelley und Gregorovius bis herauf zu Claude Debussy und Hans Werner Henze und Hans Magnus Enzensberger und all die französischen Gewinner des *Prix de Rome* und die Stipendiaten der deutschen Villa Massimo (Rom) und der Villa Romana (Florenz) und die wissenschaftlich arbeitenden Gäste im Deutschen Historischen Institut oder im Deutschen Archäologischen Institut oder der deutschen Bibliotheca Hertziana in Rom. Und außerdem kamen die Touristen.

Jeder weiß es: Aus dem Rinnsal ist inzwischen ein verheerender Strom geworden. Selten hat eine Italienreportage so große und langanhaltende Wirkung gehabt wie Johann Wolfgang Goethes *Italienische Reise*. Jedes Jahr wird der Stau am Brenner länger. Jedes Jahr wird die alte Veranstaltung der Völkerwanderung auf friedliche Weise wiederaufgenommen. Jedes Jahr können einige Millionen Deutsche und andere Nachfahren der Germanen es kaum erwarten, auf den Spuren Goethes und Byrons nach Süden zu ziehn.

Dort stoßen sie unversehens auf ein merkwürdiges Volk. Die Bewohner der meerumspülten Halbinsel reden mit den Händen, haben sonderbare Eßgewohnheiten, sprechen zwar

So wünscht er sich Italien – ohne Italiener

meist nur gebrochen deutsch, besitzen aber erstaunlicherweise trotzdem Autobahnen, ein Wirtschaftswunder und zu viele Autos. An deren Steuer sitzen schwarzhaarige Schönheiten, glutäugig wie die Sünde, oder braungebrannte Casanovas, die zugleich Tenöre sind und den ganzen Tag *O sole mio* singen. Antike Ruinen von 700 vor bis 1988 nach Christus stehen in gewaltigen Mengen herum und behindern den Verkehr. Als Merkmale Italiens kennen wir die Spaghetti, die immer strahlende Sonne, das blaue Meer (inzwischen nicht mehr so blau), den roten Chiantiwein, die schwarzen Gondeln Venedigs, die Mafia, die Pizza, Verdi, Puccini, Michelangelo, Leonardos letztes Abendmahl und den Papst. Der ist allerdings häufiger im Ausland zu besichtigen als in Rom.

Selbstverständlich genügen diese Vorkenntnisse vollkommen, wenn es nur ein Badeurlaub auf dem bekannten Teutonengrill an der Adria sein soll. Kunstreisende wollen mehr. Sie wühlen sich durch Museen und Altstädte, etruskische Gräber und frühchristliche Katakomben, lassen keine Kirche und kein Kloster aus. Sie wissen, daß sie zumindest die wichtigsten Reisebücher, Kunst-, Hotel- und Gastronomieführer brauchen, ein kleines Wörterbuch, die nötigsten Flug-, Fahr- und Stadtpläne. Jede Bücherei zeigt dem Interessierten, daß dafür ein Einachsanhänger oder eine kleine Gruppe von Sherpas völlig ausreicht.

Viele ehrliche Italiensucher wundern sich, daß sie das gelobte Land und seine Bewohner nicht recht finden. Vielleicht finden auch Sie Italien wunderschön, doch hoffnungslos chaotisch? Sind Sie erstaunt, daß der Kellner über zwei Pfennig Trinkgeld beleidigt ist? Wollen Sie die rätselhaften Gesten verstehen, die zum Reden unentbehrlich sind? Oder die Fettnäpfchen vermeiden, in die Sie auch in Italien leicht treten können? Möchten Sie wissen: Wie funktioniert die Bürokratie? Wo darf man leichtsinnig sein, wovor soll man sich hüten? Ob der *pappagallo*[1], der von der Mafia abgeordnete Killer, der *scippatore*[2], der *Vu cumprà*[3] mit den falschen Elfenbeinschnitzereien und den echten Schmuggelzigaretten gleich hinter der Grenze auf den Touristen wartet? Um ihn auszuziehen, zu melken und zu schlachten?

Sie ahnen die unglaubliche Vielfalt einer Halbinsel mit drei Staaten (Italien, Vatikanstaat und Republik San Marino), einem Dutzend Sprachen, zwanzig Regionen und noch mehr Regionalküchen, 95 Provinzen, hundert Dialekten, tausend Weinen, 8079 Gemeinden, hunderttausendundeinem Kunstwerk und 58 Millionen Individualisten. Vielleicht leiden Sie sogar, wie der Autor, an einer unheilbaren, stark entzündeten Liebe zu Italien und können trotz kleiner Enttäuschungen gar nicht genug davon bekommen.

Dieser Wunsch kann Ihnen – meist anders, als Sie sich vorstellen – mit Leichtigkeit erfüllt werden. Denn es gibt so viele Italien, wie Sie nur wollen. Es hieße Tauben nach Venedig oder Katzen nach Rom tragen, Ihnen erklären zu wollen, daß zwischen Italien und »Italien«, nämlich dem stereotypen Spaghetti-Gondola-Camorra-Bild (eingebaut Schiefer Turm zu Pisa, Petersdom und Dogenpalast), ein Unterschied besteht. In allen Ländern arbeiten Tourismusbehörden und Reisebüros an der Beseitigung dieses Unterschieds. Die Wirklichkeit soll dem Hochglanzprospekt möglichst ähnlich werden, so sehr, bis von ihr nichts mehr übrigbleibt. Daß Unterschiede zwischen Traum und Wirklichkeit erheblich werden können, dämmert Ihnen spätestens dann, wenn Sie im Mailänder Nebel, der mit dem gerühmten englischen Qualitätsprodukt leicht mithalten kann, oder im Schnürlregen (ganz die Salzburger Machart) vom sonnigen Süden träumen. Oder der *scirocco* überzieht alles mit einer feinen Staubschicht, bester Afrika-Import, und treibt Ihnen die Lust an der Sonne aus. Eisblumen am Fenster wären Ihnen dann plötzlich lieber als die blühende Oleanderpracht auf dem glastflirrenden Autobahnmittelstreifen.

Es gibt so viele Italien... In wenigen Ländern erleben Sie auf engstem Raum solche Kontraste – aber das sagen Ihnen die Fremdenverkehrsprospekte. Was sie Ihnen nicht sagen: daß das Schlüsselerlebnis namens Italien von Ihnen abhängt. *Sie* wählen, was Italien in Ihrer Erinnerung sein wird. Die selektive Wahrnehmung pendelt zwischen den Polen zweier entgegengesetzter Verhaltensmuster.

Der eine sieht stets nur das Vertraute im Fremden. Italiener haben dafür ein bekanntes Sprichwort zur Hand: *Tutto il mondo è paese*, die Welt ist ein Dorf. Die Äußerlichkeiten einer Weltzivilisation begünstigen diesen Glauben. Sie bereisen Malaysia oder das Nordkap – überall gleichen sich Luxushotel, Air-condition, Frühstücksbar, Selbstwähltelefon im Zimmer. Ihre Scheckkarten werden unabhängig vom Breiten- und Längengrad akzeptiert. Wozu noch reisen?

Der andere entdeckt schon vor der Haustür, was er noch nie gesehen hat. Er sucht das Fremde im Vertrauten, Ähnlichen. Die Uniformen der Beamten an der Grenze, die Briefmarken, Münzen und Geldscheine, kurz, die Kleinigkeiten des Alltags haben für ihn schon ein erregendes, exotisches Aroma. Hier sagt man *Buona sera* schon um drei Uhr nachmittags, bemerkt er beglückt. Ganz anders als bei uns. Er hat ein Zipfelchen Italien in die Hand bekommen. Er führt ohne Zweifel das reichere Leben. Er blendet das Immergleiche aus, vermerkt nur die Unterschiede und wiederholt bei sich, was durch Jahrhunderte ungezählte Male geschah: die Entstehung eines wohlbegründeten Vorurteils.

Goethe war auch als Reisender genial – groß im Verstehen, groß im Mißverstehen. Er verkörpert beide Typen in einer Brust, zwei Seelen, ach. Sein Italienerlebnis vor zwei Jahrhunderten war nicht unvoreingenommen. Es unterschied sich jedoch in zwei Dingen von dem heutiger Touristenherden und ihrer Cowboys, die Italien innerhalb von drei Tagen (je einer für Venedig, Florenz und Rom) bis ins Innerste seiner *Wurstel-con-crauti*-Buden kennenlernen. Er reiste allein und bildete sich seine Vorurteile selber, statt sie aus Megaphon oder Erklärungsautomaten zu beziehen. Der große Mißversteher hatte uns heutigen die Freiheit, auf die eigne Weise blind zu sein, voraus. Florenz: »Die unbekannte Welt, an der ich nicht verweilen will«, sagt er kalt, es drängt ihn weiter. Er zückt nicht stellvertretend die Spiegelreflexkamera, sondern guckt, wenn auch manchmal flüchtig, noch selber hin. Zudem unterscheidet er sich von den Wändebeschmierern der gewöhnlichen Sorte. Nur wenigen, die einer dauerhaften Schreibfläche aus Holz oder Marmor (es darf auch ein Fresko sein) nicht widerstehn, fällt beispielsweise *Wanderers Nachtlied* ein, wenn sie dem Kilroy-Reflex nachgeben, der Versuchung, sich zu verewigen.

Diese Zeiten sind schlechter, als man denkt, schreibt der Autor der *Italienischen Reise*. Er weiß nicht, wie gut er es hatte. Zu seiner Zeit war es nirgends überfüllt. Als er reiste, war oft er die Sehenswürdigkeit. Heute können Sie sich in Caorle oder Jesolo im Notfall mit Italienisch verständigen. Selbstverständlich ist es nicht mehr. In Italien klug reisen heißt heute auch geschickt mit der Überfüllung umgehen.

Während Sie dies lesen, schaukelt Sie vielleicht der Expreßzug (überfüllt) durch Simplon- oder Gotthard-Tunnel. Vielleicht warten Sie gerade im Stau auf der Autobahn (ebenfalls überfüllt) vor Basel oder Chiasso, vor Kiefersfelden oder dem Brenner. Die Kolonne ist wieder ein Stückchen vorgerückt. Nach Süden, in Richtung Zitronenblüte. Die Zitronen blühen fast das ganze Jahr.

Warum fahren wir alle, alle dahin? Wie anders ist Italien? Versuchen wir es zu entdecken.

1 Die einfachen Ausspracheregeln sind jedem Wörterbuch und Kurzsprachführer zu entnehmen; doch ist die Betonung in Zweifelsfällen bei jenen Wörtern angegeben, die auf der drittletzten Silbe betont werden. Dieser Akzent wird nicht geschrieben. Immer geschrieben wird hingegen der *accento grave* auf der letzten Silbe, wenn diese betont ist.

2 Eine Handvoll der wichtigsten Wörter sind im Glossar am Ende des Buches erklärt.

3 Das verstümmelte *Vuoi comprare?* (Willst du kaufen?) wurde zum Spitznamen der überwiegend illegal einwandernden Nordafrikaner und Äthiopier, die von Mafia und Camorra als Souvenirverkäufer und Schwarzarbeiter eingesetzt werden und dabei, wie man sich vorstellen kann, keine Reichtümer sammeln.

An der Schwelle zum Paradies

Sie sind in der Autokolonne inzwischen bis zum Schalterhäuschen vorgerückt. Oder die Tür Ihres Zugabteils wird plötzlich aufgerissen und jemand ruft: *I passaporti, per favore!* Kann auch sein, Sie sind mit dem Flugzeug in Mailand-Linate oder auf dem römischen Flughafen »Leonardo da Vinci« in Fiumicino gelandet und müssen durch die Grenzkontrollen. Die erste offizielle Begegnung im fremden Land haben Sie jedenfalls mit Polizei und Zoll. Sie ist im Normalfall reine Formalität. Trotzdem: Nehmen Sie die Formalitäten ernst. Formen sind in Italien wichtig; wer die Form wahrt, hat es leichter.

Versuchen Sie respektvoll auszusehen und unverdächtig, wenn Sie wissen, wie man das macht. Ärgern Sie sich nicht, wenn Sie das Opfer einer Stichprobe sind und kontrolliert werden. Fragen Sie nicht ironisch, ob der Zöllner etwas Besonderes zu finden hofft – er könnte es finden. Sagen Sie nicht zum Scherz, Sie wären ein professioneller Schmuggler. Auch der schwitzende Beamte läge lieber am Strand. In seinen Augen sind Sie schuld, daß er es nicht tun kann. Daß Sie dazu beitragen, die italienische Außenhandelsbilanz zu verbessern, stimmt ihn nicht dankbar. Er beneidet Sie und findet gar nicht komisch, was Sie sagen. Vor allem: Er kann seine Humorlosigkeit so überzeugend ausdrücken, daß auch Ihnen das Lachen vergeht.

Die amtliche Begrüßung vermittelt Ihnen zugleich eindrucksvoll die phantasievolle Kompliziertheit italienischer Behörden. Die Grenzpolizei gehört zur *Polizia dello Stato* (blaue Uniform). Aus irgendeinem Grund können es auch *Carabinieri* (mit schwarzer Uniform) sein, die Ihren Paß kontrollieren. Ob Sie etwas zu verzollen haben, fragt die

Guardia di Finanza (Finanz- und Zollwache in grauer Uniform). Das ist im Unterschied zur Polizei eine militärische Truppe wie die Carabinieri auch. Die Mehrwertsteuer hinwiederum, die Sie – vorläufig noch – entrichten müssen, wenn Sie etwas aus einem EG-Land einführen, oder den Zoll berechnet der *doganiere*, der zivile Zollbeamte, der zu den Finanzbehörden gehört. (Sollten Sie übrigens den Zoll wegen irgendeiner Auskunft anrufen wollen, suchen Sie im Telefonbuch nicht unter *dogana* oder *Ufficio doganale*, obwohl diese Ausdrücke in ihrem Wörterbuch stehen. Sie finden ihn unter *Uffici finanziari*.)

Die Mehrwertsteuer heißt *IVA* (*Imposta sul valore aggiunto*). Sie ist nicht einheitlich, der höchste Satz beträgt seit Herbst 1988 stolze 19 Prozent. Für bestimmte Güter (vor allem Elektronik, Hi-Fi, Radios, Fernseher) gibt es zusätzlich eine »Verbrauchersteuer«, praktisch eine Luxussteuer, von weiteren 16 Prozent. Theoretisch begleichen Sie nur die Differenz zur Mehrwertsteuer im Land des Kaufs. Praktisch bezahlen Sie zuerst die italienische Steuer ganz. Die im Ausland bereits entrichtete wird erst nach Vorlage der Ausfuhrbestätigung erstattet. Tax-Cash-Refund-Organisationen sichern sich im Kleingedruckten bei der Rückzahlung ein gutes Viertel vom Kuchen.

Für Zweitwohnungsbesitzer in Italien ist der etwas teurere Kauf des Fernsehers im Land klüger als die private Einfuhr aus Deutschland. Sie würden dazu ein *nullaosta* (wörtlich: »nichts steht entgegen«), also eine Unbedenklichkeitsbescheinigung der zuständigen Postverwaltung der Provinz brauchen. In besonderen Fällen benötigen Sie eine Einfuhrlizenz des Handelsministeriums. Und Sie müssen nachweisen, daß die Fernsehgebühr für das laufende Jahr bezahlt ist. Das alles dauert länger als ein gewöhnlicher Urlaub.

Auch das geeinte Europa ist also vielfach noch Theorie. Nur Ihre Uhr (wenn sie dem Zöllner nicht als Antiquität ins Auge sticht) merkt nichts von der Grenze. Sie brauchen sie nicht umzustellen, auch dann nicht, wenn in Deutschland die Sommerzeit gilt. Die *ora legale* (gesetzliche Zeit) entspricht ihr vollkommen, tritt zur selben Nachtstunde am ersten Frühlingswochenende in Kraft und endet auch gleichzeitig wie bei allen nördlichen Nachbarn im Herbst.

Die Vorschriften über Zollabgaben, etwa die erlaubten Zollfreimengen von Zigaretten oder Alkoholika ändern sich derzeit in kurzen Abständen. Die Steuersätze werden schrittweise angeglichen. Im Jahr 1992 sollen alle Zollschranken für den Warenverkehr gefallen sein. Ein pittoreskes Kapitel italienischer Verwaltungspraxis wird dann der Vergangenheit angehören.

Damit es nicht zu schnell zu leicht wird, nach Süden zu reisen, gibt es die Nicht-EG-Länder Schweiz und Österreich. Wenn Sie im eigenen Auto etwas Wertvolleres in Ihr toskanisches Bauernhaus transportieren wollen, müssen Sie im Transitland entweder eine (gewaltige) Kaution hinterlegen, die Sie bei der Wiederausfuhr zurückbekommen. Oder Sie brauchen ein Transitpapier (das Formular T2) mit der Zollbürgschaft eines Spediteurs. Der ist nett, macht es billig und – da er für einen Unbekannten haftet – nicht ohne kleine Bürgschaft für seine Bürgschaft. Mit dürren Worten: Die Profis sorgen dafür, daß Ihnen die Lust vergeht, Ihr Hab und Gut als Amateur zu transportieren.

Die italienischen Devisenbeschränkungen waren bis etwa 1986 so streng wie in Osteuropa, werden seither jedoch in Hinblick auf 1992 fortlaufend gelockert. Sie können Lire einführen, soviel Sie wollen; allerdings ist der Wechselkurs in Italien günstiger. Sie können auch Devisen in unbegrenzter Menge einführen. Sind Sie nicht sicher, daß Sie alles verbrauchen werden, sollten Sie sie derzeit noch – eine pure Formalität – an der Grenze auf einem Formular, dem *modulo V 2* (sprich: »Widúe«), deklarieren. Sonst kann es bei der Wiederausfuhr erhebliche Schwierigkeiten geben, wenn der Gegenwert von fünf Millionen Lire überschritten wird. Italienisches Geld dürfen Sie derzeit offiziell nur bis zur Höhe von 500 000 Lire ausführen. In der Praxis wird Sie der Zöllner, wie schon bei der Einreise, einfach durchwinken, besonders zu Stoßzeiten.

Ganz Schlaue versuchen bereits an der Grenze zu erkunden, wie flexibel die Grenzen des Erlaubten sind. Wer verbotene Benzinkanister oder etwas *IVA*-Pflichtiges im Auto hat, sucht sich die Sache einfacher zu machen, indem er einen psychologisch günstigen Zeitpunkt aussucht. Unmittelbar hinter einem Bestattungswagen die Grenze anzusteuern, kann viel Zeit sparen, weil die Zöllner dann mit den komplizierten Dokumenten des Verblichenen ungeheuer schwer beschäftigt sind. Abergläubische ziehen vor, auf so eine Gelegenheit zu verzichten – doch sie bietet sich ohnehin nicht oft.

Was der Tourist mitbringt und normalerweise auch wieder ausführt, ist problemlos – mit gewissen Ausnahmen. Treibstoff-Reservekanister sind grundsätzlich verboten, egal wie klein. Die Brandgefahr bei Unfällen und das genügend dichte Tankstellennetz sind die offiziellen Gründe. Ein Autofahrer, der auf bleifreies Benzin angewiesen ist, der einem eventuellen Streik der Tankwarte vorbeugen will, der nächtens (oder auch nur über die Mittagszeit) längere Strecken abseits der Autobahn fahren und nicht ohne Treibstoff liegenbleiben will und der schließlich den hohen Benzinpreis in Italien kennt, sieht das anders.

Verboten ist die Einfuhr von Waffen. Ein ausländischer Hubertusjünger, der ein Jagdgewehr einführen will, braucht für die nötigen Bescheinigungen mehr Geduld als beim Ansitz auf einen kapitalen Bock, den er in Italien ohnehin schwerlich finden dürfte. Aber die hat ein Jäger ja. Die Konsulate geben für Fälle abseits des Gewöhnlichen Auskunft. Als Waffen gelten allerdings auch Messer mit spitzer, feststellbarer Klinge von mehr als vier Zentimeter Länge. Das Gesetz ist uralt und spiegelt die Erfahrung mit bäuerlichen Messerstechereien oder revolutionären *carbonari* im vorigen Jahrhundert.

Selbst ein simpler Wanderstecken kann als Schlagstock oder Knüppel und somit als Waffe angesehen werden. Um so mehr ein Bergsteigerpickel oder Eisbeil. Es kommt auf die böse Absicht des Besitzers an. Der Zöllner könnte diese böse Absicht dann erkennen, wenn Sie ihm unhöflich, beleidigend, gereizt antworten. In solchem Fall wird der Gegenstand des Anstoßes konfisziert oder muß an der Grenze deponiert werden.

Ein Gleiches gilt für Ihre elektronische Kamera, den tragbaren Personal-Computer, das Kofferradio oder den Fernseher im Campingbus, die Gaskartusche für den Kocher. Es gibt keine Ein- oder Ausfuhrprobleme. Haben Sie sich jedoch in irgendeiner Form unbeliebt gemacht, kann eine Zollprozedur, etwa die Hinterlegung einer Kaution für die Wiederausfuhr, *sehr* langwierig werden.

Mit anderen Worten: Versuchen Sie nicht, sich durch Fragen nach dem Sinn einer Vorschrift zu profilieren oder die Nerven des ohnehin gestreßten Grenzbeamten zu strapazieren. Er ist frustriert, weil ihm die permanente Abneigung seiner »Kunden« entgegenschlägt. Die sehen in ihm ja nur ein Hindernis auf dem Weg zu den Wundern Italiens oder den ersehnten Badestränden. Das Hindernis hat jedenfalls den längeren Hebelarm. Praktisch, nicht nur theoretisch. Als Grundsatz kann man sich merken: Es gibt theoretisch immer irgendein Gesetz, nach welchem verboten ist, was Sie gerade tun. Ob es im Zweifelsfall vergessen oder strengstens angewandt wird, liegt an der Sympathie, die Sie erwecken. Also nur an Ihnen.

Die Erleichterung, die Hürde der Grenze genommen zu haben, sollte Sie nicht in verfrühten Jubel ausbrechen lassen. Ungehindert, meinen Sie, liegt die Strecke vor Ihnen. Wenn Sie Italienerfahrung haben, denken Sie das nicht. Die blühenden Zitronen sind noch weit. Das eigentliche Nadelöhr kommt erst. Kaum haben Sie den Grenzstau hinter sich gelassen, treffen Sie auf den nächsten, schlimmeren. (Zum Trost der Autofahrer sei gesagt, daß sich bei der Ankunft eines Flugzeugs oder Fernzugs in Touristenzentren wie Venedig, Florenz oder Rom herzzerreißende Szenen in der Schlacht um Taxis abspielen. Dabei gehören Taxistandplätze zu den wenigen Orten, wo Italiener sich hinten anstellen und geduldig warten.)

Hannibal mit seinem karthagischen Heer, später deutsche Kaiser und andere Pilger hatten vor den Alpen zu Recht gewaltigen Respekt. Noch der Musikkritiker H. H. Stukkenschmidt verspürte ihn in den zwanziger Jahren. Er ließ seinen Opel (der war auf den Namen Leporello getauft, aber nicht, weil ein Musiker an Opernfiguren denkt – man muß den Namen von hinten lesen) auf der ersten Reise nach dem Süden vorsichtshalber in Basel stehn. Das darf als leichte Übertreibung gewertet werden. Heute ist die Überwindung des Gebirgskamms kein technisches Problem mehr, höchstens im Winter nach katastrophalen Schneefällen. Doch die Überwindung des *casello autostradale*, wo Sie ihre Autobahngebühr entrichten, ist es.

Spätestens hier darf nicht verschwiegen werden: Italien ist ein (teures) Autofahrerland. Obwohl es ein bißchen kleiner ist als die Vereinigten Staaten von Amerika, nähern sich die Reisegewohnheiten der Italiener und die Verkehrsverhältnisse langsam den amerikanischen. Die öffentlichen Nahverkehrsmittel sind meist unzureichend, abgelegene Dörfer fast nur mit dem eigenen Auto zu besuchen. Die Halbinsel ist gebirgiger, als der Mitteleuropäer denkt. Außer der Po-Ebene findet man nur wenige begrenzte flache Gegenden. Die *Ferrovie dello Stato* haben also mit einer eisenbahnfeindlichen Landschaft zu kämpfen. Sie haben außerdem ein chronisches Defizit wie in anderen Ländern auch, mit allen daraus folgenden Schwächen.

Die Autoindustrie hat dafür gesorgt, daß selbst der öffentliche Verkehr zu einem großen Teil auf die Straße abgewandert ist. Zwischen Mailand und Turin gibt es eine Buslinie auf der *autostrada*, obwohl die Bahnverbindung günstig ist. Sie wollen zum Beispiel von Cortina d'Ampezzo in den Dolomiten nach Pompeji am Fuß des Vesuvs und sind auf öffentliche Verkehrsmittel angewiesen? Das bedeutet: Ein Abenteuer von großem Erlebniswert steht Ihnen bevor. Sie werden viele Bekanntschaften schließen, vielleicht eingeladen werden, mindestens aber interessante Gespräche führen, zum Kosten deftiger Köstlichkeiten zwischen Salami, Oliven und Schafskäse genötigt, auf belebten Bahnhöfen vielleicht um die Geldbörse erleichtert, mit solcher Virtuosität, daß Sie es gar nicht merken, und Sie werden gewiß zwei Tage für die 900 Kilometer brauchen. Der eilige Geschäftsmann fliegt (wenn nicht gerade gestreikt wird), fährt im eigenen oder im Mietwagen. Deren Preise liegen um einiges über denen in Deutschland.

Ein Gutteil der Bequemlichkeit, der Zeit- und Benzinersparnis, die die *autostrada* bietet, geht im Streß vor dem *casello* wieder verloren. Die Staatsholding *IRI*, die einen Großteil des Autobahnnetzes betreibt, rüstet neuerdings Mautstellen mit Sonderspuren für automatische Schranken aus, die ein Sesam-öffne-dich, eine Magnetkarte namens *ViaCard*, zu öffnen vermag. Für Vielfahrer lohnt der Erwerb. Bei mittlerem Stauwetter ist die Zeitersparnis groß, zur Stoßzeit um die Ballungsgebiete mitunter in der Größenordnung von Stunden.

Verwirrend wie die Vielfalt der Behörden an der Grenze ist das meiste, das mit Verkehr oder Reisen zusammenhängt. Sicher: Die Verkehrsvorschriften sind im wesentlichen gleich, die ausländische Fahrerlaubnis wird anerkannt; sie ist gemeint, wenn der Polizist *la patente* zu sehen wünscht. Das ausländische Kennzeichen europäischer Nachbarn gilt normalerweise als Versicherungsnachweis, die Grüne Versicherungskarte ist nicht mehr erforderlich. Beharren Sie jedoch gegenüber einem Polizisten, der es anders weiß, auf Ihrem Standpunkt, kann die Überzeugungsarbeit, die Sie zu leisten haben, viel Zeit kosten.

Es ist gut, wenn Sie sich überlegen, ob es sich lohnt, recht zu haben. Sollte die Unbill gering sein, verzichten Sie darauf, sich über vermeintliche oder wirkliche Schikanen zu beschweren, denn es ist Ihre Urlaubszeit, die dabei draufgeht. Einfacher ist die Formalität, die nichts kostet. Im übrigen ist die Grüne Karte schon deswegen von Vorteil, weil auch bei einem Bagatellschaden Ihr italienischer Unfallgegner in Panik geraten kann, wenn er Ihre leere Frontscheibe sieht: An einem italienischen Auto klebt dort der Versicherungsnachweis.

Auch sonst im Verkehr ist Rechthaberei wenig angebracht. Mag sein, daß junge Leute hie und da Straßen mit Rennbahnen verwechseln oder Geschicklichkeitswettbewerbe austragen – selbst sie beharren nicht auf einem

Recht, das mit einem Risiko verbunden ist. Italiener glauben, die Grabinschrift »Er hatte Vorfahrt« sei besonders in Deutschland häufig.

Eine Höchstgeschwindigkeit für Personenwagen? Das wäre zu einfach. Sie ist nur gleich in Ortschaften (50 km/h). Auf Landstraßen und Autobahnen war sie früher nach Hubraum gestaffelt. In der Praxis beachtete so gut wie niemand diese Staffelung. Sie war historisch – technisch überholt und so eine unfreiwillige Spiegelung einer Gesellschaft, die noch immer viel ausgeprägtere Klassenunterschiede kennt als die Nachbarn im Norden. Die Logik war: Wer ein größeres Auto hat, ist ein größerer Herr, darf also schneller fahren. Im Sommer 1988 begrenzte ein heftig bekämpftes Dekret des Ministers Enrico Ferri die Geschwindgkeit für Personenwagen radikal, im Herbst 1988 wurde die Hubraumstaffelung auf der Autobahn von einem nicht minder komplizierten Kalender abgelöst: 130 km/h an Werktagen, 110 km/h an Wochenenden und Feiertagen. Auf Landstraßen sind einheitlich 90 km/h erlaubt. Die Polemiken dauern an, Änderungen sind nicht ausgeschlossen.

Vollgetankt haben Sie vorsorglich in der Schweiz, wo das Benzin wesentlich billiger ist, oder in Österreich, wo es doch noch einiges weniger kostet als in Italien. Das gilt nicht für Dieselöl, dessen politischer Preis der Landwirtschaft zuliebe eine viel geringere Steuerbelastung einschließt. (Italiener, die einen Diesel fahren, zahlen dafür eine viel höhere direkte Steuer, den *superbollo*). Die einstige Vorschrift, daß bei der Ausreise nicht mehr als zehn Liter Diesel im Tank sein dürfen, ist gegenstandslos geworden, spätestens seit die Behörden erkannt haben, daß ihre Einhaltung nicht gerade einfach zu kontrollieren ist.

Trotz der ebenfalls nicht einfachen Kontrolle ist eine andere Ausfuhrbeschränkung, vielleicht die wichtigste, tunlichst einzuhalten. Italien ist das an Kunstschätzen reichste Land der Erde, egal, ob man das auf die Landesfläche oder die Einwohnerzahl bezieht. Neben den vielen Kunstwerken in öffentlichem und privatem Besitz, die Kunstdieben ins Auge stechen, liegt noch manches unentdeckt auf dem Meeresgrund vor den Küsten, den Hobbytaucher verbotenerweise absuchen, birgt der Boden noch eine Unzahl intakter etruskischer Gräber, die nachts von den *tombaroli* systematisch geplündert werden.

Um den ständigen Aderlaß unter Kontrolle zu bekommen, verlangt Italien für Kunstgegenstände und Antiquitäten ein *nullaosta* der zuständigen *Soprintendenza alle Belle Arti*, der regionalen Denkmalbehörde. Diese Unbedenklichkeitsbescheinigung ist für Kunstwerke von Rang praktisch nicht zu bekommen. Selbst die Wiederausfuhr von mitgebrachten Kunstgegenständen, besonders wenn sie nicht deklariert wurden, ist schwierig, wenn nicht unmöglich. Der Staat hat ein Vorkaufsrecht bei Werken, die über fünfzig Jahre alt sind. 1987 machte der »Fall Lutterotti« Aufsehen, als der Staat ein Dutzend Bilder französischer Impressionisten beschlagnahmte, die die Besitzerin legal aus Deutschland eingeführt hatte und beim neuerlichen Umzug wieder ins Ausland mitnehmen wollte.

Gewöhnlich werden Ihnen diese Verlegenheiten erspart bleiben. Die etruskische Graburne (psst, erst gestern ausgegraben!) oder die pompejanische Vase, die Ihnen unter dem Siegel der Verschwiegenheit angeboten werden, weil Sie so sympathisch und vertrauenswürdig aussehen, sind genauso echt wie die auffallend billige goldene Markenuhr, die Ihnen auf der Autobahnraststätte aufgedrängt wird. Nämlich gar nicht.

Wo ist der Süden?

Der Uhrenschmuggler und der Antiquitätenhändler kennen Sie genau. Sie wissen, daß der Tourist bei der Ankunft in einen hypnotischen Zustand verfällt. Er hat nach langer Reise endlich erreicht, was er für *den* Süden hält. Der volle Klang der italienischen Sprache, die ersten Zypressen am Gardasee, die ersten Weingärten, der erste Espresso: all das zusammen ergibt eine berauschende Droge, unter deren Einfluß Sie starke Glücksgefühle verspüren und glauben, etwa eine Handbreit über dem Boden zu schweben.

Erst nach und nach kehren Sie auf den Boden der italienischen Wirklichkeit zurück. Erst nach und nach merken Sie, daß »Italien« als Ziel der Sehnsucht ein so ähnlicher Begriff ist wie »Schlaraffenland«, »Balkan« oder »Preußen«: immer noch ein Stückchen weiter, als man grade ist. Für die Bayern beginnt Preußen knapp hinter Ulm, für die Österreicher in Bayern und für Italiener in Österreich. Umgekehrt zählt für die Deutschen Österreich zum Balkan, der in den Augen der Salzburger bei Graz anfängt, für die Grazer zur jugoslawischen Grenze zurückweicht, aber nach Ansicht der Slowenen erst in Serbien beginnt.

Der Süden, *il Sud, il Meridione, il Mezzogiorno,* hat eine ebenso fließende Grenze. Für den Turiner und Mailänder beginnt er knapp hinter Florenz, für die Toskaner im fernen Rom, für die Römer in Neapel. Süden hat nur für den Touristen die Bedeutung »Paradies«. Für den Norditaliener ist der Süden ein Entwicklungsland, gleichbedeutend mit Armut, Tradition, Rückständigkeit, Hoffnungslosigkeit. Der Süden fühlt sich seit der Einigung Italiens vom Norden besetzt und ausgebeutet, der reiche und industrialisierte Norden vom Süden ausgenutzt. Benutzen Sie nie, nie das Schimpfwort der »Nordisten« für den Süditaliener: *terrone*.

Begreiflicher wird der große Abstand der Mentalitäten, wenn Sie sich den geographischen Abstand vorstellen. Dieses scheinbar so kleine europäische Land ist unendlich langgestreckt. Von Mailand über Rom nach Kalabrien und dann nach Trapani am äußersten Ende Siziliens sind es 1620 Kilometer, 150 Kilometer mehr als von Kopenhagen oder Birmingham nach Mailand.

Es sind schwierige Kilometer. Die Touristenströme, die Pendler, der Güterverkehr auf der Straße vermischen sich. Die gefürchteten *TIR*, die Fernlaster, rollen in den Krieg. Gegen Leuchtkäfer, Zwillinge, Schwarzfüße und gegen andere Autofahrer überhaupt. *Lucciole* (Leuchtkäfer) heißen im Rotwelsch der Fernfahrer die Streifenwagen mit Blaulicht (der beleidigende Nebensinn erinnert an die abends in eindeutiger Absicht spazierengehenden Mädchen). Die *gemelli* sind die zu zweit agierenden Finanzpolizisten. Die *piedi neri* sind die Carabinieri mit ihren glänzenden Motorradstiefeln.

In diesem Jargon verständigen sich die Herren über viele PS mit ihrem CB-Funk. »Einsamer Wolf« ruft »Roten Baron«, um etwa vor dem Gratisfoto bei Kilometer 341 zu warnen (wo gerade ein Radarwagen steht) oder vor den *puffi* (so heißen die Fernseh-Schlümpfe in Italien), den Autobahnpolizisten, hinter der Ausfahrt Florenz Nord. Im Notfall wird über Sprechfunk Verstärkung für eine Prügelei herangeholt. Manche benutzen das CB-Gerät »mit Vitaminen«: gesetzwidrig manipulierte Geräte, die auch den Polizeifunk empfangen.

Der gewöhnliche Tourist braucht keinen Funk, sondern muß sich nur eine, der Autofahrer zwei Telefonnummern merken: 113 ist landesweit der Notruf, 116 der Pannenruf des Italienischen Automobilclubs *ACI*. Die höhere Telefonwissenschaft wird später beschrieben.

Der Verkehr erscheint, alles in allem, reichlich chaotisch. Allerdings findet sich der auf Urlaub fahrende Homo nordicus sofort bereit, sich dem Chaos samt allen Gesetzesübertretungen anzupassen. Aber stimmt der Anschein? Nach einer Statistik der Abteilung Öffentliche Sicherheit des Innenministeriums ist in der im doppelten Sinn heißen Zeit des Urlaubs (Mitte Juli bis Ende August) die Zahl der Verkehrsunfälle seit Jahren insgesamt ziemlich konstant (um 27 000 – 29 000), von 1985 auf 1986 nahm sie trotz steigender Touristenzahlen sogar ab.

Ein Wunder? Anderswo korrigiert die Technik menschliches Versagen. In Italien ist es umgekehrt. Technisches Versagen wird durch Improvisationsgabe, Schlagfertigkeit, rasches Reagieren kompensiert. Die Vehikel müssen erst nach zehn Jahren zu einer technischen Überprüfung, ihre Verkehrstauglichkeit wird oft, wie bei islamischen Fundamentalisten, durch viel Gottvertrauen hergestellt.

Andererseits haben italienische Menschen nach Ansicht des Gesetzgebers größere Zähigkeit und Schlagfestigkeit. Motorradhelme sind im Land der Vespas, Lambrettas und MotoGuzzis erst 1986 zur Pflicht geworden. Fordern Sie einen Italiener im Auto auf, sich anzuschnallen, wird er es nur zähneknirschend tun und murmeln: »Früher war es besser, da war es nicht vorgeschrieben.« Die gesetzlich erhärtete Ansicht ist, daß der menschliche Körper ab dem 27. April 1989 an Widerstandsfähigkeit verloren hat. Seither besteht Gurtpflicht. Doch noch immer herrschen auf der Apenninenhalbinsel besondere physikalische Gesetze. Die Automobile fahren dort bis auf weiteres vorn schneller als mit dem Hinterende, so daß Sicherheitsgurte nur auf den Vordersitzen nötig sind. In Neapel nicht einmal das: Schon am 28. April 1989 kamen dort T-Shirts auf den Markt, die schräg über die Brust einen Sicherheitsgurt aufgedruckt haben.

Kühne Zweiradrecken tragen den Schutzhelm jetzt noch meist in der Ellenbeuge, um nach alter Ritterart mit offenem Visier in den Tjost zu stürmen. Nicht alle beugen sich der Göttin Ratio (und den gepfefferten Bußgeldern). Unbekannt ist, wie das Ansuchen eines Motorradfahrers um die Genehmigung, helmfrei fahren zu dürfen, beschieden wurde. Er wies erfreut nach, für seine überdurchschnittliche Kopfgröße sei kein geeignetes Modell erhältlich.

Inzwischen sind Nachteile und Vorteile der Helmpflicht klargeworden. Im dritten Quartal 1986 ist der Absatz von kennzeichenpflichtigen Motorrollern um 60, von Mopeds um 30, von Motorfahrrädern um 20 Prozent zurückgegangen, was auf die Helmpflicht zurückgeführt wird. Den Vorteil des Helms hat eine besondere Gruppe von Zweiradbenutzern entdeckt: Motorradbanden vom Typ der Hell's Angels, *scippatori*, Demonstranten, die zu kleinen Gewalttätigkeiten neigen, überhaupt Angehörige gefährdeter Berufe, zum Beispiel Bankräuber, Eintreiber von »Versicherungsprämien« oder Ausführungsorgane der *camorra, 'ndrangheta* und *mafia*, denen die Erschießung mißliebiger Zeugen oder ungefälliger Polizisten anvertraut wird.

Das geschlossene Visier schützt vor Leitplanke, Schlagstock und unziemlicher Neugier. Der übers Gesicht gezogene Strumpf, das vor die Nase gebundene Halstuch sind überholt. Sie werden nur noch von Amateuren als Tarnkappe benutzt.

Warum, wird der deutsche Leser fragen, gibt es mehrerlei Polizei? Kommt man nicht mit einer aus? O nein. In weiser Vorsicht hatte das noch unfertige geeinte Italien, verschiedene Revolutionen, Putschversuche und Fensterstürze anderswo vor Augen, die Aufgaben der Exekutive in möglichst kleinen Häppchen verteilt. Nirgendwo sollte ein gefährlicher Staat im Staat entstehen können. Teile und herrsche: Die *Pubblica Sicurezza* sollte sich selbst, nicht dem Gesetzgeber Konkurrenz machen.

Die eigentliche Polizei, die *Polizia di Stato*, untersteht dem Innenministerium und wird in jeder Provinz kommandiert von einem *Questore*. Die *Arma dei Carabinieri* hingegen, als Waffengattung des Heeres, fällt unter die Kompetenz des Verteidigungsministeriums, während die gleichfalls militärische *Guardia di Finanza* auch Befehlsempfängerin des Finanzministeriums ist. Die eigentliche Polizei ebenso wie die Carabinieri kümmern sich zur geteilten Hand um die Sicherheit auf den Straßen, die Streifenwagen auf Autobahnen und auf den Staatsstraßen gehören der *Polstrada*, doch auch die Carabinieri auf Motorrädern lassen sich blicken, besonders bei Serienkontrollen und Fahndungen. Die verschiedenen Zweige der *Polizia di Stato* wiederum, die »wissenschaftliche« Kriminalpolizei (*Scientifica*), die Gesundheitspolizei (*Sanitaria*), die Steuerpolizei (*Tributaria*), die Justizpolizei (*Giustiziaria*), die »Sitte«, außerdem noch die Geheimdienste kommen sowohl einander wie den Militärs ins Gehege und werden in den Kompetenzbereichen der verschiedensten Ministerien tätig.

Weil das zu wenig kompliziert ist, gibt es auch eine städtische Polizei. Die *Vigili Urbani* bewältigen bescheidenere Ordnungsaufgaben im lokalen Rahmen, auch im Verkehr, und sind in ihrem Viertel zu Hause wie der Fisch im Wasser. Eine Art Polizeiguerilla, die versucht, an den richtigen Stellen die Augen zuzudrücken, in brenzligen Situationen manchmal beide. Als Baupolizisten etwa sind die Vigili hilflos gegenüber gesetzwidrig errichteten Wohnblocks. Das ein paar Zentimeter zu hoch angebrachte Ladenschild können sie entfernen lassen.

Der Ausländer neigt zum Aufbegehren, besonders wenn er keinen Obrigkeitsstaat gewohnt ist. Den lernt er kennen, wenn ihm zum Beispiel das Auto gestohlen wird. Nicht daß keine Hilfsbereitschaft vorhanden wäre. Die Woge von Freundlichkeit und menschlichem Entgegenkommen, die ein Opfer umspült, läßt es fast wünschen, die Handtasche oder der Wagen mögen jeden Tag oder wenigstens jeden zweiten geklaut werden. Zuständig dafür sind in kleineren Orten die Carabinieri, in Großstädten ist es die *Questura*.

In der *Questura* hat die Freundlichkeit Grenzen. Man hat andere Aufgaben, als den Wagen rasch wiederzufinden. In dreifacher Ausfertigung (drei Originale – eine Durchschrift verbietet das Gesetz) muß der Hergang handschriftlich protokolliert und mit vielen Stempeln versehen werden. In der Regel nach einigen Stunden ist die Anzeige fertig. Dann kann der Raub oder Diebstahl zwar nicht aufgeklärt, aber zu den Akten gelegt werden.

Ausländer haben es einfacher als Italiener. Die müssen – damit der Anzeige überhaupt die Gnade widerfährt, entgegengenommen zu werden – die *carta bollata* benutzen, einen gefalteten, linierten Bogen mit einem Wasserzeichen als Gebührenstempel. Nur beim *tabaccaio* kann man sie bekommen, was nicht immer einfach ist. Diese Bestimmung hebt die Stimmung besonders dann, wenn abends oder nachts etwa ein Brieftaschenraub stattfand, das Opfer mit Mühe und ohne Geld das Amtslokal des Bereitschaftsdienstes gefunden hat und nun erfährt, ohne *carta bollata* sei der kriminelle Vorgang nicht aktenkundig zu machen, gewissermaßen nicht existent.

Deutsche Ämter und Versicherungen, die auf dem Beweisstück einer polizeilichen Anzeige beharren, erwarten manchmal fast Unmögliches. Der Reisende bringt selten die Schlagfertigkeit in der fremden Sprache auf zu verlangen, daß ihm wenigstens eine Bestätigung darüber ausgestellt werde, daß ihm keine Bestätigung ausgestellt werden kann.

Freilich hat die Abneigung, in Bagatellsachen amtszuhandeln, ihr Gutes. Die italienischen Grenzer merkten einmal, daß bei der Einreise an meinem Auto eines der Kennzeichen fehlte. Es war unterwegs abgefallen oder gestohlen worden. Ein pedantischeres Land wäre dem Urlauber verschlossen geblieben. Hier rief die Frage, ob ich denn nicht gleich eine Anzeige machen dürfe, im Beamten eine gewisse Nachdenklichkeit hervor. Er sah vor seinem inneren Auge die Formulare aufsteigen, das Dienstjournal, den versäumten Cappuccino, und schließlich bedeutete er mir: »Weiterfahren! Machen Sie die Anzeige in Mailand, das ist eine große Stadt.«

Zu Landkarten, Verkehrszeichen und Wegweisern hat Italien ein anderes Verhältnis als der pingelige Deutsche. Wissen ist Macht. Daher sind wirklich gute Landkarten selten. Am besten sind jene des *Istituto Geografico Militare*, vielfach veraltet, und die so gut wie unerhältlichen, ganz ausgezeichneten modernen Regionalkarten des *Touring Club Italiano* in den Maßstäben 1:10 000, 1:25 000, 1:50 000. Der *TCI* hat auch den besten Autoatlas im Maßstab 1:200 000 herausgegeben.

In größeren Städten kann der Tourist in der *Azienda di*

Soggiorno, die einem auch Hotels nennt oder gar reserviert, einen meist kostenlosen Stadtplan erhalten. Glauben Sie nicht, daß Sie mit dem Plan in der Hand Ihre Fragen nach dem Weg einfacher stellen können. Unter Normalbürgern ist die Gabe der Orientierung eher schwach entwickelt. Ein *Vigile Urbano* wird Ihnen in Mailand auch dann mit Hilfe Ihres Stadtplans den Weg überzeugend erklären, wenn Sie versehentlich den von Nowosibirsk aufgeschlagen haben. Wie wichtig die Gestensprache ist, merken Sie, wenn jemand Sie nach rechts (*a destra*) schickt, indem er eifrig nach links deutet. Im Zweifel ist die Gebärde richtig.

Wegweiser, Verkehrszeichen? Auf den Autobahnen sind sie gut. Aber sonst? Sie vertreten selten das Interesse der Verkehrsteilnehmer, öfter jenes der Verkehrslenker oder der Anrainer. Am häufigsten steht in reizvollen Gegenden auf ihnen: *Proprietà privata*, *Accesso vietato*, *Divieto d'ingresso*. Diese und andere Varianten sagen Ihnen, daß Sie unerwünscht sind. In wenigen Dingen ist der Italiener so empfindlich wie bei der Verletzung der Intimsphäre, auf italienisch *privacy*, ausgesprochen Práiwessi.

Wenn die Straße öffentlich ist, jedoch nur dem Anrainerverkehr dienen soll, fehlen Wegweiser ganz. Versuchen Sie bei Staus auf Hauptstraßen nicht, einen »Schleichweg« zu finden. Deutsche Straßen bilden Verkehrsnetze, italienische sind viel öfter Verkehrsadern: Sie verzweigen sich. Verkehrsberuhigte Nebenstraßen enden überraschend blind oder bilden Schleifen, der Stadtplan sagt nichts von der Kette oder dem Mäuerchen, die durchgehende Straßen unterbrechen mögen. Sie werden gezwungen, den Wegweisern zu gehorchen. Einziges Mittel, Verkehrsstaus zu meiden, ist antizyklisches Verhalten.

Wegweiser führen nicht immer auf schnellstem Weg ans Ziel. Manchmal entstand eine Umfahrung, von der die Wegweiser noch nichts wissen. Oft sind Verkehrsbeschränkungen, Fahrverbote im Zentrum, Fußgängerzonen und Einbahnstraßen mit ganzen Romanen als Zusatzerklärungen geschmückt, die kein Mensch in der Eile lesen könnte. Trotzdem sind sie gültig. Der Autofahrer hat zwei Möglichkeiten. Mutige hoffen, daß die Ausnahmeerlaubnis auch für sie gilt oder sie nicht erwischt werden. Vorsichtige halten sich an Verbote zu allen Stunden und unter allen Umständen.

Ein nicht unbedingt verläßlicher Anhaltspunkt ist, was die anderen Verkehrsteilnehmer tun. Italiener sind Individualisten, die ihren Individualismus mit dem Verhalten der anderen rechtfertigen. *Ma lo fanno tutti*, das tun ja alle, ist ein häufiges Argument. Wo hundert falsch parken, läuft auch der hunderterste relativ wenig Gefahr, abgeschleppt zu werden. Wenn Sie allein auf weiter Flur sind, ist die Regelverletzung entschieden riskanter. Sie werden bald Fingerspitzengefühl dafür entwickeln, wo Sie beispielsweise:
– im Parkverbot parken können,
– im Parkverbot das Abschleppen riskieren,
– parken dürfen, aber Einbruch oder Autodiebstahl fürchten müssen,
– erlaubt oder unerlaubt parken, aber Gefahr laufen, bis zum Ende der Geschäftszeit von gewohnheitsrechtlichen Parkern in zweiter und dritter Spur blockiert zu werden. Der Erfahrene wird dann nicht in der freien Parklücke, sondern selber in zweiter Spur daneben stehenbleiben. Die beste Lösung sind kommunale oder private bewachte Parkplätze.

Italien ist ein Land, das die Intelligenz herausfordert. Es ist oft ein Labyrinth. Der Homo teutonicus wird von den südlichen Nachbarn gemeinhin als gotisch-düster, romantisch-verworren und verschroben-kompliziert beschrieben. Er neigt seinerseits dazu, dem Bewohner der Mediterranée kristallklare Rationalität, vernünftiges Augenmaß und lebenserleichternden Sinn für das Praktische nachzusagen. Immer stimmt das nicht.

Zum Labyrinthischen trägt das Alphabet bei. Für Ausländer ein ewiges Vexierspiel sind Straßenverzeichnisse. Sie ordnen die Namen wie das Einwohnermeldeamt, nach dem

Oben: Organisiertes Chaos in Catania: Der Wohlstand macht die Stadt unwirtlich
Unten: Pythagoras als Kleiderständer: Die Fußballbegeisterung kennt keine Schranken

atlas
BUS CONTROSE
FERMATA
A.M.T.
zona rimozione
811

PITAGORA

Familiennamen. Die *via Alessandro Manzoni* steht unter M, die *via Michelangelo Buonarroti* unter B, die *via Leonardo Da Vinci* allerdings unter L (weil *Da Vinci* zwar groß geschrieben wird, aber kein Familienname ist, sondern »aus Vinci« bedeutet). Lästig sind die vielen Gedenkdaten in Straßennamen: die *via XXV Aprile* (Befreiungstag) findet man nicht unter April, nicht unter X, sondern unter *Venticinque Aprile*. Telefonbuch, Restaurant- und Hotelführer bieten die gleichen alphabetischen Stolpersteine. Ob Sie eine *Osteria Alla Terza Carbonaia Da Gino* unter *Alla*, unter *Terza*, *Carbonaia*, *Da Gino* oder *Gino* finden, selbstverständlich unter dem Hauptbuchstaben R wie *Ristorante*, hängt von geheimnisvollen, in jedem Einzelfall anderen Entscheidungen ab, die auch Italiener nicht durchschauen. Besonders pikant ist die *Osteria*. Sie kann je nach Region ja auch *Ostaria*, *Hosteria* oder *Hostaria* heißen. Ein Hotel steht meist als *Albergo* in Telefonbüchern, beim Namen gibt es die gleichen Quizspiele wie bei Restaurants.

Wenn schon die Ordnungshüter und die Telefonbücher so verzwickt organisiert sind, wie wird es erst mit den Verkehrsmitteln sein? Es ist gar nicht schlimm, es gibt nur eine Vielfalt der Systeme. Taxifahren ist einfach. Die Taxis haben einen Taxameter (der nicht immer schon nach der letzten Tariferhöhung umgestellt wurde; dann gibt es eine Umrechnungstabelle). In Neapel oder Palermo müssen Sie darauf achten, daß der Fahrer das Einschalten nicht vergißt. Der Tarif kann außerhalb der Stadtgrenzen verdoppelt werden. Um unangenehme Überraschungen zu vermeiden, fragen Sie lieber vorher. Sie brauchen keine Angst zu haben, für mißtrauisch gehalten zu werden: Fragen Sie freundlich nach dem Grund des Aufschlags, wenn der Taxifahrer hinterher mehr verlangt, als die Uhr anzeigt. Die Tarife sind kompliziert. Notfalls kann man einen *Vigile Urbano* als Schlichter holen. Lassen Sie sich nicht hinreißen, selber laut zu werden, wenn Ihnen der Taxifahrer eine dramatische Szene vorspielt – er kann das viel besser.

Städtische Verkehrsbetriebe verkaufen ihre Fahrkarten am Zeitungsstand, der *edicola*. Die Systeme funktionieren ähnlich wie überall. Zum gewünschten Ziel außerhalb der Stadt die richtige Bahngesellschaft (es gibt lokale Privatbahnen) oder Autobuslinie und den richtigen Abfahrtsort zu finden, ist schon etwas schwieriger. Mit der erfolgreichen Vorbestellung einer Passage für Familie und Auto auf einem Fährschiff haben Sie die Aufnahmsprüfung für ein Reisebüro bestanden. Profis kosten weniger, als sie Ihnen an Mühe ersparen. Ein leichtes Kribbeln in der Magengrube bleibt noch immer. Man weiß nie, wann die *Tirrenia*, die *Caremar*, die *Toremar* und andere Fährlinien zu den großen Inseln gerade bestreikt werden oder die monatelang vorher ausgebuchten Flüge nach Sardinien, Sizilien oder Pantelleria ausfallen.

Wie auch immer Sie es wenden: Es ist ein kommunikatives Land. Sie können durch Deutschland reisen, ohne mit einem Eingeborenen ein Wort zu wechseln. In Italien geht das nicht. Sie brauchen – allein um sich zurechtzufinden – die Gastfreundschaft der Landesbewohner, und Gott sei Dank, trotz aller Verwundungen durch den Massentourismus, existiert die noch in reichem Maß.

Was kostet das Paradies?

Das italienische Geld hat große Fortschritte gemacht. In den siebziger Jahren konnte man mit den Münzen erstens nicht telefonieren, zweitens waren sie ohnehin rar wie Diamanten. Dafür ließen sich die Geldscheine ungeheuer vielseitig verwenden, als Bettvorleger, notfalls als Badetuch am Strand. Schiffbrüchige sollen sie als Reservesegel benutzt haben. In Verlegenheit kam man nur, wenn man einen 10 000-Lire-Schein in eine normale Geldbörse stecken wollte. Beim Umtausch von ein paar hundert Mark mußte vorsichtshalber ein Aktenkoffer mitgenommen werden.

Die Scheine waren groß, die Münzen waren weg. Italienische Erfindungskraft kannte keine Grenzen, zweitens Ersatz zu finden und erstens das Rätsel ihres Verschwindens zu ergründen. Sie erinnern sich noch? Sie bezahlten mit einem Tausendlireschein und durften sich überraschen lassen, was Sie als Wechselgeld herausbekommen: ein Kaugummipäckchen, eine Briefmarke, ein versiegeltes Erfrischungstuch, einen Gummiring, ein Lutschbonbon, Spielzeuggeld mit dem Aufkleber des Ladens, einen Suppenwürfel, eine Pakkung Streichhölzer, ein Plastikscheibchen, wie es als Flaschenpfand ausgegeben wird, einen Gutschein des Ladens, zwei abgepackte Zuckerwürfel, eine Ansichtskarte, einen Straßenbahnfahrschein und wenn Sie Glück hatten, sogar einen *gettone*, eine Telefonmünze. Es kursierte der *miniassegno*, eine Art winziger Scheck, als Notgeld von lokalen Banken gedruckt. Münzen wurden eifersüchtig gehütet. Die hoffnungsvolle Frage des Verkäufers: *Non ha spiccioli?* wurde mit der gekonnt verzweifelten Lüge *Mi dispiace* verneint – Kleingeld war nötig für Automaten, die sich nicht mit Bonbons oder Briefmarken füttern ließen.

Inzwischen ist viel Wasser den Po hinuntergeflossen. Die Geldscheine (1000, 5000, 10000, 50000, 100000 Lire) sind auf europäisches Maß geschrumpft und haben an Größe wie an Wert verloren. Anfang der achtziger Jahre ist der 20000-Lireschein verschwunden, 1987 der 500-Lireschein. Ihn ersetzte eine Münze, in der Mitte messinggelb, außen eine ringförmige weiße Zone. Die Wertangabe ist auch in Blindenschrift aufgeprägt.

Nicht nur 500 Lire, sondern auch alle anderen Münzen waren wieder da. Hatten die Japaner aufgehört, daraus die Gehäuse von Billiguhren zu prägen? Ganze Schiffsladungen, hieß es, seien nach Asien unterwegs. Falsch, die Fünf- und Zehnliremünzen werden von den Textilfabriken in Singapur umsponnen und zu Knöpfen verarbeitet, wußten andere. Nein, in gewissen Ländern können die Automaten unsere Münzen nicht von den wertvolleren gültigen unterscheiden. In London könne man mit Liremünzen fast umsonst telefonieren. Der Mangel komme daher, daß so viele Touristen die Münzen in die *Fontana di Trevi* und andere Brunnen werfen oder mit nach Hause nehmen, sagten selbsternannte Experten. Daß es schlicht an der Unfähigkeit der römischen Bürokratie lag, die die Münzanstalt in Agonie hatte stürzen lassen, fiel niemand ein außer den Journalisten Aldo Santini und Paolo Guzzanti[1]. Tatsächlich war die Münzknappheit auf einen Schlag behoben, als die Regierung die Prägeanstalt reorganisieren ließ (und vor allem vom Ministerium unabhängig machte). Alle Münzen wurden wieder in ausreichenden Mengen geprägt: 200, 100, 50, 20, zehn, fünf, zwei Lire und eine Lira.

Mit der Inflation, von früher weit über zehn auf vier bis sechs Prozent herabgedrückt, zeichnet sich eine andere Knappheit ab. Die Nachprägung der kleinsten Münzen lohnt nicht mehr. Nach und nach wurde die Scheidemünze größer, die Einliramünze verschwand, Fünflire-, auch Zehnlirestücke (Wert 1989: 1,3 Pfennig) sind inzwischen so rar, daß beim Bezahlen auf- oder abgerundet wird. Beschweren Sie sich nicht, man habe Ihnen zuwenig Wechselgeld herausgegeben. Sie würden sich lächerlich machen.

Am oberen Ende der Geldskala bringen die vielen Nullen der Millionen und Milliarden Verwirrung. Benzinpumpen, Registrierkassen und ähnliche Zählwerke sind an der Grenze der Kapazität angelangt. Seit Mitte der achtziger Jahre wirft immer wieder eine der rasch wieder abtretenden Regierungen die *lira pesante* ins Gespräch. Es würden einfach drei Nullen wegfallen. Die »schwere Lira« soll 1000 alte Lire ersetzen, also mehr als eine Mark (1989: DM 1,37) wert sein und in hundert *centesimi* unterteilt werden. Aber wann es soweit ist?

Es gibt eine dritte Knappheit, die der Telefon-*gettoni*. Sie tritt periodisch auf und ist ein Beispiel für den genialen Umgang der Italiener mit Geld. Immerhin wurde ja auch die doppelte Buchführung in Italien erfunden und erstmals von Luca Pacioli 1494 beschrieben. Genauigkeit und Phantasie – im allgemeinen wird nur die letztere für »typisch italienisch« gehalten – müssen einander nicht ausschließen. Aus der Not eine Tugend machen kann jeder, aber aus der Knappheit gleich mehrfach Gewinn ziehen? An den *miniassegni* hatten schon ihre Unterzeichner verdient, weil sie so oft nicht eingelöst wurden. Nun hat sich für diese Kuriosität längst ein florierender Sammlermarkt gebildet. Wenn das Telefon teurer wird, erwacht die Spekulationsbörse des kleinen Mannes. Um einen todsicheren Kursgewinn aufzubauen, hortet er *gettoni*. Deren Preis sprang von 50 auf 100, von 100 auf 200 Lire, also jedesmal um 100 Prozent. In den Wochen vor der Erhöhung waren sie wie vom Erdboden verschluckt.

Der Tourist ist von der freien Marktwirtschaft ein wenig benachteiligt. Zu den Hauptreisezeiten wird die Lira im Verhältnis zu den anderen Währungen meist etwas stärker. (Ein italienischer Steuerberater hat den Zyklus der Finanzpolitik auf eine einfache, aber zutreffende Formel gebracht: Im Herbst, wenn der Tourismus abflaut, wird abgewertet, zu Neujahr werden die Steuern erhöht, im Frühling stürzt die Regierung über den Haushaltsentwurf.) In Zentren wie Venedig, wo die Geschäftstüchtigkeit der Kauffahrer noch heute in Ehren gehalten wird, sind die Kurse gern um ein paar Prozent ungünstiger. Zu seinen Gunsten wendet der

Reisende den freien Markt, wenn er mehr als einen kleinen Betrag eintauscht. Er kann mit Kenntnis des amtlichen Devisenkurses in ein paar Banken (vorzugsweise in den Großstädten des Nordens) Kurs und Umtauschspesen vergleichen. Es läßt sich sogar handeln. Die Devisenbestimmungen sind den Wechslern ein willkommener Vorwand, Umtauschgebühren zu verrechnen. Auch bei Traveller- oder Euroschecks (zur Zeit akzeptiert bis 275000 Lire) behalten manche Banken »Gebühren« oder »Spesen« ein, die internationalen Abmachungen widersprechen. Ihren Vorhaltungen wird man kühl entgegnen, Sie könnten ja anderswohin gehen. Von deutschen Postsparbüchern kann man, ein wenig umständlich, auf Postämtern abheben.

Abgesehen von der normalen Vorsicht beim Umgang mit Bargeld sollten Sie sich beim Umtausch als höchste Banknote nur 50000-Lirescheine geben lassen, *biglietti da cinquantamila*. Von der Bank kriegen Sie echte. Wechseln Sie dagegen einen Hunderttausender, sind Sie nicht so sicher davor, beim Herausgeben mit einem falschen Fuffziger beglückt zu werden. Tankstellen benutzen sogar UV-Lampen, deren Licht die Blüten erkennbar macht. In armen Gegenden, auf dem Land, im Süden kann selbst eine 50000-Lirenote schwer zu wechseln sein.

Die Vorsicht, die Sie beim Baren walten lassen, gilt genauso für die Rechnung. Wenn Sie sich mit dem abgerissenen Wisch begnügen, auf dem Ihnen der Wirt ein paar Zahlen addiert, könnten Sie wegen Beihilfe zur Steuerhinterziehung belangt werden. Am Ausgang eines Lokals oder Geschäfts könnten Sie – die Wahrscheinlichkeit geht gegen Null – von der *Guardia di Finanza* kontrolliert werden. Verlangen Sie darum stets die *ricevuta fiscale*, die Steuerrechnung. Auf ihr müssen alle Daten (Name, Adresse und Steuernummer) des Betriebs stehen. Im Restaurant kann ein phantasievoller Wirt dann unter Umständen behaupten, jetzt wäre noch die *IVA* draufzuschlagen. Das stimmt natürlich nicht. Bleiben Sie auch schwarzen Schafen gegenüber freundlich, aber fest. Fragen Sie eventuell, wo Sie den nächsten *Vigile* finden, und der Abschied wird zwar nicht herzlich, aber auch nicht unnötig schmerzlich für Ihren Geldbeutel sein.

An der Behauptung mit der *IVA* ist trotzdem was dran. Bezahlt sie der Geschäftsmann nicht, verdient er mehr. Er gibt – leben und leben lassen – auch an den Kunden ein Scheibchen ab. Der Standarddialog lautet: »Wie wär's mit einem *sconto*?« (Nebenbei: der deutsche *Rabatt* kommt aus dem Italienischen, existiert dort aber nicht.) Gegenfrage: »Brauchen Sie eine Rechnung?«

Es bleibt Ihrer Steuermoral und Moral überhaupt überlassen, wie Sie antworten. In Italien ist die Steuermoral gering. Der Durchschnittsitaliener betrachtet den Staat als Feind. Und im Krieg muß man sich verteidigen, nicht wahr? Der Fiskus antwortet mit verschärften Kontrollen, um Steuersünden aufzudecken, und mit harter Besteuerung. Der Staat braucht ja seine Einnahmen. Die Beurteilung der Steuererklärung durch den Finanzbeamten geht davon aus, daß sie erstunken und erlogen ist. Wer also ehrlich seine Einkünfte erklärt, muß fürchten, zuviel Steuern zu zahlen. Wer kann, versucht daher zu schwindeln. Die Steuerpraxis, den Steuerpflichtigen für einen Schwindler zu halten, ist eine *self-fulfilling prophecy*.

Der Fiskus trägt vielleicht dazu bei, daß über Geld und Einkommen so geredet wird wie in totalitären Ländern über Politik: nur in Andeutungen, nicht am Telefon, am besten gar nicht, konkreter höchstens unter guten Freunden. Das Verhalten ist dem amerikanischen Schema entgegengesetzt. Was nicht heißt, daß Geld keine Rolle spielte. Es ist das wichtigste Statussymbol (mit dem man sich notfalls andere Statussymbole kaufen kann).

Damit – und mit dem knappen Angebot bestimmter Prestigeobjekte – hängt zusammen, daß eine ungeheure Preisdiskrepanz zwischen gewöhnlichen und Luxusgütern klafft. Für den Touristen ist außerdem wichtig: Preise steigen mit der Größe der Stadt und der Intensität des Tourismus, sie sinken von Norden nach Süden. In der Praxis heißt das: Am teuersten lebt sich's in tourismusverseuchten Großstädten Oberitaliens. In Venedig, Verona, Florenz oder Mailand blühen Geschäft und Nepp. Ein Hotelzimmer in Venedig kann in der Hochsaison fast das Doppelte kosten wie im Winter. Zwischen 25 000 Lire (1988) für ein einfaches Zimmer (mit Bad) in einem apulischen Städtchen und fast zwei Millionen Lire pro Nacht im venezianischen Luxusappartement (mit auch nur einem Bad) liegt nicht eine, liegen mehrere Welten. Um den Faktor zehn unterscheiden sich auch die Preise in einer volkstümlichen Trattoria und dem Dreisternelokal in der Messestadt Mailand, das gerade *in* ist. Der Schein des *In*-Seins ist wichtiger als die Qualität des gastronomischen Seins. Bei Dingen mit Snob-Appeal stehen Preisunterschiede ebenfalls in keinem Verhältnis zum realen Wert. Ein Opernfreund findet keinen vernünftigen Grund dafür, daß der Besuch der Saisoneröffnungspremiere in der Scala ein Mehrfaches der ohnehin nicht billigen gewöhnlichen Eintrittskarten kostet. Doch zurück von der Kultur zum Geld.

Um die Hinterziehung der *IVA* zu verhindern, wurden auch in Geschäften diesem Zweck entsprechende Registrierkassen vorgeschrieben. (Gestiegen ist das Mehrwertsteueraufkommen dadurch übrigens nicht merklich.) Sollten Sie für Verrechnungszwecke eine detailliertere Rechnung als den Kassenzettel verlangen, so macht das viele Umstände. Übersteigt der Betrag 50 000 Lire, kostet sie 500 Lire mehr für einen Abgabestempel. Schwerer wiegt, daß Sie sich die allgemeine Sympathie im weiten Umkreis verscherzen. In Bars wird der Steuer dann doch wieder ein Schnippchen geschlagen: Sie zahlen an der *cassa* und bekommen als Bestätigung den *scontrino*, den Kassenbon. Den nimmt Ihnen der Kellner am Tresen für den *caffè* wieder ab. Der Guerillakrieg gegen den *Fisco* ist voll mit solchen Feinheiten.

Vorsicht auch bei der Annahme von Schecks. Ein *assegno* – etwa für ein Storno, eine Rückzahlung oder Vergütung – über fünf Millionen Lire ist sofort im Land einzulösen. Sollte der Zöllner Sie bei der Ausreise mit einem höheren Scheck ertappen, ist Ihre Chance groß, wegen eines Devisenvergehens die unbequemsten, unfreundlichsten, überfülltesten, dazu gefährlichsten Unterkünfte kennenzulernen, die Italien zu bieten hat. Da bei der Ausreise normalerweise nie kontrolliert wird, wird ein ahnungsloser Ausländer in der Regel nur dann verhaftet, wenn der Zoll vorher einen Tip bekommen hat – es kann die *vendetta* des erniedrigten Schuldners an seinem Geschäftspartner sein.

Vorsichtig ist seinerseits der italienische Geschäftsmann oder Wirt. Ihren Scheck oder die Scheckkarte schätzt er nicht sehr. Sie bedeuten besonders für den kleineren Laden, die Pension oder *pizzeria* viel administrativen Aufwand, erhöhte Neugier des Fiskus und Abzug der Provision für die Scheckkartenorganisation. Theoretisch funktionieren gängige Kreditkarten wie American Express, Visa, Diners und EuroCard in den Hotels, die ein Hotelführer mit dem entsprechenden Symbol anführt. Sie können ferner mit der American Express- oder der EuroCard nicht nur bargeldlos zahlen, sondern auch ohne Probleme bis 1000 Dollar pro Woche bar abheben. Soweit die Werbung. Auch das ist oft graue Theorie. Die EuroCard ist noch weitgehend unbekannt. Ein Test in Mailänder Bankfilialen lieferte reiche Ausbeute an den abenteuerlichsten Begründungen für die Verweigerung von Bargeld. Das lachte erst nach einer Stunde bei einer Bank, die sich widerstrebend bereit erklärte, einen Bruchteil der vertraglich möglichen Summe auszuzahlen. Der Stapel EuroCard-Prospekte lag neben dem Schalter.

In der Praxis begegnen Sie mit der Kreditkarte oft einem bedauernden Heben der Schultern:

»Wissen Sie, wir hatten die Kreditkarten, aber wir haben den Vertrag vor ein paar Monaten gelöst.«

Erst dann merken Sie unter Umständen, daß das Kreditkartensymbol nirgends zu sehen ist. Ist es doch angebracht, kennt das Bedauern im kleinen Hotel oder gemütlichen Restaurant eine andere Variante:

»Leider, leider, uns sind die Formulare ausgegangen, wir haben sie schon so lange bestellt, aber die Post, Sie wissen ja... Wenn es Ihnen nichts ausmacht, in bar...?«

Wem es doch etwas ausmacht, der kann versuchen, mit psychologischem Geschick die Finte zu parieren. Er sagt etwa:

»So was Dummes, ich habe nur noch 10000 Lire, und die brauche ich für das Taxi / zum Tanken / für den Bus.« (Begleitet vom theatralischen Aufklappen der fast leeren Brieftasche.) »Ich lasse Ihnen meine Adresse da und schicke Ihnen einen Scheck.«

Merkwürdigerweise findet sich dann meist doch noch ein allerletztes der ausgegangenen Formulare.

Nicht nur in Geldfragen, ganz allgemein gilt bei auseinanderstrebendem Interesse: Beide Florettfechter dürfen Punkte machen, aber nicht das Gesicht verlieren. Es ist ratsam, nein zu sagen, ohne nein zu sagen, und zu kritisieren, ohne zu verletzen. Jemand, der sich telefonisch beschwert oder kompliziertere Auskünfte will, bekommt nicht selten zur Antwort:

»Ach, das ist wirklich sehr wichtig. Können Sie uns bitte schreiben, wir klären das umgehend!«

Natürlich wird »das« nie geklärt. In verständlichem Deutsch heißt der Satz nämlich: Haben Sie wirklich keine anderen Sorgen?

Oder Sie verlangen irgendeine Dienstleistung, die mit Mühe verbunden ist? Die Antworten können lauten:

»Es tut uns ja sehr leid, aber leider ist die Maschine kaputt (*guasto*) / außer Betrieb (*fuori servizio*) / der Strom ausgefallen / der Kassierer im Moment nicht da / der Kollege, der das bearbeitet, krank / auf Urlaub / in einer Besprechung.«

In Behörden und ähnlich effizienten Unternehmen, der Post zum Beispiel, wird das Florett mit einem weniger eleganten Instrument vertauscht, da heißt es einfach:

»Dieser Vorgang ist nicht vorgesehen / Die Sendung können wir so nicht annehmen / Dafür brauchen Sie folgende Unterlagen.« (Es folgt eine unerfüllbare Wunschliste.)

Noch einfacher ist die Kampfweise der Kaste der Hausmeister, *portieri*, *Vigili*, *custodi del parcheggio* und sonstiger zerberusartiger Wesen. Sie benutzen als Allzweckwaffe den erhobenen Zeigefinger und den Satz: *Non si può!*

Je nach Situation und Gebärde heißt das: So etwas ist leider nicht möglich / Was Sie wollen, geht wirklich nicht / Das ist verboten / Sie können hier nicht herein / nicht parken / nicht bleiben.

Sie Ihrerseits werden beispielsweise niemals rufen: Skandal! Betrug! Wo ist der Direktor!, sondern höflich lächeln und bitten, das kleine Mißverständnis zu klären (wobei Sie einfließen lassen, daß Sie für die aufmerksame und freundliche Behandlung das Etablissement bei Ihren wichtigen Freunden im In- und Ausland weiterempfehlen werden.

Inhaber der wirklichen Macht, also Politiker, hohe Funktionäre, Generaldirektoren (noch mehr ihre Sekretärinnen) und Museumsdiener reduzieren den Ausdruck weiter. Verweigerung der Gnade geschieht mit einem knappen *No!* Ein familiäres Verhältnis, auch ein besonders großer sozialer Abstand zwischen einem Herrn und einem Paria (etwa zwischen dem einzigen lustlosen Taxifahrer am Platz und einem todmüden Touristen) erfordert keine gesprochene Antwort. Das *No* wird – besonders im Mezzogiorno – würdevoll durch einfaches, leises, bedauerndes Zungenschnalzen kundgetan. Dabei hebt sich das Haupt leicht, die Augendeckel senken sich zerstreut-herablassend, so: *Tz!* Ausländer mißverstehen die im Mittelmeerraum und Orient verbreitete Gebärde meist als Nicken und wundern sich erbost über die Launenhaftigkeit des Taxifahrers, dem sie gewunken haben. Der bremst, nickt, gibt scheinbar überraschend Gas und fährt weiter. In Wahrheit hat er gesagt: *No.*

Hindernisse, denkt der Hartnäckige, sind dazu da, überwunden zu werden. Kann man einem Ja nicht ein bißchen nachhelfen? Ja, kann man? Der heikle Punkt soll im nächsten Kapitel behandelt werden.

---

1   Hans Magnus Enzensberger, der ebenfalls die *Zecca* in Rom aufsuchte, berichtete darüber in der *ZEIT*; ein Nachdruck erschien in: *Ach Europa! Wahrnehmungen aus sieben Ländern.* Suhrkamp, Frankfurt 1987.

Paradies mit kleinen Problemen

Um die Hindernisse zu überwinden, die es in einem Paradies gibt, braucht es den guten Willen der Beteiligten. Um bei den Beteiligten ein bißchen *buona volontà* zu erzeugen (italienische Yuppies sagen natürlich: *good will*), braucht es einen Anstoß. Der Anstoß heißt seit Menschengedenken je nach der Situation: Trinkgeld, Gefälligkeit, Aufmerksamkeit, Geschenk, Bestechung, Korruption. Es hängt vom Herkunftsland des Ausländers ab, wie gut er diese Art von Schmieröl kennt und wie ausgiebig er es benutzt. Der Reisende braucht davon nur die erste Gattung zu kennen und anzuwenden. Vor den anderen ist dringend zu warnen. Erstens, weil Sie unversehens mit dem Strafgesetz in Konflikt kommen können. Zweitens, weil der Grat zwischen Unwirksamkeit und Beleidigung sehr schmal ist. Alle diese Transaktionen gibt es auch in hypothetischer Form, dann heißen sie: Versprechen.

Am allerwichtigsten ist das imaginäre Geschenk. Sie schenken immaterielle Güter: Ihre Freundlichkeit und Ihren Respekt, indem Sie ein Kompliment machen. Mit Komplimenten ist der Italiener besonders freigebig. Darum erwartet er sie auch. Einfachste Situation: Sie sind neugierig. Sie wollen etwa einem Handwerker in seiner Werkstatt zuschauen, obwohl da groß steht *Ingresso vietato*. Die Bewunderung seiner Arbeit erwirbt Ihnen – vielleicht – das Recht, trotzdem einzutreten. Ähnliches gilt für private Gärten oder Villen: Wem es gelingt, sich Besitzer, Verwalter oder Gärtner geneigt zu machen, dem öffnen sich manche Pforten. Beamte können mit einigen verständnisvollen Worten für ihre sooo schwierige, verantwortungsreiche Aufgabe und die enorme Überlastung, unter der sie leiden, dazu gebracht werden, knurrend einen unentbehrlichen Stempel gleich (und nicht erst in zwei Wochen) auf Ihr Ansuchen zu knallen.

Oder: Sie werden unterwegs im Auto von einer *gazella* oder einer *pantera*[1] gestoppt. Ein finsterer Polizist wünscht eisig Ihre *documenti* zu sehen und wirft Ihnen dann eine Menge von Verkehrsvergehen vor. Natürlich fühlen Sie sich vollkommen unschuldig. Wenn Sie protestierend antworten: »Das stimmt ja überhaupt nicht!«, haben Sie die Partie, schuldig oder nicht, schon verloren. Der rituelle erste Satz, mit dem Sie in Italien widersprechen, lautet obligat: *Lei ha completamente ragione, ma...* – »Sie haben ja völlig recht, aber...« Und erst dann führen Sie, sanft, Ihre guten Gründe an (die der Polizist von erfindungsreichen Autofahrern alle schon gehört hat – aber er weiß den guten Willen zu schätzen und wird Ihre schauspielerische Leistung würdigen). Nur so bringen Sie eventuell mildernde Umstände zur Geltung. Nur so bringen Sie, ganz allgemein, Ihren Diskussionsgegner zum Zuhören. Aus Ihren Argumenten geht unter Umständen hervor, daß Sie ihn für einen Ignoranten oder Schwindler oder für beides halten. Aber Sie wahren seine Würde. Dasselbe gilt, wenn Ihnen jemand verkehrte Auskünfte gibt. Wer die Würde wahrt, die eigene und die der andern, fährt besser.

Das Trinkgeld hat eine doppelte Funktion. Mit ihm erweist man sich als großzügig. Großzügigkeit verleiht Würde. Sie machen *bella figura*. *La mancia* ist das handfeste Kompliment für Dienstleistungen des Parkplatzwächters, Gepäckträgers, Hoteldieners, Kellners, selbst wenn im Restaurant schon ein Prozentsatz für *servizio* auf der Rechnung steht. *La maschera*, Platzanweiser(in) im Theater oder Kino, erwartet eine *mancia*. Selbstverständlich darf, ja soll man differenzieren. Wer schlechte Bedienung mit einem Trinkgeld honoriert, erwirbt nicht Dankbarkeit, höchstens versteckten Spott. Wer aus Sparsamkeit besondere Anstrengungen nicht anerkennt, wird sich über Mangel an Mißlichkeiten nicht zu beklagen haben.

Im Fall des Parkplatzwächters, des Hotelportiers oder des

Hauswarts ist es angebracht, im voraus spendabel zu sein. Trinkgeld in dieser Form schafft Vertrauen und verpflichtet. Der Hauswart, der an die Bewohner die Briefe verteilt, sich mit Kleinreparaturen oder dem Aufbewahren Ihrer Post nützlich macht, tut es um so lieber, wenn zu Ostern und zu Neujahr ein Geschenklein in Form eines Briefumschlags mit Banknoten darin, ein *regalino*, Dankbarkeit und Hoffnung auf mehr weckt. Mit dem ausländischen Kennzeichen am Auto und dem fest eingebauten Autoradio sind Sie besser dran, wenn Sie 2000 Lire investieren, um einen *ragazzo* zu verpflichten, der aufpaßt, als nachher Kratzer im Lack, einen platten Reifen, kein Radio mehr oder gar keinen Wagen vorzufinden.

In Italien ist vieles eine Frage der persönlichen Beziehung. Sie stellt sich schon her, wenn Sie zum Beispiel einen privaten Grundstücksbesitzer fragen, ob Sie – »gegen eine Gebühr« – ihren Wagen abstellen oder Ihr Zelt aufbauen dürfen. Der Besitzer sagt vielleicht, das koste – »selbstverständlich!« – gar nichts, oder verlangt eine Kleinigkeit. In beiden Fällen sind Sie kein vogelfreier Fremder mehr. Vielleicht wird man Ihnen wertvolle Tips geben, Dinge zeigen, die dem Fremden sonst entgehen, Sie auf einen *caffè* einladen. Der Austausch von Freundlichkeiten hat stattgefunden, Sie erhalten eine Gefälligkeit, bedanken sich mit einer Gefälligkeit, und beide sind zufrieden.

Steigt man in der Hierarchie der zu Beeinflussenden und in der Größe des Geschenkleins aufwärts, »verkleinert« sich die *busta* (das Kuvert) zur *bustarella*. Das verniedlichende Wort bezeichnet die regelrechte Bestechung. Sie steht ebensowenig zur Diskussion wie die sonstigen Aufmerksamkeiten, mit denen Kassierer in Vorverkaufsbüros (zu wichtigen Fußballspielen oder Opernaufführungen), Türhüter geschlossener Museen, Sachbearbeiter in Behörden bedacht werden. Die Übergänge zur Kriminalität sind fließend. Mit Versprechen und Erkenntlichkeiten versucht mancher Antragsteller zu bewirken, daß seine Akte, die in den Mühlen der Bürokratie auf Erledigung wartet, in der Warteschlange vorrückt. Von der *bustarella* als Gaspedal,

Zuckerbrot für den Beschenkten, daß er ordnungsgemäß und schnell(er) die Arbeit erledige, die er sowieso zu tun hätte, zur *bustarella* als Steuerrad, zur korrumpierenden Beeinflussung der Entscheidungen, ist manchmal nur ein, freilich bedeutsamer Schritt.

Abgesehen von der Verwerflichkeit: Geld ist das plumpeste Mittel, die kleinen Probleme des Alltags zu lösen. Oft ist es weder nötig noch nützlich. Lange nicht alles ist käuflich. Voraussicht, manchmal Flexibilität, manchmal Phantasie sind in Italien die besseren Hilfsmittel. Was tun Sie zum Beispiel, wenn es Samstagabend ist, und Montagmorgen muß ein wichtiger Brief im ausländischen Bestimmungsort angekommen sein? Die langsame Post kann man ausschließen, die Privatkuriere sind über das Wochenende geschlossen. Die Fluggesellschaften dürfen das Postmonopol nicht verletzen. Sie kennen keinen Piloten, den Sie um einen Gefallen bitten können. Eine hoffnungslose Lage? Noch lange nicht. Der Italiener fährt zum Flughafen, findet jemand, der in die gewünschte Richtung fliegt, erklärt ihm die Lage, und möglicherweise hat sich eben eine sympathische neue Bekanntschaft angebahnt.

Voraussicht und Flexibilität brauchen Sie beim simplen Umgang mit Geschäften: Die Öffnungszeiten sind eine Wissenschaft. Der Anfänger kommt mit wenigen Faustregeln zurecht. Die wichtigste Faustregel gilt für fast alles. Sie lautet: Es gibt immer Ausnahmen von der Regel. (Auch von dieser Regel gibt es Ausnahmen.) Es gibt ferner Ausnahmen von jenen Regeln, die bestimmen, wann Ausnahmen zu machen sind. Und Ausnahmen von Ausnahmen von Ausnahmen. Ab neun Uhr morgens ist alles offen. Banken und Postämter öffnen um 8.30 Uhr, manche Läden schon um acht Uhr. Alles bleibt offen bis mindestens 12.30 (manche Läden machen erst um 13.00 Uhr Mittagspause, Banken schließen um 13.30). Nachmittags sind die Richtwerte 16.30 bis 19.30 Uhr, mit kleinen Verschiebungen nach vorn und hinten. Die Banken haben neuerdings nachmittags eine Stunde von 15.00 bis 16.00 Uhr auf. Es gibt natürlich Ausnahmen.

Am Sonntag ist alles zu, ausgenommen die *edicole* (Zeitungskioske). Banken, Ämter und Büros haben außerdem am Samstag ganz, Geschäfte am Montagvormittag geschlossen. Ausgenommen sind Lebensmittelläden, die am Montagnachmittag schließen. Ausgenommen davon wieder, obwohl sie Lebensmittel verkaufen, sind Supermärkte, sie öffnen am Montag erst zu Mittag. Handwerker und Werkstätten haben Samstag ihren Ruhetag. Friseure ausgenommen, diese am Montag. Selbstverständlich gibt es Ausnahmen. Für Museen ist die Faustregel einfach. Sie haben unregelmäßige, individuelle Öffnungszeiten, viele nur vormittags ab neun oder zehn bis 14.00 Uhr. Für die Reiseplanung ist wichtig, daß sie zwar Sonntag (in der Regel nur vormittags) geöffnet sind, dafür Montag einen Ruhetag haben (natürlich mit Ausnahme jener, die am Dienstag geschlossen sind).

Je weiter Sie nach Süden kommen, desto später finden Sie (wegen der Hitze) die Geschäfte am Abend geöffnet. Entsprechend verschiebt sich die Stunde der Mahlzeit. Wo sich der Fremdenverkehr ballt, gibt es natürlich – Sie werden es erraten haben – Ausnahmeregelungen. Dort wird in der Hochsaison beinahe rund um die Uhr gearbeitet. Die restliche Zeit des Jahres versinkt das Geschäftsleben, manchmal der ganze Ort in Winterschlaf. Manchmal erklären sich damit Preise, die überraschend hoch sein mögen. Vielleicht hat eine Familie nur fünf Monate im Jahr Arbeit, essen muß sie zwölf Monate.

Je weiter Sie nach Süden kommen, desto mehr entfernen Sie sich von den mitteleuropäischen technischen Normen und Sicherheitsvorschriften. Theoretisch gibt es überall bleifreies Benzin. Praktisch nicht. Theoretisch kommt überall der Strom mit 220 Volt aus der Steckdose. Praktisch gibt es in Dörfern abseits vom großen Verkehr noch technische Inseln mit 110 Volt. Teile Roms gehören dazu. Man hat dort einige Denkmalschutzgebiete für prähistorische Technik mit 110 Volt eingerichtet. Theoretisch sind geerdete Leitungen mit Schutzkontakt vorgeschrieben. Die Steckdosen haben drei Löcher, nebeneinander angeordnet, nicht wie in der Schweiz im Dreieck. Entsprechend haben die Stecker drei Stifte. (Deutsche Stecker von schutzisolierten Geräten, Elektrorasierern zum Beispiel, passen auch.) In der Praxis geht ein italienischer Stecker manchmal doch nicht hinein; Sie stehen dann vor einer alten, nicht geerdeten Steckdose mit zwei Buchsen. Nicht verzagen! Wenn Sie Glück haben, ist am Stecker der mittlere Stift für den Nulleiter herausschraubbar. Bevor Sie das tun, vergewissern Sie sich, daß Sie es nicht mit einer Stromversorgung zu tun haben, die dem Improvisationstalent eines Heimwerkers das schönste Zeugnis ausstellt. Sie könnte Gelegenheit geben, das irdische Paradies mit dem anderen zu vertauschen.

Eine für Laien unnötige Komplikation besteht darin, daß neben der gewöhnlichen Steckernorm noch eine größere (für höher belastbare Leitungen) existiert. Deutsche und österreichische, auch Schweizer Schutzkontaktstecker, schon weil sie zu dicke Stifte haben, passen in keine der beiden Steckdosen. Sie brauchen auf Reisen unbedingt für beide Größen einen *riduttore*, einen Adapter, wenn Sie unterwegs einen Fön, eine elektrische Reiseschreibmaschine, einen tragbaren Personal Computer oder sonst ein Gerät mit Schukostecker betreiben wollen. Sie finden ihn nur in Elektrogeschäften Oberitaliens und der Fremdenverkehrszentren.

Gewitzte Intellektuelle, die im Hotelzimmer auch die Zeitung oder ein Buch ohne Taschenlampe lesen wollen, nehmen – nicht nur in Italien – eine Glühbirne mit. Sie stoßen gelegentlich auf Lampen (25 Watt), die weniger das Zimmer als den Geiz des Besitzers oder die Armut der Gegend beleuchten. Ob Sie Hotelgast sind oder bei Freunden wohnen, eine andere Art Sparsamkeit ist – besonders im Süden, besonders im Hochsommer – eine selbstverständliche Höflichkeit: knausriger Umgang mit dem kostbaren Wasser. Wir wollen hier nicht die Hintergründe der sizilianischen Trockenheit im August untersuchen, die nur zum Teil vom Wetter hervorgerufen wird.

Außer dem Wasser gibt es noch eine Kostbarkeit. Wärme. Das klingt paradox unter südlicher Sonne. Die Sonne scheint nicht immer. Das merken Sie besonders rasch, wenn Sie antizyklisch reisen. Die Touristenströme machen antizyklisches Verhalten empfehlenswert, manchmal unerläßlich – denken Sie nur an Venedig oder Florenz im Sommer. In »schwachen« Zeiten haben die Uffizien etwa 3000 Besucher täglich, im August bis zu 15000 innerhalb der fünfstündigen Öffnungszeit. Wenn man bedenkt, daß höchstens zwei Drittel des Bestandes sichtbar, der Rest wegen Platzmangels ohnehin in den Depots verborgen ist und daß die meisten Besucher nur von den Highlights des Kunstsupermarkts angezogen werden, läßt sich ausrechnen, daß Botticellis *Primavera* oder Tizians *Venus von Urbino* nur dem Hartnäckigen, der Püffe und Rippenstöße unbeirrt erträgt, mehr als ein paar Sekunden der Betrachtung erlauben. Dieselbe Schwierigkeit bestand einmal in der Loggia dei Lanzi, jenem berühmten offenen Gewölbe zwischen Piazza della Signoria und dem Uffizienhof: Die Skulpturen von Giambologna und Benvenuto Cellini waren so umlagert, daß kaum einer sie recht sah und Kunstliebhaber nachts mit einer starken Taschenlampe kamen, um die Sokkelreliefs in Ruhe zu betrachten. Die Schwierigkeit wurde zunächst dadurch behoben, daß die Loggia, die ihren Namen von den Lanzen der *lanzichenecchi* des Großherzogs erhielt, in den achtziger Jahren wegen Baufälligkeit gesperrt wurde.

Es ist also besser, wenn es irgend geht, nicht dann nach Florenz, Venedig und Rom zu fahren, wenn alle fahren. Der Ratschlag hat wie jeder Geheimtip den Fehler, sich selber ad absurdum zu führen, wenn er zu bekannt wird. Beispielsweise brechen so viele an einem freien Tag schon in der Nacht auf, um den Stau zu meiden, daß sie den Stau dann eben in der Nacht verursachen. Der Ratschlag hat andererseits eingebaute Hemmnisse. Er ist unbequem. Nicht allzu viele werden ihm folgen. Apulien hat im September leere Strände, ja – aber es braucht Erfindungsgabe, Unterkunft und Verpflegung zu finden. Venedig unter Schnee ist seltsam und wunderschön, aber halb ausgestorben, naß und nur mit Gummistiefeln begehbar. Sardinien findet im Herbst zu sich selbst und wird wieder, was es war: ein eigenwilliges, schwer sich erschließendes Land, nicht touristenfreundlich, nicht pflegeleicht. Sizilien im März blüht traumhaft, ist aber auf Badegäste ebensowenig eingestellt wie das Meer. Rom im Januar ist ein Erlebnis. Der Nachteil: Sie müssen gewappnet sein gegen den Feind. Der heißt: Kälte.

Sie ziehen über den Kopf die Sturmhaube, die wie eine Einbrechermaske nur den Sehschlitz offenläßt, haben warme Unterwäsche am Leib und darüber Pullover nebst Daunenjacke, zum Schutz vor dem eiskalten Stein die daunengefütterten Biwakschuhe.

Sie befinden sich nicht auf einer hochalpinen Winterbegehung, sondern im warmen Süden. Genauer, in einem ungeheizten Raum, wo das Thermometer vielleicht auf 15 Grad gefallen ist. Der schöne kühle Boden aus Marmor oder *cotto* ist auch im Winter kühl. 15 Grad plus reichen für einen Schnupfen und bei einem unbeweglich verharrenden, unzureichend bekleideten Menschen sogar für den Unterkühlungstod. Ihr Bett hat eine viel zu dünne Decke, und Sie wünschen sich einen Daunenschlafsack. Schuld an dieser Unbill hat das Gesetz 373 vom 30. April 1976. Es entstand unter dem Schock der Erdölkrise und regelt nebst ergänzenden Präsidial- und Ministerialdekreten die Temperatur im Inneren der Häuser.

Obwohl Italien ein rohstoffarmes Land ist, hatte es in Wirtschaftswunderzeiten gegen die Kälte, wo sie auftrat, gewissermaßen einen Vernichtungskrieg geführt, als wollte man sie ein für allemal besiegen. Heizungen liefen auf Hochtouren. In Büros pflegte man im Winter das Jackett abzulegen. Wenn es gar zu heiß war, gab es einfache Abhilfe. Man riß die Fenster auf. Unteritalien (in diesem Zusammenhang bereits von Florenz südwärts gerechnet) kannte das Problem der Überheizung nie. Altbauten haben meist gar keine Heizung außer dem Küchenherd. Auch in Neubauten des Südens stellt sich die Frage kaum. Denn handelt es sich um Schwarzbauten, die sich in Rom oder Neapel zu ganzen Vierteln mit hunderttausend Einwohnern vermehrten, sorgte schon die Sparsamkeit des Bauherrn dafür, daß der Luxus übertriebener Heizung vermieden wird. Sind es legal errichtete Wohnhäuser, ist dennoch Hitze nicht zu fürchten. Wer eine Heizung nur an wenigen Tagen im Jahr braucht, ist geneigt, sie für unwirtschaftlich zu halten.

Wird es gar zu kalt, behilft man sich wie zu den Zeiten Garibaldis, Goethes, Galileis oder Gaius Julius Caesars mit dem *caldano*, dem Holzkohlebecken, dem viele süditalienische Kinder noch heute ihre ersten schmerzhaften Erfahrungen mit dem Feuer verdanken und manche armen Dörfer einen Großbrand. Goethe schreibt vom *caldano* mit recht gemischten Gefühlen: Man dürfe die Asche nicht zu oft wegkratzen, um die Wärme der Glut zu spüren, weil dann zu bald Nachschub an Heizmaterial nottue, und das ließen sich die Wirte extra bezahlen. In einer kalten Kammer, schreibt er an einem 24. Februar, muß er Nachricht von einem schönen Tage geben, am selben Abend klagt er, nahe Neapel, die Stube sei kalt, keine Fenster, nur Läden, »und ich eile, sie zu schließen.« Tags darauf: »Der Wind blies heftig hinter uns her... Wir litten von Kälte.« Das Becken mit der Kohleglut ist auf dem Rückzug, bei Kälteeinbrüchen müssen Sie heutzutage in süditalienischen Hotels meistens ungemildert frieren.

Sie frieren auch in Oberitalien oft. Die Verschwendung vor der Ölkrise hat soviel Devisen gekostet, daß nun vom Gesetz vorgeschrieben ist, nicht: wie warm es in Wohn- oder Arbeitsräumen sein muß, sondern: wie warm es sein darf, nämlich höchstens 20 Grad. Die Dauer der Heizperiode ist gesetzlich festgelegt, je nach der Klimazone. Ein Ausländer wird vielleicht fragen: Aber was ist, wenn sich das Wetter nicht an das Gesetz 373 oder das Dekret 1052 hält? Auch dafür hat der weise Gesetzgeber vorgesorgt. Es kann zusätzlich ein Dekret erlassen werden, das die Überschreitung der zulässigen Heizdauer erlaubt. Die Voraussicht des Gesetzgebers umfaßt noch alle weiteren denkbaren Fälle. Die komplizierten Bestimmungen haben eines gemeinsam – sie entfalten einen so geringen Wirkungsgrad wie das Kohlebecken.

Es kann nun trotzdem sein, daß Sie wie schon andere Germanen vor Ihnen den Gedanken faszinierend finden, sich auf Dauer im Lande-wo niederzulassen. Auf den eigenen Olivengarten blicken, den eigenen Wein keltern, abends auf der Piazza im Dorf ein Schwatz mit den Bauern, fern von der Unrast der Großstadt, und was dergleichen Träume sind. Sie wollen sich also vielleicht »ein Bauernhaus in der Toskana kaufen«, wie die gängige Umschreibung lautet. Es gibt nicht wenige Glückliche, die den Traum wahrgemacht haben. Eine wichtige Bedingung ist dabei. Denken Sie an die Stadien der Italienentzündung, von der Ausländer befallen werden. (Italiener sind meistens immun dagegen.) Schieben Sie einen Grundstücks- oder Hauserwerb auf, bis die fiebrige Inkubationszeit mit ihrer Euphorie abklingt.

In der euphorischen Phase kann der Zusammenstoß mit der Immobilienrealität wirken wie ein Schock, der Sie für immer von Italien heilt. Nähern Sie sich jedoch dem unheilbaren Stadium der Krankheit, ist es nicht nur angezeigt, sondern lebensrettend, sich nach einem brauchbaren Wohnsitz für Ihre Italienliebe umzuschauen. Tun Sie das nicht bei südlicher Sonne und in Urlaubsstimmung, sondern am besten im Winter, während einer längeren Regen- und Schlammperiode. So ertränken Sie die Illusionen.

Wie Sie dabei vorzugehen haben? Die Frage hat die Antwort mit einer anderen, ähnlich schwierigen gemein:

»Wie lieben sich die Igel?« – »Äußerst vorsichtig.«

Täuschen Sie sich nicht und lassen Sie sich nicht entmutigen. Das Dickicht des italienischen Immobilienhandels ist nur wenig dichter als in anderen europäischen Staaten. Viele heikle Schritte, bei denen der Unerfahrene leicht auf dem unsicheren juristischen Boden einbricht, sind überall gleich schwierig. Ein Motiv des Wohnungs- und Hauserwerbs kann ich einfachheitshalber ausschließen: den Kauf als reine Kapitalanlage. Die Mietgesetze, vor allem das Gesetz über den *equo canone*, die »gerechte Miete«, schützen den Mieter in ausgiebigerem Maß als in der Bundesrepublik. Sie werden einen Mieter praktisch nur gegen Abstandszahlungen los oder wenn Sie ihm eine andere Wohnung besorgen.

Grundsätzlich gilt zu entscheiden, welche Gegend Ihnen

gefällt, und ob Sie ein Appartement in einer Eigentums-
wohnanlage, einem *condominio*, oder ein eigenes Haus mit
dazugehörigem Grund erwerben wollen. Im *condominio*
kann es sich um eine Dauerwohnung handeln oder eine nur
zeitweise genutzte Ferienwohnung, im zweiten Fall können
Sie Ihre Wohnung zeitweise vermieten oder aber sie gleich
in Form von Zeiteigentum (*time-sharing*) kaufen, beides
kann Kosten sparen. Ob es empfehlenswert ist, darüber sind
die Meinungen sehr geteilt. Es kommt auf die Tüchtigkeit
und Seriosität der Hausverwalter an, auf die Miteigentümer,
auf die Gefährdung der leerstehenden Wohnung durch
Kleinkriminalität (meistens Einbrüche durch Drogenab-
hängige im Einzugsgebiet der Großstädte oder an dichtbe-
siedelten Küstenstreifen).

Es gibt eine Art Nobel-Condominio, die attraktiv sein
kann: wenn ein historischer Bau, eine alte lombardische *ca-
scina*[2] oder ein Palazzo unter mehrere Eigentümer aufgeteilt
wird. Sie sind vor Einbrüchen sicherer, die Nachbarschafts-
hilfe bietet Vorteile, Erhaltungs- und Heizkosten sinken.
Das Condominio muß allerdings bei gemeinsamen Investi-
tionen gemeinsam agieren. Da kann ein einziger eigensinni-
ger Mitbesitzer, der keinem Streit leichtfertig aus dem Weg
geht, das Leben sauer machen.

Die Vorteile des Condominio haben dazu geführt, daß
auch Einzelhausbesitzer sich zusammenschließen: Meist ist
es eine Baufirma, die ein Grundstück mit Privatstraßen aus-
stattet, darauf Reihenhäuser, Doppel- oder Einfamilien-
häuser errichtet und diese einzeln verkauft, nur selten die
leeren Parzellen. In der Regel kann der Interessent auf die
Gestaltung des Baues nur noch wenig Einfluß nehmen. Er
hat jedoch den Vorteil, daß er in einem umfriedeten, nur
durch ein automatisches Tor zugänglichen Areal wohnt.
Manchmal ist ein Pförtner angestellt, gehören Tennisplätze
oder ein Schwimmbad zur Ausstattung, was Wohnwert und
Betriebskosten des Condominio entsprechend erhöht.

Sie haben gewählt? Sie wissen, in welcher Gegend Sie sich
niederlassen wollen? Sie können auf die Suche gehen. Ohne
fachmännische Hilfe werden Sie nicht weit kommen. Es ist

sicher hilfreich, kostet allerdings auch Geld, sich an eine Maklerfirma (*agenzia immobiliare*) zu wenden. Deren Provisionen werden frei vereinbart, die Regel ist, daß Käufer und Verkäufer je zwei Prozent vom Kaufpreis bezahlen. Inoffiziell kann die Maklerfirma einen größeren Anteil vom Kuchen einstecken, indem sie den Angebotspreis erhöht, besonders wenn sie exklusiv beauftragt ist. Als Unkundiger wissen Sie nicht, ob der Makler in der Vertretung der Interessen ausgewogen handelt. Es empfiehlt sich, zusätzlich einen *commercialista*[3] zu engagieren.

Manche Besonderheiten hat Italien mit Glück, andere weniger glücklich von Vorgängermächten geerbt. Zum Beispiel im Norden, in Südtirol / Alto Adige, der österreichischsten aller italienischen Provinzen, wo sich die meisten deutschsprachigen Ausländer ansiedeln. Dort gibt es ein Grundbuch. Das ist gut. Weniger gut ist, daß zum Leidwesen des einen, zur geheimen Freude des andern Servitutsrechte nicht im Theresianischen Kataster eingetragen wurden. So kann es vorkommen, daß zwar der Verkauf so korrekt ist, wie er nur sein kann. Doch die ansässigen Nachbarn machen dem Neuankömmling, der sich eingekauft hat, das Servitut der Zufahrt über ein Grundstück, das ihm nicht gehört, streitig. Dann beschäftigt er sich für einige Jahre nicht mit dem geplanten Um-, Aus- oder Neubau, sondern mit italienischen Gerichten, die sich nicht durch besondere Geschwindigkeit auszeichnen. Die Prozeßdauer reicht jedenfalls, um es sich mit den Nachbarn für den Rest der Jahre gründlich zu verderben. Weil die Eingeborenen ständig an Ort und Stelle sind, Sie dagegen wenigstens zuerst nur zeitweise, und weil Dorfgemeinschaften zwar zerstritten sein können, gegen den Fremden jedenfalls zusammenhalten, haben Außenseiter einen schweren Stand.

Eine Schlußfolgerung ergibt sich daraus sofort. Sie müssen sich wie Ihre Vorgänger, die deutschen Kaiser in Italien, eine Hausmacht schaffen, bevor Sie darangehen können, Ihre Parzelle rechtens zu besetzen. Sie brauchen nach der *agenzia* und dem wichtigeren *commercialista* Freunde im Ort. Sie helfen nicht nur die Besitzverhältnisse erkunden, sondern auch die sonst nicht erkennbaren Pferdefüße des stolzen Anwesens. Klatsch kann wichtige Informationen liefern. Lokale Fehden und lang verjährte Geschichten können letztlich entscheiden, ob Sie sich wohlfühlen werden.

Es kam schon vor, daß ein schlauer Verkäufer ein Anwesen zu einem günstig scheinenden Preis anbot – und keiner der Nachbarn sagte dem freudigen Käufer, daß genau da, wo sein Haus steht, in zwei Jahren die geplante Ortsumfahrung gebaut werden und das Enteignungsverfahren einen Tag nach der Unterzeichnung des Kaufvertrags beginnen solle. Oder daß die Region plane, zwei Meter vor seiner Aussichtsterrasse einen Autobahnzubringer vorbeizuführen. Ohne Hilfe des *commercialista* werden Sie kaum die Situation im Bauamt und Verkehrsamt der Gemeinde (*Assessorato all'Edilizia, Assessorato al Traffico*), den Bebauungsplan (*piano regolatore*), die Projekte in den Planungsämtern von Provinz und übergeordneter Region erkunden und durchschauen können.

Freunde könnten als gleichzeitige Käufer in einem Condominio auftreten. Vereint sind auch die Schwachen mächtig. Manchmal ist der Verkäufer selber Ihr Freund. Er hat Interesse am Kauf, also Interesse daran, daß schwebende Fragen, Wegerechte auf Nachbargrundstücken, Wasserleitung, Straßenerhaltung und ähnliches zur Zufriedenheit des Käufers geklärt sind, weil der ja sonst nicht kauft. Bevor die Bedingungen nicht restlos feststehen, sollte nicht einmal ein Vorvertrag unterschrieben, geschweige eine *caparra* (Anzahlung) geleistet werden.

Der gewöhnliche Kauf geht so, daß die Parteien, sobald sie handelseinig geworden sind, zuerst einen *compromesso* (Vorvertrag) abschließen, der im Gegensatz zum deutschen Bürgerlichen Gesetzbuch bereits rechtskräftig ist. Auch dafür brauchen Sie den *commercialista*. Er weiß, welche Bedingungen für den Käufer nachteilig sind, welche Pflichten des Verkäufers schriftlich festgelegt werden sollten. Der Rücktritt ist nur gegen eine Konventionalstrafe (in Höhe der Anzahlung) möglich. Die letzten Kaufpreisraten werden in der Regel erst nach dem *rogito*, der Beurkundung fällig, die Steuern ebenfalls. Je nach den Voraussetzungen – Erst- oder Zweitwohnsitz, Restaurierung, erstmaliger Erwerb von Wohneigentum und so weiter – machen sie zur Zeit (1989) mindestens vier, im Höchstfall 19 Prozent aus.

Vorsicht ist angebracht, weil Eigentumsverhältnisse unklar sein können. Solidität und Seriosität des Verkäufers müssen erkundet werden. Ist der Verkäufer eine Gesellschaft, muß man doppelt vorsichtig sein und Auskünfte von Banken und Handelskammer zu bekommen trachten. Denn im Fall betrügerischen Bankrotts gehören *vorher* (!) verkaufte Immobilien innerhalb einer gewissen Zeit noch zum Liquidationsvermögen. Der gutgläubige Käufer kann eine böse Überraschung erleben. Da die amtlichen Vertragsregister jahrelang hinter der Realität herhinken, kommt es schon einmal vor, wo kein Grundbuch existiert, daß ein geschickter, phantasiebegabter und überzeugender »Besitzer« für ein *immobile*, das ihm nicht gehört, drei oder viermal eine Anzahlung kassiert und verschwunden ist, bevor man ihm auf die Schliche kommt.

Kein Grundbuch? In der Tat. Das Veneto und die Lombardei haben zwar auch administrative Erinnerungen an die k.k. Tradition aus Maria Theresias Zeiten, aber schon etwas schwächer. Es gibt ein Kataster-(Vermessungs-)Amt, *il catasto*. Statt des Grundbuchamts fungiert dann daneben, je nach Region, ein *Ufficio dei Registri Immobiliari*, eine *Conservatoría dei Registri Immobiliari*, eine *Conservatoría delle Ipoteche*. Das sind die Ämter, bei denen ein notarieller Vertrag registriert wird, bevor er zum *Catasto* oder Grundbuchamt geht.

Der Notar ist nach Makler, Finanzberater, Freunden und womöglich einem Architekten oder Techniker der nächste, der Geld kostet. Er kostet viel, mehr als ein Prozent der Vertragssumme. Ohne ihn sollten Sie trotzdem keinen Vertrag abschließen. Schließlich brauchen Sie zum Vertragsabschluß einen *codice fiscale*, die auf Antrag ausgestellte Steuernummer, unter der Sie beim Fiskus in allen Steuersachen registriert werden, und ein Bankkonto zur Abwicklung von Zahlungen. Das Devisengesetz erlaubt – zur Zeit noch – nur die Einfuhr, nicht die Ausfuhr größerer Summen. Sie müssen die Überweisungen nach Italien daher mit dem Vermerk *Legge 43* (Gesetz 43) versehen und auf ein Auslandslirekonto vornehmen. Nur so ist bei Rücktritt vom Vertrag oder Wiederverkauf die Ausfuhr von Devisen möglich.

Wie findet man den Ort seiner Träume? Studieren Sie das Klima, die Verkehrsverbindungen, die Landschaft, die Leute – und die Preise. Die Toskana ist längst nicht mehr billig, im Gegenteil. Der (deutsche) Snob-Appeal hat die Preise innerhalb von zwanzig Jahren verzehnfacht. Ein *rustico*, ein landwirtschaftliches Wohngebäude, meist von Grund auf renovierungsbedürftig, mit vielleicht einem Hektar Grund kann in der benachbarten Region, den Marken, um 20, 30 Millionen Lire zu haben sein, in der Toskana kostet ein Objekt dieser Größenordnung das Zwei- bis Dreifache. Küsten haben den Snob-Appeal-Aufschlag ebenso, Wintersportgebiete sind bei den Italienern *in*.

Sollten Sie sich mit dem wahnwitzigen Vorhaben tragen, selber zu bauen: Baugrund im Einzugsgebiet der Großstadt Mailand oder im Bereich der Voralpenseen, wiewohl knapp, kostet – verglichen mit Städten wie Basel, Lugano oder München – noch immer relativ wenig. Um 100 000 Lire pro Quadratmeter können Sie brauchbare, als Bauland ausgewiesene Parzellen bekommen. Bauerwartungsland, noch als landwirtschaftliche Fläche geführt, bekommen Sie um 15 000 Lire und weniger. Wie viele Jahrzehnte vergehen, bis ein Bebauungsplan entworfen, von der Gemeinde beschlossen, von Provinz und Region genehmigt wird, ist Ihr Risiko. Ob es überhaupt soweit kommt, auch.

Vom komplizierten italienischen Baurecht wollen wir gar nicht reden. Von der abenteuerlichen Methode, gesetzwidrig zu bauen und dann auf einen *condono* zu warten, ein Gesetz, das – vielleicht – gegen eine Pauschalzahlung zur Amnestie verhilft und die Bausünde legalisiert, schon gar nicht. Über die Risiken der Praxis, den Kaufpreis einer Immobilie offiziell zu niedrig anzugeben, um Steuern zu sparen, klärt der *commercialista* auf. Daß Sie als Gast im Land, höchstens halb so genial wie dessen Bewohner, sich nicht auf schwierige Jongleurnummern einlassen, versteht sich von selbst. Ein Buchhalter, der bestenfalls einen Bleistift, nie eine Balancierstange geschwungen hat, wagt sich ja auch nicht aufs Hochseil.

Und denken Sie an die Igel.

1 Keine wilden Tiere, sondern die schnellen Funkstreifen der Straßenpolizei und der Carabinieri.

2 Große, langgestreckte Landwirtschaftsgebäude, manchmal als Vierkanter um einen Innenhof, in denen die Landarbeiter wohnten. Wird das Land parzelliert, verlieren sie ihre alte Funktion und werden in renoviertem oder baufälligem Zustand verkauft, ganz oder scheibchenweise.

3 Eigentlich Ihr Steuerberater, dann Finanzberater überhaupt, der für Sie verhandelt, Erkundigungen über den Verkäufer einzieht und Sie um die Fallgruben herum geleitet.

Pizza und Chianti

Mit einer gelinden Beunruhigung entdeckte ein Italiener in einem entlegenen Dorf auf Feuerland ein Schild mit der Aufschrift *Pizzeria*[1]. Einerseits schmeichelt so ein unwahrscheinlicher Erfolg. Andererseits... wir wissen nicht, ob jene feuerländische Pizzeria schon in die Luxuskategorie aufgestiegen war, in der die Speisekarte von der mexikanischen Tortilla bis zum genauso echt italienischen *black forest cake* (Schwarzwälder Kirschtorte) reicht. Ob sie – doch das ist beinah unerheblich – mit dem kleinen Schönheitsfehler behaftet war, daß es dort keine Pizza gab? Dafür vielleicht Hamburger?

Sagen Sie nicht, das wäre paradox. Italien ist ein durch und durch paradoxes Land. Wie sollte, was mit seiner Küche zusammenhängt, es nicht sein? Die neapolitanische Pizza ist nicht das einzige Armeleuteessen, das mit einigen Verfeinerungen einen weltweiten Siegeszug bei den Feinschmeckern antritt. Auch nicht das einzige, dessen Name für Phänomene herhalten muß, die wirklich nichts mehr damit zu tun haben[2]. Daß es in Italien eigentlich keine Italiener gibt, wird später noch ausführlicher dargestellt werden. Da kann nicht verwundern, daß die nicht existierenden Italiener weder über eine italienische Sprache verfügen noch eine ebensolche Küche vorzuweisen haben. Hier muß ich auf den paradoxen, doch gar nicht komischen Umstand hinweisen, daß Süditalien, wo die Leute, wenn sie arm sind, überwiegend von *pasta* leben, der teigigen Grundsubstanz ihrer Küche, den größten Prozentsatz an Übergewichtigen aufweist[3]. Keinen Kenner und Liebhaber dieser nicht existierenden Küche wird überraschen, daß sie vor zwanzig Jahren in einem kulinarisch und sinnlich unterentwickelten Land, der

Heimat der *crucchi*, gerade mit ihren mißlungensten Produkten einen nicht wieder gutzumachenden Erfolg hatte.

Im Lande von Sauerbraten, Sauerkraut und saurem Schweiß hatten sie gerade erst zu entdecken begonnen, daß die Küche der Entwicklungsländer, aus denen die mediterranen, balkanischen, osmanischen Wirtschaftswunderhelfer kamen, tatsächlich geeignet war, die deutsche[4] zu entwikkeln. Noch in den sechziger Jahren genügte die Aufschrift *Pizzeria* oder *Osteria*, um an den eben gehabten ersten adriatischen Urlaub und seine Glücksgefühle zu erinnern. Ein Padrone, der in seiner Heimat einen sicher ehrenwerten, nicht unbedingt gastronomischen Beruf ausgeübt haben mochte, ließ es sich angelegen sein, die Erinnerungen aufzufrischen. Er kredenzte einen Chianti, der das toskanische Hügelland bestenfalls aus dem Spundloch eines durchreisenden Weintankwagens erspäht hatte, oder einen Orvieto, der den Tuff des Felsens von Orvieto nur von unten, aus dem Blickwinkel der diskreten Kellerlabors wunderbarer Weinvermehrung erlebt hatte, oder einen Nobile di Montepulciano, der den Sonnenschein nur vom Hörensagen kannte wie seine morganatische Nobilität. Dazu gab es matschige Spaghetti und einen Parmesan, der wie vakuumverpacktes Sägemehl aussah und auch entfernt ähnlich schmeckte. Der Padrone sprach sein heimatliches Idiom bereits mit deutlich niedersächsischem Zungenschlag und brachte denn auch folgerichtig einen deutschen Kaffee (Aussprache: Kháffe), wenn ein *caffè* (sprich: ggafffà') bestellt war.

Dieser sozusagen pubertären Phase des Snobismus ist das Land nördlich der Alpen längst entwachsen. Heute gibt es da gute bis sehr gute italienische Restaurants. Sie bedienen den Snob nicht mehr mit zweifelhafter Qualität (»Die merken ja eh nichts«), sondern – ganz authentisch, ganz wie in Italien – mit hohen, die Herzen höher schlagen lassenden Preisen. Und sie gehen höchstens ganz kleine deutsche Kompromisse ein. Die *pasta* ist nicht ganz *al dente* (kernhart, zum Beißen) gekocht, sondern eine Spur weicher. Die traditionelle Zubereitung sieht man nicht ganz so streng. Der *grana*, der geriebene Käse, ist in den seltensten Fällen ein *parmigiano*, öfter ein *pecorino* oder mit diesem gemischt. Das musikalische Hintergrundgedudel könnte man als amerikanische Verfälschung werten, doch die akustische Seuche beginnt auch in Italien von McDonald's und jenen Snack Bars, wo man eine »Pizza«[5] bekommt, auf ernsthafte Verpflegungsstätten überzugreifen.

Allerdings können Sie sich beim Vorbestellen (oder auch, wenn Sie auf gut Glück zum Essen ausziehen) erkundigen und einigen. Sie benutzen das schon beschriebene Schema *Lei ha ragione, ma...*, um das Gesicht des Wirtes zu wahren. Sie sagen selbstverständlich nicht, daß Sie die Klangumweltverschmutzung für deprimierend eßkulturfeindlich halten, sondern bitten um Verständnis und darum, die Musik auszuschalten, weil

– Sie leider ganz schlecht hören und nicht auf die wichtige Besprechung beim Essen verzichten können,

– Sie den berühmten ungarischen Dirigenten X inkognito zu Gast geladen haben, der gerade fünf Stunden mit dem Orchester des Opernhauses geprobt hat und Ruhe braucht (»Pst, lassen Sie sich bitte nicht anmerken, daß Sie ihn erkennen!«),

– Ihre Frau musikallergisch ist und Ihnen eine Szene machen würde (»Sie wissen ja, wie Frauen sind...«),

– Sie die berühmte Küche dieses Restaurants ohne jede Ablenkung bis in die letzte Nuance genießen möchten (»Sagen Sie bitte Ihrem Koch ein Kompliment«).

Im gastronomischen Raum-Zeit-Kontinuum behandle ich zuerst die Zeit. Das Morgengrauen, das zu Recht so heißt und bis gegen Mittag dauern kann, ist die Zeit der *(piccola) colazione* und führt zuerst in die Bar. Es führt nur dann in den Frühstücksraum eines Hotels, wenn dieses die nationale Hotelfrühstückstradition verraten hat. Die bestand darin, einen dem Morgengrauen angemessenen, also grauenhaften Kaffee mit harten Brötchen vom Vortag und Butterpackungen vom vorigen Monat zu servieren, beginnt sich aber langsam unter dem Druck mitteleuropäischer Einflüsse zu verlieren. Die italienische Bar ist mit »Stehcafé« nur höchst unzureichend umschrieben. Es ist wahr: In den meisten Fällen gibt es nur den Tresen und Stehplätze, höchstens ein, zwei Tischchen. *Il bar* ist ein Frühstückslokal, wo alle, die morgens eilig zur Arbeit streben, ihren *cappuccino* mit einem Gebäck zu sich nehmen, das gewöhnlich *brioche* (briósch, aus dem Französischen) genannt wird. Es ist der Treffpunkt, das öffentliche Telefon; in den Geschäftsstädten wie Mailand und Turin, wo hart und auch hektisch gearbeitet wird, ersetzt ein *panino* oder *tramezzino* (eine Art Sandwich) in der Bar, begleitet von einer *spremuta* (ausgepreßter Orangen- oder Grapefruitsaft), das Mittagessen.

Für *pranzo* (Mittag) und *cena* (Abendessen) empfiehlt es sich, daran zu denken, daß Italiener tolerant und flexibel sind – außer bei den starren Öffnungszeiten von Läden und Restaurants. Das Restaurant und (ungefähr in absteigender Rangordnung) Ristorante-Pizzeria, Birreria, Pizzeria, Trattoria[6], Osteria[7], die fast nicht mehr übliche Locanda[8], die Taverna[9], die (sehr) schlichte *tavola calda* – sie alle geben dem Hungrigen zu essen, erwarten aber, daß er zwischen zwölf und (spätestens) 14.00 Uhr das Lokal betritt. Davor und danach ist man auf die Gummipizza und ähnliche Genüsse angewiesen. Abends dasselbe: Die Restaurants öffnen nicht vor 19.30, je weiter im Süden, desto später ißt man. Das heißt nicht, daß Sie säumen dürfen. Um 22.00 Uhr schließt die Küche meist. Es kann – selbst in größeren Städten – schwer sein, später etwas zu essen zu finden, zumindest im Winter.

So diszipliniert der Stundenplan, so verwirrend die Begriffe. Bei feinen Einladungen ist die *colazione* zu Mittag, der *pranzo* am Abend. Und eine Osteria oder Locanda kann ebenso wie die Trattoria das tiefgestapelte Allerfeinste (und Teuerste) sein.

Es ist offenbar ein Relikt freien, wilden Germanentums, in Restaurants nach Gusto auf den freien Platz loszustürmen. In Italien, Amerika, der DDR und der Sowjetunion ist das anders: Der Kellner weist einen Platz an. In Italien ist das mehr als Angebot, nicht als Befehl zu verstehen.

Das vollständige Mahl umfaßt *antipasto* (Vorspeise), *primo* und *secondo (piatto)* (ersten und zweiten Gang), dazu *contorni* (Beilagen), danach *formaggio* (Käse), oft auf dem *carrello*, dem Wagen, wie auch die Desserts: ein *dolce* oder *frutta*, danach den obligaten *caffè* oder einen *digestivo* oder beides. Ein Wirt mit Deutschland-Praxis findet nichts dabei, wenn Sie am Ende einer ausführlichen Mahlzeit einen Cappuccino bestellen, in Italien gilt das entweder als Beweis, daß Sie die Landesgepflogenheiten nicht kennen, oder als subtile Beleidigung (Sie brauchen einen Frühstückskaffee, weil Sie nicht satt geworden sind, es nicht geschmeckt hat).

Lassen Sie sich nicht eine Mahlzeit mit sämtlichen vier oder fünf Gängen aufschwatzen – ein Wirt, der das versucht, verdient Ihr Mißtrauen. Über das Mißtrauen, das auf Mißverständnissen beruht, sind Sie wahrscheinlich schon hinaus. Es wird Ihnen nicht passieren, daß Sie eine Kleinigkeit im Restaurant essen und sich über den Beutelschneider beklagen, der Ihnen allein für die Semmel zur Gemüsesuppe fünf Mark abgeknöpft hat. Das ist das *coperto*, der Grundbetrag für das Gedeck. An seiner Höhe können Sie ein bißchen den Typ des Lokals abschätzen, noch bevor Sie *Il conto, per favore* verlangen. Nur ein Anfänger (siehe Kapitel über die Sprache) ist noch so vertrauensselig, daß er bedenkenlos im Wörterbuch nachschlagen würde, um »Zahlen bitte« in *Pagare prego* zu verwandeln. Das *conto* wird selbst in der bescheidensten Osteria auf einem Teller gebracht, normalerweise ohne Aufforderung in Form der *ricevuta fiscale*.

Die Dimension des (geographischen) Raums der italienischen Gastronomie entbreitet sich unübersehbar. Unübersehbar die gastronomische Literatur. Ein paar mehr als dürftige Hinweise müssen hier genügen. Grundbedingung jeder großen Küche, wie der französischen, der Wiener, der russischen, türkischen oder chinesischen, ist die Vielfalt der Rohstoffe und Traditionen, die sich in einem Brennpunkt, einem reichen Zentrum der Macht begegnen. Begreiflich, daß dort, wo (in Epochen ohne weltumspannenden Güterverkehr) außer Gerste und Kraut wenig gedieh, die Küche eher zur Minimal Art neigte. In Paris, in Wien, in Moskau, Istanbul oder

Beijing schuf ein mächtiger Herrscherhof jeweils die Bedürfnisse und die Mittel, eine große Küche entstehen zu lassen, die wiederum in das jeweilige Land ausstrahlte. Theoretisch gälte das (mit einiger Verspätung) auch für Amerika. Es wird noch ein paar Jahrhunderte brauchen. Oder hat die Entwicklung zum Tiefgefrorenen und zu Mahlzeiten in der Fertigteilbauweise die Chance für immer verspielt?

Wo aber war das Machtzentrum in Italien, das die Klima- und Vegetationszonen vereinigte? In der Tat, es war so recht keines von der Art vorhanden. Zum Paradox der italienischen Küche (ich halte einfachheitshalber an diesem unkorrekten Ausdruck fest) gehört, daß sie nicht vom Reichtum, sondern von der Armut geschaffen wurde. Die Apenninenhalbinsel stellt sich historisch dar wie ein Durchhaus, immerfort war irgendwer unterwegs, meist nicht zum Vergnügen. Sehr oft war der Reisegrund der Hunger. Um die Jahrhundertwende gab es zum Beispiel heftige Wanderwellen aus notleidenden Gebieten Italiens nach Norden.

Aus der Gegend von Lucca und Pisa kamen die Underdogs als Maronibrater oder fliegende Garküchenchefs für Lohndiener und Fiakerkutscher. Sie arbeiteten sich zäh empor und eroberten mit dem Starrsinn, der den Toskanern nachgerühmt wird, die Landstriche der Polenta und des Risotto. Diese Hartnäckigkeit teilten sie mit den Umbriern, als es in der Zeit des Kirchenstaats um eine als unbillig empfundene Salzsteuer ging: Sie buken ihr Brot salzlos. Die Salzsteuer ist inzwischen bedeutungslos für die toskanische Küche; der hartnäckige Protest oder, besser, das Ergebnis der Dickschädeligkeit ist geblieben. Noch heute ist toskanisches und umbrisches Brot ungesalzen.

Eine »italienische« Küche gibt es noch immer kaum, auch wenn sich die regionalen Küchen als enge Verwandte mit vielen gemeinsamen Zügen darstellen. Zu den Konstanten gehört an erster Stelle die *pasta*. Die *primi*, die manchmal als *minestre* (eigentlich: Suppen) auf der Karte stehen, bilden eine gemeinsame Basis mit jeweils lokalen Varianten. *Spa-*

Anfang einer Gastronomenkarriere: Maronibrater

ghetti (Schnürchen), *vermicelli* (Würmlein), *tagliatelle* (kleine Geschnittene), *penne* (Federn), *rigatoni* (große Gerillte), *bucatini* (kleine Gelochte), *farfalle* (Falter): das sind – ohne die Hunderte lokaler Varianten – nur ein paar der Begriffe, die eine Ahnung von der Vielfalt geben. Die gefüllten Teigwaren (*tortellini, ravioli, tortelloni, lasagne, cannelloni* und viele mehr) haben sich in erster Linie in der Emilia entwickelt. Die gemeinsame Basis aller dieser Küchen ist ferner seit Römerzeiten das Gemüse (Bohnen, Zwiebeln, Lauch, Salate, Erbsen, Zucchini, Melanzane/Auberginen, Spinat), König Knoblauch, Kräuter wie Origano, Salbei und Basilikum, der wilde Rosmarin. Seit Kolumbus haben sich die *pomodori* und die *peperoni* (Paprika)[10] überall einen fast beherrschenden, die Kartoffeln im Norden einen festen Platz erobert.

Die »ambrosianische« Küche auf der Grundlage von Polenta und Risotto, Butter und Gorgonzola, den Würsten der Padana, dem *ossobuco*, der *cotoletta alla milanese*[11] befindet sich auf dem Rückzug. Noch zu der Zeit Alessandro Manzonis waren in der Lombardei Spaghetti eine kaum bekannte Rarität. Gekocht wurde mit tierischen Fetten. Dante (nicht der Dichter), Carapelli und Olio Sasso lieferten einander Werbeschlachten, um ihr Öl auf dem oberitalienischen Markt durchzusetzen – aber auch das Olivenöl überhaupt. Ganz ähnlich drängte die Pizza – zuerst mit wenig Erfolg – nach Norden, nach Rom.

Mailand ist heute, in nationalen Dimensionen, ein gastronomischer Brennpunkt wie New York: Es gibt hier, wie an wenigen anderen Orten, neben der lokalen, eigenen so gut wie alle regionalen Küchen. Es gibt sie, weil die Immigranten ihre Regionalküchen mitbrachten. Der fortschrittliche Deutsche, der den Hauch der großen Welt zu atmen weiß, belächelt den zurückgebliebenen, der in Tokio auf die Suche nach Bratwurst geht, in Kampala den Filterkaffee zum Frühstück vermißt, in Singapur die Königsberger Klopse. Die Italiener haben zwar kein eigentliches Wort für Heimweh, empfinden aber im Durchschnitt die Entbehrung heimischer Küche und Eßgewohnheiten schon hundert Kilometer entfernt noch schmerzlicher. Darum tragen sie, wenn sie sich in der Fremde niederlassen, Sorge, daß da ein Stückchen Italien sei. Die piemontesischen Lokale in Mailand, die ligurischen in Piemont, die toskanischen in Ligurien, die Pizzerien in der Toskana, die Trattorien der Sizilianer und Kalabresen in Rom – das ist die nationale Variante von *Little Italy* in New York.

Nebenbei etablierte sich in Mailand die Ausnahme von der Regel, daß in Italien ausländische Restaurants bisher kaum Fuß faßten. Die Chinesen, mit leichten Konzessionen dem italienischen Gaumen zuliebe, wie »der Italiener« jenseits der Alpen, breiten sich aus. Und neuerdings, von heftigen Pressefehden begleitet, die Gaststätten des *Fast food*.

Es ist leicht einzusehen, daß der Reisende sich vernünftigerweise auf diesem Gebiet *nicht* antizyklisch verhalten sollte. Natürlich können Sie mit zielstrebiger Suche in Oberitalien eine sizilianische *caponata* auftreiben. Sie können im Veltlin Meeresfrüchte essen (es wird Tiefgefrorenes sein) oder am Montag Fisch bestellen. Von wann, wissen Sie nicht – daß er nicht frisch ist, weil die Fischer normalerweise Sonntag nicht ausfahren, wissen Sie. Übrigens liegt es am Gesetz, daß Gaststättenbetriebe einen Ruhetag haben (müssen). Es ist am häufigsten der Montag, vielleicht eben wegen der Fischküche, sonst Dienstag oder Mittwoch.

In einer einfachen Küche ist vieles eine Frage der Zeit. Wenn sich das Erdendasein der Schweine erfüllt, die um Carrara aus Marmortrögen fressen, braucht der rohe Speck, nach altem Rezept schichtweise bestreut mit Salz und aromatischen Kräutern, in Marmortrögen die Muße vieler Monate, um zu einer Köstlichkeit zu reifen, die heutzutage so rar geworden ist, daß man die Fundstellen nicht verraten mag. Und eines der wichtigsten Gerichte des Südens, die scheinbar ganz einfachen *spaghetti aglio, olio e peperoncino* (mit Knoblauch, Öl, scharfem Paprika), sind ein Test für den guten Koch, denn sie verlangen ein sekundengenaues Timing.

Was spricht gegen Erdbeeren zu Weihnachten, was gegen ein *tiramisù* (das aus *mascarpone* gemacht wird, einem

Käse, der bei Hitze schnell einen Stich bekommt) mitten im Sommer, wo wir doch Kühlschränke haben? Warum Jahreszeit und Ort beachten? Weil gastronomische Überlieferungen ihren Sinn haben. Und weil das, was der Koch am besten beherrscht oder nach dem Marktangebot im Augenblick am besten liefern kann, Sie am ehesten befriedigen wird.

In manchen Gegenden (etwa Piemont) häufiger als anderswo finden Sie Restaurants mit einem *menù a prezzo fisso*, egal was und wieviel Sie essen. Manchmal wird Ihnen der Wirt, wenn er auf die individuellen Varianten seiner Küche stolz ist, ein *menù di degustazione* vorschlagen, mit einer Menge kleiner Kostproben der verschiedenen Gänge. Sie werden sich mit Gespür für die Situation bewegen, und Sie werden nicht enttäuscht werden. In einer piemontesischen oder valdostanischen *piola,* wo man sich durch geräucherte Köstlichkeiten, herzhafte Bauernwürste und eingelegte Pilze die nötige Unterlage für den Roten aus dem valdostanischen Arnaz schaffen mag, werden Sie keine Pizza verlangen. Sie werden dafür die *grolla* nicht zurückweisen. Das ist eine Art tönerner Kessel mit ebenso vielen Mundstücken, als Gäste am Tisch sitzen – oder wenigstens ungefähr. Die *grolla* kreist um den Tisch, der Inhalt ist meist Geheimnis des Hauses, seine befeuernde Wirkung weniger rätselhaft. Vom Pizzavirtuosen werden Sie kein Risotto, vom Trentiner keine apulische Fischsuppe wollen, im Veneto nicht unbedingt den arabischen Wurzeln der sizilianischen Küche nachspüren – das mag ein Masochist tun, wenn er will.

Einen *piatto locale*, eine Spezialität der Gegend zu verlangen, ist ein Kompliment des Gastes an den Gastgeber. Ihn außerdem um Rat zu bitten, ist ein Zeichen des Vertrauens, das er nicht enttäuschen kann, wenn er nicht *brutta figura* machen und das Gesicht verlieren will. Gewiß: In Nepplokalen wird so ein Vertrauen schmählich mißbraucht. Selbst da können Sie noch (vielleicht gegen den nächsten Neppversuch) die Situation retten und mit Bestimmtheit ihre Enttäuschung äußern. Beim Wein ist Beratung zwar auch sinnvoll – doch ist es nicht angebracht, ihr blind Vertrauen zu schenken. Zu groß ist die Versuchung für einen

Wirt, Sorten oder Jahrgänge, die getrunken werden müssen, zuerst zu empfehlen, unabhängig davon, ob sie zum Essen passen oder nicht.

In Deutschland gilt es als unhöflich zu trinken, ohne sich zuzuprosten oder feierlich das Glas zu erheben. In Italien wirkt das altfränkisch oder übertrieben und kommt nur bei besonderen Gelegenheiten vor. Ungehörig ist jedoch, Wein aus der Flasche mit einer Bewegung einzuschenken, bei der die Hand *unter* der Flasche liegt, statt sie von oben her zu umfassen. Der Grund, der in Vergessenheit geraten ist: In der Renaissance kam es vor, daß ein geschickter Gastgeber den mißliebigen Gast mit Gift aus dem Weg zu räumen suchte, und es gab geeignete Ringe, aus denen beim Einschenken das Gift mit dem Wein in den Pokal fließen konnte. Der oben liegende Handrücken demonstrierte die Harmlosigkeit des Einschenkens.

Die Weinkultur ändert sich. Nicht der Deutsche, der Italiener trinkt ein obligates Bier zur Pizza. Es ist trotzdem kein Volksgetränk und ungefähr so teuer wie offener Wein. Lokale Weine vertragen oft keinen Transport und sind in befriedigender Qualität nur an Ort und Stelle zu trinken, besonders wenn es ein *vino frizzante* ist, ein moussierender Wein (manche Trebbiano-Arten, der Lambrusco aus der Emilia, der piemontesische Freiza). Nicht *nur* die Euphorie verschönt im Urlaub italienischen Wein, nicht nur der fehlende Sonnenuntergang unter Pinien ist an der Geschmacksenttäuschung schuld, wenn man die Flasche zu Hause entkorkt. Für einen piemontesischen Barolo, der jahrelang lagern mag und mit einem guten Bordeaux wetteifert, gilt das klarerweise nicht, für die Weine, die in Barriques ausgebaut werden, den kleinen Eichenfässern, die nach französischem Vorbild zunehmend benutzt werden, ebenfalls nicht.

Ein Wort zum berüchtigten Methylalkohol-Skandal von 1986. Ausnahmslos eine Art von Opfern kam zu Schaden: *pensionati* und ältere Arbeitslose, die ihr Dasein an der Grenze zum Existenzminimum mit dem billigsten verfügbaren Alkohol freudvoller machten, tranken »Weine«, deren Preis allein sie schon als Produkte der Panscherei entlarvte[12].

Mit einem zweiten Suchtgift steht es besser. Die vom Rauchen belästigten Nasen atmen auf, es beginnt sich, wenngleich erst nur im Norden, die Einsicht durchzusetzen, daß unverbrauchte Luft ein Gut, vielleicht sogar ein Rechtsgut sei. Der Prozentsatz an Rauchern steigt im Süden, bei Frauen, Jugendlichen, Arbeitslosen: Rauchen ist da noch immer ein Symbol für Emanzipation und Wohlstand. Das Essen aber ist unantastbar: Wer freundlich darum bittet, die *maccheroni* ungeräuchert essen zu dürfen, darf mit Entgegenkommen rechnen.

Was aber, wenn Sie sich trotzdem plötzlich unwohl fühlen sollten? Ein Stechen im Bauch/in der Brust/im Hals? Fieber? Übelkeit? Schwindel? Darüber einige Aufklärung im nächsten Kapitel.

1 Folco Portinari im Vorwort zum *Guida all'Italia gastronomica* von Massimo Alberini und Giorgio Mistretta, Touring Club Italiano, Mailand 1984.

2 Den Vogel schoß eine Pizzeria in Pesaro ab, der Geburtsstadt des großen Gastronomen Gioachino Rossini (nur wenige wissen, daß er auch ein tüchtiger Opernkomponist war). Dort hatte ich Gelegenheit, mich vor dem Genuß einer *Pizza Rossini* zu hüten, deren markanteste Zutaten ein Spiegelei und Mayonnaise waren.

3 Einen präziseren Eindruck von dieser Armut, die im eigenen Land Erschrecken hervorrief, vermittelte im April 1959 die Reportage *L'Africa in casa* (Afrika zu Hause), erschienen in der Nummer 17 von *L'Espresso*. Das italienische Wirtschaftswunder entfaltete sich gerade in voller Pracht, als manche zu ihrer Bestürzung erfuhren, daß es in ihrem Land Menschen gab, die außer Brot, *pasta* und wilder Zichorie nichts zu essen hatten (Fleisch vielleicht einmal alle paar Jahre, wenn ihr Esel starb), nicht lesen und schreiben konnten, den König für das Staatsoberhaupt hielten, wenige Dutzend Kilometer vom Meer entfernt lebten, es aber noch nie gesehen hatten und auf die Frage »Was ist die Republik?« antworteten: »Weiß nicht, dort bin ich nie gewesen.«

4 Deren Höchstleistungen in russischen Augen bis zum belegten Brot reichten. Dieser Inbegriff deutscher Gastronomie heißt auf gut russisch (hier in lateinischer Umschrift): Butjerbrod.

5 Ein rechteckig geschnittenes, gummiartiges, aufgewärmtes Produkt mit Tomaten-Ketchup, das eingeführt wurde, um den unerträglichen Fremdenverkehr zu bremsen.

6   Wo der Gast *traktiert* wird.

7   Wo der *oste* (Gast) vom *oste* (Wirt) traktiert wird.

8   Einfaches Gasthaus, zum Essen, Übernachten oder für beides.

9   Wo vorzugsweise Wein ausgeschenkt wird.

10   Was die Deutschen Pepperoni oder Pfefferoni nennen, die scharfen kleinen roten Paprika, sind *peperoncini.*

11   Jenes panierte Schnitzel, das dem Pendant aus Wien wie ein Zwilling ähnlich schaut und vom Prioritätsstreit der Gastronomiehistoriker umtost wird. Unstrittig ist, daß es sich um die Leibspeise des Mailänder *feldmaresciallo*, nämlich Radetzky, gehandelt hat, wenn dieser nicht gar an der Transplantation des Schnitzels in die eine oder andere Richtung beteiligt war.

12   Die halbe Million Alkoholiker in Italien, von denen die Statistik redet, sind nach Ansicht der Experten ein Zeugnis für zweierlei: Mangel an politischer Bereitschaft, etwas gegen die gesellschaftlich akzeptierte Droge zu tun, und den Bedarf an der Weltverschönerungsdroge. Auch der Wohlstandsalkoholismus wächst in einem Land, das seit fast dreitausend Jahren maßvollen Umgang mit Wein kennt, aber heute zum größten Importeur von Whisky und Wodka in Europa geworden ist.

Die besten Ärzte, aber...

Als schwerste Krankheit, die einen sonnenhungrigen Auto-
nomaden aus der englischen oder deutschen Arktis oder den
Gebirgssteppen vom österreichischen und schweizerischen
Dach Europas treffen kann, gilt allgemein die im ersten Kapitel erwähnte fiebrige, stark entzündliche Liebe zu Italien.
Sie durchläuft drei oder vier charakteristische, ineinander
übergehende Stadien. Das erste ist von einer kaum nachlas-
senden Euphorie geprägt. »Bontschoano,« sagt der Kranke
begeistert zum Hotelier, der zwanzig Jahre lang in Deutschland gearbeitet hat. In Hochstimmung gießt er den Frühstückskaffee, den trübsten Quell des Mißvergnügens in der
italienischen Gastronomie, mit genießerischem Schlürfen
hinunter: »Der Espresso is klasse.« Er jubelt über das blaue
Meer, den blauen Himmel, die *zuppa inglese*, die Zypressen, den *Zabaione*, die Zitronenblüten (endlich!). »Mir haben sie die Geldbörse geklaut«, murmelt er verzückt, als
hätte man ihn zum Senator auf Lebenszeit gewählt oder ihm
den Titel *cavaliere* verliehen. In diesem Stadium ist Heilung
durch einen mittleren Schock noch ohne weiteres möglich.
Es genügt, daß der Urlauber ein angenehmes Hotel, einen
sauberen Strand (das gibt es noch), eine ruhige Zwischensai-
son und eine ehrliche Küche gefunden hat. Dann wird er
sagen, das ist ja genau so wie auf den Bahamas, in Tunesien,
in der Türkei. Warum sollte ich da nach Italien fahren, wird
er fragen. Wenn er gar sagt: Da kann ich ja genausogut zum
Italiener um die Ecke gehn, ist er bereits unwiderruflich auf
dem Weg der Besserung.

Das zweite Stadium wird von einem andersartigen, krank-
heitsbedingten Schock ausgelöst. Es ist der Zustand nach
einer anfänglichen Überdosis Italien. Er äußert sich in einer

trüben Ernüchterung, die in eine tiefe, nur von cholerischen Anfällen unterbrochene Lustlosigkeit und Niedergeschlagenheit übergeht. Der Kranke hat keinen Appetit oder ißt zuviel. Er empfindet alles Mißgeschick der Welt über seinem Haupt ausgegossen und möchte nur eines – weg aus diesem scheußlichen Land, wo nichts funktioniert, wo ihn alle begaunern, wo ihm die ewigen Spaghetti zum Hals heraushängen, die Weine nach Methyl und die Skandale zum Himmel stinken. Er kann sie nicht mehr sehen, die Marmorstatuen und Renaissance-Palazzi.

Unerklärlicherweise fährt er dennoch nicht anderswohin, oder nur, um bei nächster Gelegenheit wiederzukommen. So hat die Italienliebe Zeit, in ihre unheilbaren chronischen Stadien einzutreten. Die Phase der zunehmenden Landeskenntnis, der Angleichung und Anpassung wird abgelöst von einem Zustand tieferen Verstehens. Die Unglücklichen sind schließlich außerstande, die Realität ernst zu nehmen, unfähig, ihren gefährlichen Zustand zu erkennen, und ungeeignet, in einem anderen Land zu leben.

Bedauerlicherweise gibt es Krankheiten, die nicht mit diesem subjektiven Wohlbefinden verbunden sind, ferner Unfälle und anderes Unangenehme wie Zahnweh. Ich kann nicht verschweigen, daß dann die Italienliebe cholerische Rückfälle hat. Ein geflügeltes Wort unter Ausländern in Italien beginnt einzuleuchten: Bei schwerer Krankheit ist das beste Rezept ein Flugticket nach Zürich, München oder Frankfurt, je nach Dialektvorliebe. Mit einer Mischung aus Beklommenheit und gedämpfter Freude läßt sich ein Patient etwa in Bologna behandeln. Mit Freude, weil er nicht in einer süditalienischen Provinzstadt hängengeblieben ist.

Dabei sind nicht nur Italiens Ärzte hervorragend, sondern auch Italiens Krankenhäuser besser als ihr Ruf. Der Gesetzgeber schließlich hat es ebenfalls gut gemeint. Aber das ist es ja gerade. Das Gesundheitssystem ist staatlich. Die medizinischen Versorgungseinrichtungen verschlechtern sich kontinuierlich von Norden nach Süden, wenn man sich an die Statistiken hält: immer weniger Ärzte, bezogen auf die Einwohnerzahl, weniger Kliniken, weniger Apotheken, weniger Erste-Hilfe-Stationen, weniger Rettungswagen.

Den gesetzlich krankenversicherten Ausländer (be)trifft das alles in vollem Umfang. Er genießt die fragwürdigen Segnungen internationaler Verträge. Mit anderen Worten: Er bezahlt die (hohen) deutschen oder österreichischen Beitragssätze und erhält normalerweise die katastrophal schlechten Leistungen der italienischen Krankenversicherung, der *USL*. Die *USL* entspricht ungefähr der Allgemeinen Ortskrankenkasse in der Bundesrepublik oder den Gebietskrankenkassen in Österreich. Italien hat mit beiden Ländern Gegenseitigkeitsabkommen geschlossen, die die Gleichstellung der Versicherten im Ausland gewährleisten.

Ausgesprochen werden solche Abkürzungen übrigens, als wären sie ein richtiges Wort: die Usl, wie ein österreichisches Beisl. Im Radio hören Sie darum ein Italienisch, das steht in keinem Wörterbuch und klingt so: »Die Rai meldet: Gestern haben sich Tschisl und Uil mit der Konfkommertscho über den Upimkonflikt geeinigt, Ptschi und Psi zeigen sich befriedigt. Stet und Iri erwägen eine Umgliederung von Italtel und Italstat. Das Istat hat neue Zahlen über die Entwicklung der Irpef und Ilor veröffentlicht. Die Konsob übt Kritik an der Kariplo. Fiat, Snia und Snam äußern sich zuversichtlich.«

Von all den Firmennamen, Institutionen, Parteien, Gewerkschaften, Steuern haben Sie vielleicht nur Fiat (*Fabbrica Italiana Automobili Torino*) verstanden.

Aber zurück zur *USL*. Der Ausländer mit privater Krankenversicherung ist finanziell zunächst schlechter dran. Er muß vorläufig selbst die Arztrechnung bezahlen, ohne zu wissen, wieviel davon er erstattet bekommt. Gleich gut wie andern ergeht es ihm, was die Krankenpflege in Hospitälern betrifft. Besser dran als Kassenpatienten ist er wegen der freien Arztwahl und der bevorzugten Behandlung als Privatpatient ohne Wartezeiten und mühselige Behördenwege.

Das Mitglied der Barmer oder der Allgemeinen Ortskrankenkasse in Deutschland, der Gebiets- oder Bundeskrankenkasse in Österreich muß nur da, wo die italienische Krankenversicherung weniger leistet (Zahnersatz zum Beispiel überhaupt nicht!), mit Rechnungen eine Rückerstattung beantragen. Fazit: Entweder Sie versuchen, ohne den vorgesehenen Internationalen oder Urlaubskrankenschein auszukommen. Unter Umgehung der *USL* können Sie sich wie ein Privatpatient behandeln und Ihre Auslagen hinterher zu Hause erstatten lassen. Oder das ist Ihnen zu ungewiß, und Sie schließen für die Reisedauer eine zusätzliche Kranken- und Unfallversicherung ab.

Insbesondere die Krankenhäuser erfreuen sich, wenn man so sagen darf, eines üblen Rufs. Er haftet ihnen einesteils zu Unrecht an, weil ihre Mängel nicht hausgemacht sind. Andererseits zu Recht, weil diese tatsächlich bestehen. Drittens aber: Nach einer Umfrage 1984 beklagen sich deutsche Mediziner über die nämlichen Strukturschwächen. Die sind also in der Mehrzahl keineswegs »typisch«. Und nicht das, was ein penibler Deutscher mediterranen Schlendrian nennen würde.

So führen viele Ärzte den heroischen Kampf Don Quichottes gegen die Windmühlen einer Krankenhausbürokratie, welche es am liebsten sähe, wenn das lästige Anhängsel der Mediziner und Kranken verschwände. Es gab und gibt spektakuläre Beispiele unmenschlicher Gleichgültigkeit, wenn lebensgefährlich Erkrankte an der Pforte überfüllter Krankenhäuser barsch abgewiesen werden. Krankenwagen irren mit Blaulicht von Klinik zu Klinik, bis vielleicht die telefonische Intervention über den »richtigen« Draht das Recht des Kranken auf Versorgung herstellt. Ausländer genießen im Schnitt, besonders bei Unfällen, eine Vorzugsbehandlung. Die Instinktreste einer archaischen Gastfreundschaft, das Bedürfnis, *figura* zu machen, das helle Bewußtsein für die Bedeutung des Fremdenverkehrs und für ein gutes Image: alles mögliche mag zusammenspielen.

Man muß unterscheiden zwischen der Qualität der Mediziner, der Versorgungseinrichtungen und der staatlichen Krankenversicherung. Dort herrscht eine Mentalität, die den Patienten nicht als Leidenden ansieht, sondern als Verwaltungsakt.

Das Gesetz 833 vom 23. Dezember 1978 über die Krankenversicherung suchte die Schwächen des einstigen *INAM* (*Istituto Nazionale per l'Assicurazione contro le Malattie*) zu beseitigen. Die Reform trat 1981 mit der Schaffung der *USL* (*Unità Sanitarie Locali*), der kommunal und regional verwalteten lokalen Gesundheitsämter, in Kraft. In der Übergangszeit sollten die *SAUB* (*Strutture Amministrative Unificate di Base*) deren Aufgaben erfüllen: Wahl und Widerruf des Vertrauensarztes, Bestandsaufnahme und Krankenstatistiken als Basis für die Planung geeigneter Gesundheitseinrichtungen. Außer dem Namen hat das Gesetz nicht allzuviel geändert. Es hat die zentral verwaltete Gesundheit, vielmehr den zentral verwalteten Mangel dezentralisiert. Unglaublich starr ist das System geblieben. Daß Leute mit einem akuten Kieferabszeß wochenlang auf einen Termin warten müssen, ist nicht ungewöhnlich. In jedem Fall muß ein Kranker zuerst zu seinem Arzt. Der überweist ihn gegebenenfalls an Fachärzte, an Ambulatorien oder zum stationären Krankenhausaufenthalt. Einspruchsmöglichkeiten oder Wahlfreiheit bestehen praktisch kaum. Es erstaunt schon, daß ein italienischer Versicherter das Recht hat, seinen Hausarzt selbst zu wählen. Dann hören jedoch die Rechte so ziemlich auf.

Nach einer Umfrage über das Gesundheitswesen erbosen sich die meisten Italiener (70 Prozent) über die Bürokratie der Krankenversicherung. Allein das Schlangestehen vor den Versicherungsschaltern während der Arbeitszeit kostet die Volkswirtschaft umgerechnet drei Milliarden Mark jährlich. Erst an zweiter und dritter Stelle sind die Italiener mit der Selbstbeteiligung (23 Prozent) und der schlechten Krankenhausversorgung (17 Prozent) unzufrieden.

Wie Kostenerstattung durch die *USL* nach italienischem Recht für einen Ausländer aussieht? Eine harmlose Entzündung kostete umgerechnet etwa hundert Mark für zwei Arztbesuche und Medikamente. Das mühsam gefundene zuständige Büro zitierte den Bittsteller aufs Amt. Schon beim zweiten Besuch bekam er ein Formular für den Erstattungsantrag. Der wurde samt den Unterlagen als Einschreiben von der italienischen Post zuverlässig befördert. Die Reaktion ließ kaum auf sich warten. Nach drei Monaten kam ein Scheck über neun Mark. Ich rieb mir verwundert die Augen, mußte mich aber aufklären lassen, daß alles seine Richtigkeit habe. Der Scheck deckte jedenfalls die Portokosten.

Übrigens funktioniert auch in der Gegenrichtung das Gegenseitigkeitsabkommen nur bedingt. Den Auslandskrankenschein bekommt ein Italiener nur, wenn er ein Anstellungsverhältnis nachweisen kann. Nicht nur Agnelli oder andere Milliardäre seinesgleichen, die alle zwangsversichert sind, husten daher auf die Leistungen der *USL*. Sie haben ihre Privatversicherung. Selbst wer sich eine solche nicht leisten kann – und das ist die Mehrzahl – , geht im Ernstfall lieber zum Arzt seiner Wahl, den er selbst bezahlt. Man zieht es vor, seine Finanzen anstelle seiner Gesundheit zu ruinieren. Die Konsequenzen sind nur allzu begreiflich: Jeder Arzt, der die aufgewendete Zeit für seine Patienten nicht in Sekunden pro Stück berechnen will, aber trotzdem von seinem Beruf auskömmlich leben möchte, behandelt lieber Privatpatienten. (Mit einer Schachtel für Bargeld, Sie wissen schon, warum.)

Natürlich beginnen hier die Gesetze der freien Marktwirtschaft zu wirken. Je gefragter ein Arzt, desto mehr kann er verlangen. Wie unter Anwälten, Malern, Schauspielern, Sängern oder Dirigenten entwickelt sich das Startum mit seinem speziellen Kult. Erstaunlich daran, wie Italien von einem Extrem ins andere fällt: Dem weltfernen Ideal der Gleichbehandlung aller Kranken, das in der Praxis zur Gleichschlechtbehandlung geführt hat, steht eine aus deutscher Sicht fast schrankenlose Liberalität gegenüber. Sie verstärkt ohne die Hemmnisse strenger Standesordnungen die Ungleichheit. Jeden Abend sieht man in den unzähligen privaten Fernsehprogrammen offene und Schleichwerbung für Schönheitsoperationen, Privatkliniken, Heilgymnastiker, Fitness- und Rehabilitationszentren, bis herab zum Warzenbesprecher, Handaufleger und Astrologen, der sich gesundheitlicher Probleme annimmt.

Die Apotheken ähneln manchmal amerikanischen Drugstores. Sie verkaufen auch Süßigkeiten, Spielzeug und Unterwäsche. Aber der Ausländer hat einen Vorteil davon, daß die Patienten so arm sind wie ihr Staat und dessen Gesundheitssystem verschuldet. Die meisten Medikamente kosten erheblich weniger als bei den nördlichen Nachbarn. Während Norditaliener ihren Benzintank in der Schweiz auffüllen, tanken die Schweizer ihre Hausapotheke mit Schweizer Präparaten in Italien voll.

Ganz wie auf anderen Gebieten sind unter den Ärzten die Stars keineswegs immer die Besten ihres Fachs, doch gewiß jene mit der wirksamsten Werbung, mittelbar oder unmittelbar.

Das starke Einkommensgefälle innerhalb der italienischen Gesellschaft bestimmt auch das Leben im Krankenhaus. Hie große Krankensäle mit restriktiver Besuchszeit, dort modern ausgestattete Zweibettzimmer. Sie sind Kranken vorbehalten, die die erhebliche Preisdifferenz zahlen können und dafür Besuche zu allen Stunden des Tages empfangen dürfen. Die Besuchszeit ist ein wichtiger Heilfaktor. Denn die Krankenschwestern sind weniger zahlreich als in einer deutschen Klinik. Und wie so oft springt Privatinitiative ein. Schlecht ist dran, wer nicht hilfsbereite Verwandte hat, die ihn mit Getränken, Handtüchern, Bademantel, Toilettenartikeln, nötigen Handreichungen versorgen. Selbstlosigkeit der Angehörigen ist durch Geld ersetzbar: Wohlhabende Patienten engagieren private Krankenpfleger. Besonders in Süditalien wirken starke Familienbande und schwache Leistungen der Spitäler zusammen, um ein malerisches Ensemble zu schaffen. Die Verwandten verbringen den ganzen Tag beim Kranken, schlafen im Bett neben ihm, um ihm stets beistehen zu können, bekochen und ermuntern ihn, was dem Heilprozeß gewiß förderlich ist – Dinge, die einer an Hygiene und Asepsis orientierten deutschen Krankenschwester die Haare zu Berge stehen ließen.

Das Erfreulichste an der medizinischen Versorgung Italiens aber sind, der Bürokratie und Infrastruktur zum Trotz, die Ärzte, zumindest die Spitzen auf verschiedenen Fachgebieten. Es ist kein Zufall und nicht nur mit der geographischen und mentalen Gemeinsamkeit der Mittelmeerländer zu erklären, daß so mancher orientalische Krösus, so mancher Ölscheich aus Nahost im Krankheitsfall gerade nach Italien kommt, wenn er sich nicht nach Amerika fliegen läßt. Ein römischer Patient, der nach Deutschland fuhr, um seinen Kehlkopf untersuchen zu lassen, war verblüfft, als der untersuchende Spezialist seinerseits Verblüffung äußerte. Darüber, daß der Patient den weiten Weg gemacht habe, wo doch das angewendete computerszintigraphische Verfahren in Italien entwickelt worden sei.

Verblüfft war eine Mailänderin, die gegenüber der Medizin ihres Landes ein tiefes Mißtrauen hegt und den Weg in die Bundesrepublik nicht scheute, um ein Ohr untersuchen zu lassen. Der deutsche Chefarzt, eine Kapazität auf seinem Gebiet, schlug eine Operation vor. Aber als er hörte, sie komme aus Italien, nannte er auf Anhieb Spezialisten in drei italienischen Städten, darunter solche im gefürchteten tiefsten Süden, die das »genauso gut wie ich selber« besorgen könnten.

Nicht anders ist es, nach den Erfahrungen Betroffener, in der Augenheilkunde. Leidgeprüfte Italiener wissen, daß sie auf die einstmals fast schon obligate Pilgerschaft in eine Klinik in Lyon (wo sich auch herzkranke Italiener mit Vorliebe einfinden) verzichten können: Siena und Mailand etwa haben bei Netzhautgeschädigten keinen schlechteren Ruf als Essen, Zürich oder Lyon.

Herr Pronto antwortet nicht

Der Urlauber ist in gewisser Hinsicht das Gegenteil eines Fußballers. Im Fußball hat die gastgebende Mannschaft den Heimvorteil. Bei Post, Telefon und Telegraf in Italien hat der Einheimische einen Heim*nach*teil – er ist auf sie angewiesen. Der Urlauber ist im Normalfall viel besser dran: Er kann um diese Einrichtungen einen großen Bogen machen. So fährt er am besten.

Am zweitbesten fährt er, wenn er sich darauf beschränkt, ein paar Ansichtskarten zu schreiben oder gelegentlich vom Hotel zu Hause anzurufen. Das erstere ist einfach. Ansichtskarten bekommt er im Souvenirladen, beim *giornalaio* am Zeitungsstand oder in der Papierhandlung (*cartoleria*), die Briefmarken (*francobolli*) dazu nur in einem Postamt oder beim Tabakhändler. Ähnlich wie in Österreich war einmal der Verkauf der Staatsmonopolprodukte, nämlich Salz, Tabak, Streichhölzer, Gebührenmarken und Briefmarken, den Kriegsversehrten oder Kriegerwitwen anvertraut, damit diese versorgt waren. Heute befinden sich die Tabakverkaufsstellen in der Regel in den Bars. Sie erkennen sie am charakteristischen rechteckigen Schild über dem Eingang – ein weißes T und die Aufschrift *SALE TABACCHI VALORI BOLLATI* auf schwarzem Grund.

Das Salz- und Tabakmonopol besteht nur noch cum grano salis: mit einem Körnchen Salz. Selten ist die bildhafte Wendung so angebracht wie im vorliegenden Fall. Der gebildete Italiener pflegt so etwas auf lateinisch zu sagen. Hier will er ausdrücken, was sich in Italien fast immer von selbst versteht: Man darf die Behauptung nicht zu genau und nicht zu ernst nehmen. Die Küste Italiens ist 8 000 Kilometer lang – es gibt, besonders im Süden, mehr *contrabbandieri*, die von geschmuggelten Zigaretten leben wollen, als der tausendäugige Fiskus Augen hat. Und Salz wird natürlich inzwischen längst im Supermarkt verkauft. Wer vom *tabaccaio* ein Paket Salz verlangte, würde als Sonderling angesehen, ungefähr so, als wolle er sich vom Schmied ein Fahrrad nach Maß bauen lassen.

Auch das staatliche Monopol der Tabakerzeugung hat sich gewandelt, in eine Form der Steuerabgabe. Die ausländischen Zigarettenmarken sind natürlich zu haben, werden – sofern ordnungsgemäß importiert – kräftig besteuert und tragen als Siegel einen bedruckten Klebestreifen auf der Packung. Weil viele Italiener (zu Unrecht) meinen, was aus dem Ausland kommt, wäre schon darum zwangsläufig besser, finden sich die einheimischen Sorten kaum und so gut wie gar nicht die billigste (*Nazionali*). Selbst überzeugte Raucher bedauern das nicht übermäßig, weil der *Nazionali*-Geschmack gewissen Vorbehalten begegnet und ein Liebhaberverhältnis voraussetzt.

Dennoch hat die Marke eine große Bedeutung: Sie gehört zum Warenkorb für den Lebenshaltungskostenindex. An dessen Änderungen gekoppelt sind viele Preis-, Miet- und Lohnerhöhungen (die berühmte »Rolltreppe« aufwärts, die *scala mobile*). Gerade deswegen sind Zigaretten oder selbst Grundnahrungsmittel in der »normalen«, billigsten Qualität fast nirgends aufzutreiben. Ihr Preis ist ein politischer Preis. Er wird bewußt kaum erhöht, was die Gewinnspanne des Handels gegen Null schrumpfen läßt. Natürlich reißt sich auch kein Händler um solche Waren. Aber selbst wenn sie nur auf dem Papier stehen, verringern sie, ebenfalls auf dem Papier, die Inflation.

Ist eine, wie sage ich es nur, also eine Preisanpassung nicht zu umgehen, gibt es noch einen Ausweg. Die Mailänder Molkereibetriebe haben 1987 die gewöhnliche pasteurisierte Vollmilch durch eine Superspezialvollmilch mit kontrolliert-konstantem Fettgehalt, Fünfganggetriebe und Echtheitsbescheinigung ersetzt, die das einstige Naturprodukt weit hinter sich läßt. Die besondere Qualität rechtfertigt selbstverständlich einen höheren Preis. Eine Preiserhöhung ist das nicht. Die normale Vollmilch kostet, was sie immer kostete. Nur bekommen Sie sie nicht mehr.

Am besten beschränken Sie sich also im Land der reichen Phantasie auf Karten und Briefe im phantasielosen Normformat. Deswegen, weil nur deren Tarif auch dem *tabaccaio* bekannt ist. Andernfalls müssen Sie zum richtigen Frankieren ein Postamt aufsuchen. Nur dort weiß der Beamte – vielleicht –, welche Marken auf Ihren Brief geklebt werden sollen. Übrigens: In jedem Postamt läßt sich auch ein Telegramm abschicken. Telefonische Telegrammaufgabe in deutscher Sprache ist kaum zu empfehlen. Selbst wenn Sie eines in Druckbuchstaben schreiben, könnte die ankommende Botschaft vielleicht lauten:

TAVTE FBIEDHRIKE QUT AUGEKUMNEM. BUECKKENREN MORGHEN. ABHOIE BAHW-NOF 9 (NHUN) UHB.

Dieser Grad von Verschlüsselung bewegt sich noch auf der Anfängerstufe.

Die Posttarife ändern sich jährlich dank der Inflationsrate, die höher ist als in den Hartwährungsländern der EG. Damit es mit den Briefmarken nicht zu einfach geht, werden Auslands- und Inlandstarife zu verschiedenen Zeiten erhöht. Das kann zum grotesken Ergebnis führen, daß kurzfristig bestimmte Inlandsporti höher sind als die fürs Ausland. Nicht einmal die Postbeamten blicken durch; der Kunde hat kaum eine Chance, die meist handgeschriebenen Tariflisten zu überprüfen. (Ein gedrucktes Tarifverzeichnis bekommt er nicht etwa bei der Post, sondern in jenen raren *cartolerie,* die auf Formulare und amtliche Drucksorten spezialisiert sind.)

Das Postamt auf dem Mailänder Hauptbahnhof muß den Kunden, der ein Buch verschicken will, unter Umständen an ein anderes Postamt verweisen: Es hat keine Waage für Poststücke über zwei Kilogramm. Der Besucher erinnert sich: Mailand, anderthalb Millionen Einwohner, Industrie-, Banken- und Messezentrum. In einem anderen Postamt, weit weg, ist man dann vielleicht willig und fähig, berechnet aber – sicher ist sicher – unter Berufung auf ein leider nicht auffindbares Rundschreiben einen weit überhöhten Tarif.

Wer ungewöhnliche Formate verschickt, aber die Probleme am Schalter umgehen will, rechnet den Tarif selber aus und geht glückselig einen Briefkasten suchen. Hat er dann so eine rote *buca postale* gefunden, ist er weniger glücklich. Die Einwurfschlitze reichen nur für Größen bis etwa DIN A5, sind eng und schmal. In Mailand gibt es – soweit achtjährige Erfahrungen reichen – einen einzigen Briefkasten an versteckter Stelle in der Nähe des Hauptbahnhofs, wo man größere Sendungen einwerfen kann.

Die Normen in Europa beginnen sich anzugleichen – auch in Hinblick auf die fallenden Handelschranken, wenn 1992 der Warenverkehr in der Europäischen Gemeinschaft liberalisiert werden soll. Unterschiede gibt es nur in Nuancen. Italiener ordnen das Adreßfenster auf einem Kuvert rechts an, die Deutschen links. Die Postleitzahl (*codice postale*) ist nicht vier-, sondern fünfstellig. Die elektronische Briefsortierung ist eingeführt.

Doch die normale Zustellung gleicht das wieder aus. Sie bleibt ein Vabanquespiel: Stehen die richtige Postleitzahl und ein falscher Name da, können Sie sicher sein, daß der Brief in den falschen Ort reist. Ist der Name einer Stadt wie Milano oder Napoli richtig angegeben, aber die Postleitzahl verschrieben, wird sich die Briefsortierung unter Garantie an diese halten und der Brief ebenfalls mit dem Stempel »Adressat unbekannt« zurückkommen. Es ist nicht gesagt, daß eine ausländische Postleitzahl auch richtig erkannt wird. Darum empfiehlt es sich, *Austria, Svizzera* oder im Fall der Bundesrepublik Deutschland, ohne Rücksicht auf politische Präzision, *Repubblica Federale Tedesca, R.F.T., Germania Federale* oder gar *Germania Occidentale* hinzuzufügen.

Die Geschwindigkeit der Post verhilft manchmal zu unfreiwillig rascher Erledigung eines Briefs: Wenn die Einladung zur Eröffnung, zur Theaterpremiere, zum Kongreß erst Tage *nach* dem Ereignis eintrifft, genügt der Papierkorb. Organisatoren von Veranstaltungen haben sich damit abgefunden, bei wichtigen Terminen telefonische Vorwarnungen zu übermitteln. Der Mailänder *Corriere della Sera* rechnete mit diabolischer Genauigkeit aus, daß der Spitzenreiter unter den langsamen Briefen – mehrere Tage für ein paar Häuserblocks – die Rekordgeschwindigkeit von 10,37 Metern in der Stunde entwickelte.

Dafür steht ein technisches Weltwunder der Post in der Nähe von Mailand, südlich von Gorgonzola (da hat der Käse zwar seinen Namen her, er wird aber in Novara hergestellt). Ein hochmodernes Sortierpostamt mit astronomischen Leistungen sucht auf der Welt seinesgleichen – aber die Beförderung des Postguts von Bahnhöfen und Postämtern aus der Stadt hinaus und zurück zum Weitertransport kostet Tage. Expreßbriefe, die aus New York nach Mailand einen Tag brauchen, benötigen deswegen vom Flughafen zum speziellen Eilbriefpostamt im Stadtzentrum eine Woche, bis sie nach nur wenigen weiteren Tagen bis zwei Wochen zugestellt werden. Der rote Aufkleber für den Expreßversand hat eine mehr psychologische Bedeutung. Er signalisiert, daß der Absender ernsthaft Wert darauf legt, daß sein Brief auch ankommt. Dasselbe gilt für Einschreibebriefe (*raccomandate*). Sie werden neuerdings auch in den Hausbriefkasten gelegt. Wer die Empfangsbestätigungen unterschreibt, habe ich noch nicht herausgefunden.

Ungewöhnlich ist, wenn die Post mit einem Mal ganz ausbleibt. Man merkt das nicht gleich. Expreßbriefe kommen trotzdem noch an, auch all das, was Firmen und Institutionen längst schon privaten Kurierdiensten anvertrauen. Ein Streik? Daran denkt man immer zuerst. Erkundigungen bringen es an den Tag: Der zuständige Briefträger ist krank, Ersatz nicht vorhanden. Nach Tagen begibt sich der Kunde zornbebend zum Postamt, fest entschlossen, nicht zu weichen, bis ihm die überfällige Post ausgehändigt wird. Er rennt offene Türen ein. Wird im Sortiersaal (noch ohne Elektronik) von einem bereitwilligen Beamten zwischen unsortierten Postbergen durchgeschleust. In zwei Waschkörben mit der Post des ganzen Viertels kann er sich, dank routinierter Hilfe des Fachmanns, aus Tausenden Briefen die seinen heraussuchen. Erst hinterher wird ihm auch ein Dokument abverlangt. Man stelle sich das in einer ordentlichen deutschen Behörde vor. Da werden die Folgen einer Organisationspanne, tritt sie einmal ein, bis zur Neige ausgekostet. Was eine perfekte Organisation ist, in der hat auch der Störfall seine perfekte Maximalwirkung. Die Italiener sind mit ihrer Post und den unwahrscheinlichsten Ausreden, die sie ermöglicht, hochzufrieden. Gott schütze uns vor der Perfektion, sagen sie.

Und wenn es einmal um etwas wirklich Eiliges geht? Dafür gibt es seit 1987 einen besonderen Dienst der Post, natürlich zu einem Vielfachen des Tarifs. Die »ultraschnelle« Zustellung kostet 1988: für Sendungen bis 250 Gramm 10000 Lire, bis 500 Gramm 15000 Lire, bis 2000 Gramm 20000 Lire, darüber 30000 Lire. Diese *Posta celere* gewährleistet – man staune – die Ankunft des Briefs beim Empfänger mit an Wahrscheinlichkeit grenzender Sicherheit nur einen Tag nach der Absendung. Damit versucht die Post den vielen privaten Kurierdiensten Konkurrenz zu machen.

Diese Kurierunternehmen finden Sie unter dem Stichwort *corrieri* im gelben Branchenverzeichnis des Telefonbuchs, den *pagine gialle* (Gelben Seiten). Sie haben sich in einer Grauzone zwischen Frachtspedition, Bahnstückgutverkehr und dem Staatsmonopol der eigentlichen Post eingenistet und in den achtziger Jahren vermehrt wie die Kaninchen. In der Regel arbeiten sie rasch und zuverlässig, wie einst das Thurn-und-Taxis'sche Unternehmen. Allerdings ist ihr Netz lückenhaft, in der Regel auf die Großstädte beschränkt. Abgelegene Orte zu bedienen lohnt eben nicht.

Manchmal sind sie spezialisiert auf bestimmte Beförderungsbereiche (Inland, Ausland, Übersee, nur eine Region Italiens, die Inseln) oder auf bestimmte Arten von Beförderungsgut (Dokumente, Briefe, Zeitungen, Pakete, Waren, Ersatzteile, Container). Manche sind Allrounder (etwa *DHL* oder *TNT*). Ein Stadtkurier heißt, nach einem Vorbild im Wilden Westen, *Pony Express* – nur sind die Mustangs zu Mopeds geworden. Statt der Colts haben die Wilden Reiter ein Funkgerät umgehängt.

Die Oberitaliener, besonders die Mailänder, kennen für eilige Auslandssendungen in beide Richtungen einen Geheimtip. Er lautet: Wenn du von Mailand über die Schweizer Grenze nach Chiasso fährst, brauchst du hin und zurück auch nicht länger als in der Stoßzeit durch den Stadtverkehr zur Hauptpost im Zentrum. Dazu kannst du so billig tanken, daß die Fahrt und vielleicht noch das Porto bezahlt sind. Sehr geheim ist der Tip allerdings nicht: In grenznahen Schweizer Postämtern ist weder für Geld noch gute Worte ein Postfach zu bekommen. Alles von lombardischen Firmen ausgebucht. Die tägliche Fahrt über die Grenze zur Post ist für viele Routine.

Wenn Sie in Italien einen persönlichen Feind haben, dem Sie etwas Schreckliches antun wollen, dann schicken Sie ihm ein paar Flaschen billigen Wein, knapp über der Freimenge für die Mehrwertsteuer. Es wird ein Danaergeschenk sein, der Adressat bekommt mehr Ärger als Wein. Die übliche erste Benachrichtigung geht gewöhnlich verloren; böse Zungen behaupten, sie werde gar nicht erst zugestellt. Eine zweite mahnt an. Die Verzollung erfordert Anrufe, Wartezeiten, die Ausfüllung vieler Formulare und persönliche Anwesenheit, dazu Lagergebühren. Der Beschenkte wird es Ihnen nicht vergessen.

Aus alldem wird deutlich, daß die Hauptaufgabe der italienischen Post darin besteht, die Menschen von der Kunst des Briefeschreibens ab- und zum Telefonieren anzuhalten.[1] Das bringt dem Staat mehr ein. Erschrecken Sie jetzt nicht, wenn Sie hören, daß auch das *telèfono* ein paar kleine Tükken hat. Normalerweise verhält es sich friedlich. Sie brauchen nur eines zu suchen, das funktioniert. Freistehende Telefonzellen sind lange nicht so zahlreich wie in anderen Ländern, aber in Großstädten genauso oft von Vandalen unbrauchbar gemacht. In der Regel finden Sie leichter ein Münztelefon in Bars oder Restaurants. Das Symbol ist eine gelbe Tafel über dem Eingang, die stilisierte Wählscheibe. Zum Telefonieren brauchen Sie Kleingeld: 100, 200 oder 500 Lire; andernfalls besondere Telefonmünzen, die *gettoni*, die Sie an der Bar bekommen. Ältere Automaten nehmen überhaupt nur *gettoni* an. Ein neuer Automatentyp wird nicht mehr mit Geld, sondern mit Magnetkarten gefüttert, auf denen eine bestimmte Anzahl Einheiten registriert ist. Je nach Dauer des Gesprächs löscht der Automat die entsprechende Anzahl von der Karte.

Für Ferngespräche ist ein Münztelefon unpraktisch. In manchen Bars begegnen Sie statt dessen einem *telèfono a scatti*, einem Telefon mit Einheitenzähler. Der *scatto*, die Gebühreneinheit, kostet zur Zeit (1988) für private Telefone 127 Lire, für Münzfernsprecher 200 Lire, das Telefon *a scatti* ist nach der ersten Einheit erheblich billiger. Die Tarife sind so kompliziert wie jene der Post. Es gibt einen »normalen« Tarif, der nur Samstag von 8.00 bis 13.00 Uhr, Montag bis Freitag von 8.00 bis 8.30 und von 13.00 bis 18.30 Uhr gilt. Zu den Hauptgeschäftszeiten (Montag bis Freitag 8.30 bis 13.00 Uhr) läuft der Zähler rascher als normal; dazu gibt es einen ermäßigten Abend- und einen noch stärker, auf die Hälfte, ermäßigten Nachttarif.

Begehen Sie nicht den Fehler, ein Telefon für Ferngespräche in einem gewöhnlichen Postamt zu suchen. Höchstens zufällig (in Mailand nahe der Piazza Cordusio, in Venedig an der Rialto-Brücke, im Zentrum Roms an der Piazza San Silvestro) sind öffentliche Telefone in Nachbarschaft der Post zu entdecken. Sie stehen im Telefonbuch. Unter S wie *SIP*? Falsch. P wie *Poste Italiane*? Wieder falsch. Unter A: *Azienda di Stato per i Servizi Telefònici (ASST)*.

Wohnen Sie in einem Hotel, liefert Ihnen bei automatischen Telefonzentralen die Hausvorwahl (meist 0 oder 9) eine Amtsleitung. Bei älteren Nebenstellenanlagen hilft der Zauberspruch *Mi passi una linea, per favore* (Bitte geben Sie mir eine Leitung). Noch ältere Hoteltelefone haben gar keine Wählscheibe, Sie müssen die gewünschte Nummer der Telefonistin in der Zentrale diktieren. Daß sich die Telefonanlage rasch amortisiert, liegt im Interesse des Hotels, aber nicht in Ihrem. Sie merken das am räuberischen Preis pro Einheit und tun als Gast gut daran, sich zurückrufen zu lassen.

Die Telefonistin heißt Pronto. Am Telefon heißen alle Italiener Pronto. *Pronto*, wörtlich: bereit, sagen sie, wenn sie angerufen werden und den Hörer abnehmen. Auch der

Anrufer nennt sich Pronto, ohne unhöflich zu sein. Erst danach sagt er, daß er mit Herrn Rossi sprechen will. Die Antwort besteht im ungünstigen, nicht seltenen Fall darin, daß der Angerufene schweigend auflegt, wenn sich der Anrufer verwählt hat. Das tut dieser oft auch dann, wenn er eigentlich richtig gewählt hat. Fehlschaltungen kommen häufig vor.

Telefonnummern sind Glückssache. Die Dame der Auskunft ist weder willens noch in der Lage, Behördennummern ausfindig zu machen. Zu kompliziert. Auch haben viele Ämter, Institute, Behörden nicht eine Sammelnummer, sondern viele Dutzend Einzelanschlüsse. Wenn sich überhaupt jemand meldet – *Pronto!* –, erwischen Sie gewöhnlich den falschen, der höflich bedauert, erstens leider unzuständig zu sein und zweitens leider nicht zu wissen, welche Stelle denn zuständig sei. Haben Sie mehr Glück, werden Sie von irgendeiner freundlichen Signorina, die Pronto heißt, sofort zu Herrn Pronto weiterverbunden.

Ferngespräche funktionieren (fast) wie daheim. Sie wollen zu Hause anrufen? Es gilt die in vielen Ländern (nicht in Österreich) übereinstimmende internationale Vorwahl – für Deutschland 0049, für die Schweiz 0041, für Österreich 0043. Italien selbst hat 0039 (aus Österreich 040). Es folgt die Ortsvorwahl ohne Null, dann die Teilnehmernummer.

Zunächst, in den fünfziger Jahren, als Italien sein Wirtschaftswunder erlebte und der Staat das mangelhafte Funktionieren seiner Monopolbetriebe wie der Post vor Augen hatte, wurden Ausbau und Betrieb des Telefonnetzes nach amerikanischem Vorbild einer privaten, effizienten Aktiengesellschaft anvertraut, die in kürzester Zeit den Selbstwählfernverkehr aufbaute. Heute ist die *SIP* (*Società Italiana per l'Esercizio delle Telecomunicazioni*), übrigens zu einem Gutteil in Staatsbesitz, müde geworden. Auch ein privater Unternehmer, wenn er nur ein großes Monopol verwaltet, beginnt an Lähmungserscheinungen wie die Behörden zu leiden.

Das italienische Telefonnetz (19 Millionen Teilnehmer, 27 Millionen Apparate) ist überaltert, überlastet, unzuverlässig, wird aber in den nächsten Jahren für die vielfältige Kommunikationstechnik der Zukunft modernisiert. Das verspricht jedenfalls die *SIP*. Schon jetzt gibt es Bildschirmtext (der hier *Videotel* heißt), Fernkopierer (Telefax), Angebote für den Datentransport von Computer zu Computer (*Itapac*, *Rete Fonia Dati*, die beiden Standleitungssysteme *Collegamenti Diretti Analogici* und *Collegamenti Diretti Numerici*), den für Anrufer gebührenfreien Anschluß (*Numero Verde*). Es gibt alle üblichen automatischen Ansagedienste bis zu den absurdesten: Wer braucht schon einen telefonischen Englischkurs vom Tonband? Wer will den Schlager der Woche in Telefonqualität hören? Schon eher vielleicht das Horoskop.

Die sprichwörtliche Kinderfreundlichkeit der Italiener wird auch von der *SIP* ernst genommen: Die Nummer 1664 und anschließend eine Zahl zwischen 100 und 199 läßt eines von hundert Gute-Nacht-Märchen hören. Wie das eingeschlafene Kind den Hörer wieder auflegt, ist nicht das Problem der *SIP*.

Praktisch, auch wenn Sie nicht italienisch können, ist der telefonische Weckdienst (114): Sie brauchen nur, sobald Sie die Bandansage hören, die Weckzeit über Wählscheibe oder -tastatur vierstellig einzugeben (zum Beispiel für halb sieben abends: 1830) und dann aufzulegen. Hilfreich kann manchmal die Nummer für dringende Anrufe sein. Sie finden einen Anschluß permanent besetzt? Wählen Sie 197 und, sobald Sie das Tonband hören, die gewünschte Nummer. Der plaudernde Teilnehmer bekommt in sein Gespräch eine Durchsage eingespielt, daß ein dringender Anruf auf ihn wartet und er deswegen baldmöglichst auflegen soll.

Sie rufen an, haben Glück, die Leitung ist frei, Herr Pronto meldet sich, und Sie fragen nach Signor Rossi. Die abweisend klingende Antwort lautet unweigerlich: Wer möchte ihn sprechen? Jetzt erst geben Sie zu, daß Sie nicht Pronto heißen, sondern Mayer. Nun hält auch der andere den Moment für gekommen, dem Anrufer zu eröffnen, daß er selber Signor Rossi sei. Worum es sich handle? Damit ist das obligate Eröffnungsritual im einfachsten Fall abgeschlossen.

Wer Geheimnisse hat, soll sein Anliegen nicht zu offenherzig mitteilen. Es gibt viele Leitungs- und Schaltungsdefekte, Isolationsmängel und Induktionsphänomene. In bestimmten Gegenden Mailands fallen bei starkem Regen regelmäßig die Verkehrsampeln, in anderen Vierteln die Telefone aus. Von einer Stadt wie Rom wollen wir gar nicht erst reden. Sie wissen auch nie, wer – unabsichtlich, versteht sich – mithört. Außerdem sollten Sie sich bei wichtigen Dingen beeilen: Nicht selten bricht die Leitung zusammen und das Gespräch plötzlich ab. Manchmal ist die Verständigung schwierig, weil Sie unversehens in fremde Gespräche intimen Charakters geraten.

Theoretisch ist niemand außer den Monteuren der *SIP* autorisiert, an den Telefoneinrichtungen herumzufummeln. In der Praxis kommen sie selbst im Notfall erst nach Tagen, außerdem kann jeder ganz legal jegliche Art von (nicht zugelassenem) Zubehör kaufen und (nicht legal) anschließen – wie das dann funktioniert, ist eine andere Frage. Als vor einigen Jahren die ersten schnurlosen Telefone aus Fernost zur (eigentlich nicht zugelassenen) Mode wurden, stellten die Schlaueren freudig fest, daß sie mit ein bißchen Ausprobieren verschiedener Codes auf Kosten anderer telefonieren konnten. Die Freude wurde bald von der eigenen Telefonrechnung gedämpft: Sie waren eben nicht die einzigen, die das billige Telefonieren entdeckt hatten.

Vor das Telefonieren haben die Götter das Telefonbuch gesetzt. Es bietet die gleichen Stolpersteine wie Straßenverzeichnisse oder Hotelführer. Ludwig van Beethoven wäre unter V zu suchen wie *Van*, Olivetti-Chef Carlo De Benedetti unter *De* (alle Namenszusätze und Adelsprädikate werden groß geschrieben). Bei Doppelnamen wird es unübersichtlich, vollends kryptisch bei verheirateten Frauen. Italienerinnen behalten ihren Mädchennamen.

Ich hoffe, Sie tragen einen Namen, der erstens einfacher ist als meiner und der zweitens nicht zufällig einem italienischen Schimpfwort ähnlich klingt. Heißen Sie teuflischerweise Przywalski oder wollen Sie von der Auskunft die Nummer von Sir Llewellyn Mac Mhaighstir, der gerade in der Puszta, sagen wir in Hódmezövásárhely, auf Urlaub weilt, müssen Sie buchstabieren. Auf gut italienisch heißt das *spelling*. Sie werden sagen, das klingt recht englisch. In der Tat. Es gibt auch ein wirklich italienisches Wort (*compitare*), doch das kennen nicht einmal die meisten Italiener. Wer deutsch spricht, hat ja auch keine Ahnung, daß seine Muttersprache für den Hydranten das Wort »Oberflurbrauchwasserzapfstelle« bereithält.

Sie kündigen also an, daß Sie buchstabieren: *Le faccio lo spelling!* Anton – Berta – Cäsar? O nein. Sie brauchen unweigerlich das italienische Buchstabieralphabet. Es ist nicht ohne touristischen Reiz:

Ancona	Nápoli
Bologna	Òtranto
Como	Pàdova
Domodóssola	Quarto
Émpoli	Roma
Firenze	Savona
Gènova	Torino
Hotel	Ùdine
Ímola	Venezia
I lunga / Jersey	Washington
Kursaal	Ics / Xeres
Livorno	York / Yacht
Milano	Zara

Sagen Sie für »J« nur *I lunga* oder *Jersey*, nie »Jot«, denn sonst verstünde der Italiener ein Ypsilon – annähernd englisch spricht nämlich auch er die Yacht aus.

Sie wollten also die Auskunft anrufen. Ja, welche denn? Für das Ortsnetz? Dann die *SIP*, Telefonnummer 12. Für Fernauskünfte ist die *ASST* unter 175 zuständig, für Auslandsauskünfte unter 176 (nur für Europa und die Mittelmeeranrainer). Es wird nach dem Gesagten niemand verwundern, daß interkontinentale Auskünfte wieder bei einer anderen Gesellschaft (*Italcable*) unter einer anderen Nummer (170) einzuholen sind. Man kann Ferngespräche auch (allenfalls mit persönlichem Teilnehmerruf) anmelden (10 national, 15 Ausland, 170 interkontinental). Daß bei einer Geheimnummer der größte Charme nicht hilft, ist bekannt. Fast genauso schlimm (für den Besitzer angenehm) wie eine Geheimnummer sind Namen wie Rossi (allein im Mailänder Telefonbuch weit über 3000). Nicht einmal der Vorname hilft weiter. Die Namen Carlo, Giovanni oder Giuseppe Rossi gibt es je an die hundert Mal. Ihre Inhaber sind praktisch anonym.

Mit einiger Übung sind Sie soweit, daß Sie den obligaten Tobsuchtsanfall beim Umgang mit den Staatsmonopolen hinauszögern. Sie verzweifeln nicht mehr, wenn Sie sich mit einer *raccommandata*, einer Überweisung und einer Drucksache an drei Schaltern anstellen müssen. Als Fortgeschrittener wissen Sie inzwischen, wann sich die Warteschlangen um den halben Häuserblock ringeln und Sie das Postamt grundsätzlich meiden sollten: An bestimmten Tagen des Monats werden Pensionen oder Renten ausgezahlt (13./14., 17./18., 25., teilweise nur jeden zweiten Monat), alle zwei Monate läuft irgendwann die Frist für die Einzahlung der letzten Telefonrechnung ab; einmal im Jahr ist bei den meisten die Kraftfahrzeugsteuer fällig, Mieten werden für drei Monate zum Quartalsbeginn gezahlt.

Die bedeutsameren dieser Ereignisse lassen das völlige Chaos aus- und den Verkehr zusammenbrechen. Jetzt wissen Sie endlich, warum dann, wenn Ihnen, dem arktischen Brausekopf, längst die Zornesader schwillt, ein Italiener noch immer freundlich lächelt und höchstens resigniert seufzt: *Che casino!* Er hat von Kindheit an ein hartes Training hinter sich.

---

1 Die abwechslungsreiche Postzustellung hat neuerdings zu einer raschen Vermehrung der Fernkopierer geführt. Was einigermaßen sicher und schnell ankommen soll, wird gefaxt, es gibt auch schon einen Fax-Dienst bei der Post. Im Briefkopf sollte man neben Adresse, Telefon- und – wenn vorhanden – Telexnummer auch die Faxnummer angeben.

Corriere, Espresso & Co.

»Haben Sie eine unabhängige Zeitung?«
»Unabhängig von wem?«
Dieses Zwiegespräch ist die Weltformel der italienischen Zeitungslandschaft. Es wird trotzdem nie geführt. Jeder weiß: Eine unabhängige Zeitung gibt es ohnehin nicht. Die italienische Presse ist jedoch weder der gleichgeschalteten Presse eines totalitären Staats in Osteuropa noch der gleichgültiggeschalteten Presse einer totalen Konsumgesellschaft am entgegengesetzten Ende der Welt ähnlich. Sie hat wenig vom nüchternen Ernst der NZZ und der FAZ, deren steifleinene Seriosität nur von der Gewohnheit durchbrochen wird, die Namen abgekürzt auszusprechen. Sie betreibt auch nicht die Informationsverhinderung wie deutsche Millionenblätter, die für halbe Analphabeten konzipiert sind.

Die Zeitungen sind nur äußerlich schwarzweiß. Ihr Inhalt ist jedenfalls bunter als das siruppartige Einerlei, das aus den Fernsehkanälen tropft. Normalerweise ist für Sie die bequemste Art, Ihre Neugier nach Neuigkeiten zu befriedigen, eine der großen, in allen Fremdenverkehrsorten erhältlichen deutschsprachigen Zeitungen zu kaufen. Aber die ist vielleicht schon ausverkauft, wenn sich im Städtchen, wo Sie den täglichen Spaziergang zum *giornalaio* machen, zufällig ein anderer Leser desselben Blattes befindet, der Ihnen als Frühaufsteher das einzige Exemplar schon weggeschnappt hat.

Keine Katastrophe, sagen Sie. Wir verstehen ja Italienisch. Mit dem Wörterbuch notfalls. Ich kann mir ja eine italienische Zeitung kaufen. Die ist außerdem billiger – ein politischer Preis, weil im Warenkorb für den Preisindex enthalten. Das hat wieder aus der Sicht ahnungsloser Ausländer ganz exotische Konsequenzen. Weil der Preis aller Zeitungen gleich ist (1988: 900 Lire, mit Sonderbeilagen manchmal mehr), um Meinungsmonopole zu verhindern, zweitens auch nicht ohne Zustimmung des Parlaments erhöht werden kann, drittens aber die Auflagen verschieden sind, wären Zeitungen mit kleiner Auflage schnell pleite. Die Chancengleichheit wird mit Regierungssubventionen erkauft. Damit eröffnet sich natürlich die Möglichkeit, daß es Zeitungen gibt, die gleicher sind als die andern. Oder die einer Regierung weniger angenehmen könnten durch »administrative Probleme« unter Druck gesetzt werden. Immerhin: Der Staat subventioniert die, die ihm auf die Finger schauen sollen. Daß so ein System ziemlich paradox ist, fällt Ausländern stärker auf als Italienern.

Es beginnt die Schwierigkeit der Wahl. Welche Zeitung? Ich könnte mir den falschesten aller Sprüche vorsagen (zwei Millionen Leser können nicht irren), der behauptet, Wahrheit und Klugheit seien bei der Mehrzahl. Diese Wahl wäre leicht. Die meistgelesenen zehn Tageszeitungen mit ihrem Redaktionssitz:

La Repubblica, Rom
Corriere della Sera, Mailand
La Gazzetta dello Sport, Mailand
La Stampa, Turin
Corriere dello Sport-Stadio, Mailand
Il Messaggero, Rom
Il Resto del Carlino, Bologna
Il Sole 24 Ore, Mailand
La Nazione, Florenz
Il Giorno, Mailand.

Weit abgeschlagen rangieren die Parteizeitungen. Am wichtigsten sind:

Il Popolo, DC
L'Unità, PCI
Avanti!, PSI
Il Manifesto, kommunistisch

und eine Unzahl kleinerer Regional- und Lokalzeitungen. Daß die großen Zeitungen nicht offen das Sprachrohr einer

Partei sind, heißt nicht, daß sie unabhängig arbeiten. Besitzverhältnisse, verdeckte Querverbindungen zu Parteien, Parteiflügeln oder Interessenverbänden, Rücksichten auf persönliche Beziehungen zu Personen des öffentlichen Lebens bestimmen den Kurs einer Zeitung: was sie bringt und was nicht, welche Meinungen im Blatt vertreten sein können, welche nie.

Kein intelligenter Italiener liest daher eine italienische Tageszeitung. Er liest mindestens zwei bis drei. Im Prinzip ist das Lesen und Interpretieren einer Notiz nicht viel schwieriger als die Arbeit mit Logarithmentafeln oder Navigationstabellen. Man muß nur wissen, wie's geht. Ein paar Grundbegriffe sind hilfreich.

La Repubblica wurde von Eugenio Scalfari 1975 als linkes bis linksliberales Intellektuellenblatt gegründet. Jener elitären Vergangenheit dankt sie ihren Ruf. Inzwischen zum Massenblatt mit mehr als 600 000 Exemplaren Auflage aufgestiegen (oder abgesunken?), hat sie 1989 mit dem Verlagsriesen Mondadori und dem Wochenmagazin *L'Espresso* fusioniert. Am besten, in der Vielfalt einem deutschen Feuilleton ähnlich, ist ihr gut gemachter Kulturteil. *La Repubblica* hat mit ihrem Aufstieg im letzten Jahrfünft die früher größte Tageszeitung, den *Corriere della Sera*, knapp überholt. Beide Zeitungen liefern einander mit täglichen Gewinnspielen, illustrierten Beilagen vom Magazintyp und Sonderserien heftige Kämpfe um Marktanteile. Der Großteil des *Corriere*-Magazins besteht aus Nachdrucken, entnommen der Regenbogenpresse und populären Fachzeitschriften des Rizzoli-Konzerns, der von der Gastronomie bis zur Astrologie keine Zielgruppe ausläßt.

Der *Corriere*, das traditionsreiche Blatt des Mailänder Bürgertums, engagierte sich in der Zeit der Studentenbewegung und danach stark links bis zur Einseitigkeit. Das veranlaßte 1974 Indro Montanelli und eine Gruppe konservativer Gleichgesinnter auszusteigen und mit dem Rückhalt Mailänder Industrieller die journalistisch gut gemachte, natürlich sehr konservative Tageszeitung *Giornale Nuovo* zu gründen. Dann pendelte der *Corriere* wieder zu einer liberalen Mitte, litt erneut im Wirbel finanzieller Schwierigkeiten, die der Verleger Rizzoli hatte. Die Verlagsgruppe ist inzwischen konsolidiert und steht unter Einfluß des Mitbesitzers Fiat.

Viel länger schon eine Art Hauspostille von Fiat ist die dem Konzern gehörende Turiner *Stampa* mit der mehr boulevardhaften Abendausgabe *Stampa Sera*. *La Stampa* hat, das ist natürlich, eine hervorragende Wirtschaftsberichterstattung. An einer bestimmten, leicht zu erratenden Stelle schielt sie ein bißchen. Sie hat außerdem ein maßgebendes Literaturblatt und ist auch deswegen überregional bedeutsam.

Die zwei Sportzeitungen unter den größten Zehn bringen reinen Sport, nur Sport und nichts als Sport. Vom eingewachsenen Zehennagel des Mittelstürmers von Real Madrid bis zur letzten Liebesromanze des »amtierenden« Weltmeisters in der Formel 1 fehlt nichts. Die Sprache ist danach, die Tabellen der Fußballigen, die Ergebnisse des gestrigen Hürdenlaufs in Pordenone und des Radrennens in Bari sind wissenschaftlich ausführlich – nichts, aber auch gar nichts fehlt. Wenn es nur Sport ist.

Dicht dahinter folgen fünf Zeitungen von anderer Art. Vier davon sind typische Regionalzeitungen, die den Akzent deutlich auf die lokale Berichterstattung legen. In der Emilia-Romagna und der Toskana sind es fast Monopolisten. Erklärungsbedürftig ist der sonderbare Name *Il Resto del Carlino*. Das noch im vorigen Jahrhundert gegründete Blatt kostete eine kleine Münze, den Bruchteil eines *Carlino* (so hieß in manchen Regionen der gängige Taler nach einer sizilianischen Goldmünze Karls von Anjou). Die fünfte, *Il Sole 24 Ore*, ist die ausführlichste Wirtschaftszeitung mit den grundlegenden politischen und einigen kulturellen Nachrichten.

Die meistgelesenen Wochenzeitungen und -zeitschriften:
TV Sorrisi e Canzoni (Canale Cinque, Berlusconi)
Famiglia Cristiana (kirchlichen Kreisen nahestehend)
Gente (Rusconi)
Oggi (Rizzoli).

Auf den weiteren Plätzen der Hitliste folgen noch zwei Fernsehprogrammzeitschriften und Klatschblätter. Sollten Sie an den neuesten Hits der Unterhaltungsmusik, an den Fernsehprogrammen privater Kanäle und den Ferienplänen des Fürsten von Monaco interessiert sein, sind diese Blätter wichtig. Es ist die Kategorie der *stampa rosa*, der Schnulzenblätter oder Regenbogenpresse. In den klassischen Sparten Politik, Kultur, Wirtschaft und Gesellschaft gibt es drei Wochenmagazine hoher Auflage. *L'Espresso*, am deutlichsten dem deutschen *SPIEGEL* ähnlich, *Panorama* (die Konkurrenz aus dem Haus des Mailänder Medienriesen Mondadori), *L'Europeo* (an dritter Stelle, bei Rizzoli).

Mit diesen Grundkenntnissen ausgestattet, werden Sie die richtigen Zeitungen für die jeweilige Information kaufen, die Sie brauchen. Sie werden die Tendenzen, die Sie kennen oder vermuten, gegeneinander aufrechnen. Sich fragen, wer warum so und nicht anders über ein Thema geschrieben haben mag. Mit einem Wort, Sie werden so kritisch lesen wie der Italiener. Der ist bei Skandalmeldungen zunächst gar nicht skandalisiert. Er zögert bei Sensationsüberschriften mit dem erschreckten Auffahren. Er prüft bei erfreulichen Ankündigungen schnell, ob die andern Zeitungen auch... Alles mögliche denkt der italienische Leser. Eines denkt er nicht: daß ein Artikel unbesehen wahr ist, selbst wenn er wahr ist. Doch wäre er noch angesichts einer schreiend offensichtlichen Unwahrheit gar nicht erstaunt darüber, daß sie erscheint. Vielmehr fragt er sich: Wer hat ein Interesse daran und warum gerade jetzt? Das kann manchmal eine Überinterpretation sein, weil der Schein einer gezielten Informationspolitik, einer raffinierten Medienintrige dem schlauen Leser besser einleuchten will als der blinde Zufall.

Das Mißtrauen des Lesers liegt auch in der Vergangenheit der Presse begründet. Mussolini war vom Fach und wußte, wie wichtig ein harmonisch gestimmtes, wohltemperiertes Medienklavier ist. Er schuf die Journalistenkammer als Kontrollinstrument (später von Goebbels im Dritten Reich nachgeahmt), die heute noch besteht. Ohne Aufnahme in das *albo professionale* keines der vielen Journalistenprivilegien, keine Anstellung. Die Journalisten waren vor 1945 kirre geworden, viele blieben es danach. Mario Missiroli, eine Schlüsselfigur des Nachkriegsjournalismus, der geschickt seinen Überzeugungsmantel wendete, sagte zynisch über die Gewissenserforschung der vergangenen Arbeit:

»Ein übles Geschäft, der Journalismus – aber immer noch besser als arbeiten.«

Der Druck auf die Journalisten von seiten der Politik und der Wirtschaft hat nach dem Weltkrieg nicht aufgehört. Das Zuckerbrot direkter oder indirekter Gefälligkeiten, die Peitsche drohender Klagen und Gerichtskautionen, des Boykotts gegen einzelne Journalisten oder ganze Zeitungen wirkt gelegentlich. Leider gerade nicht auf den Skandaljournalisten, der einen starken Verlag als Rückendeckung hinter sich weiß.

Wahrscheinlicher als die Lektüre einer italienischen Zeitung ist die Begegnung mit einem italienischen Fernsehschirm. Die Glotze ist auf dem Vormarsch, steht in jedem besseren Hotelzimmer, im Fernsehraum mittlerer Hotels, wird jeden Sonntagnachmittag während der Fußballübertragungen zum umjubelten Mittelpunkt der Bar, wo sich die Anhänger desselben Klubs treffen. Beim Fußball und ähnlichen Ereignissen gibt es noch Direktübertragungen – sonst sehen Sie außer den Nachrichten nur Bildkonserven. Es könnte ja »etwas schiefgehen«, und das kann dann nicht gesendet werden.

Fernsehen ist, mit einiger Umsicht betrieben, die vielleicht schnellste Art, Italienisch zu lernen. Legen Sie Wert auf die *parolacce*, die Vulgärwörter, konzentrieren Sie sich auf italienische Komödien und Wildwestfilme. Die Programme sind von amerikanischer Vielfalt und Einfalt. Das Intelligenzniveau der meisten Sendungen ist nicht überraschend. Deutschsprachige Gäste wird höchstens die Zahl der Kanäle verwundern. In Oberitalien können Sie leicht dreißig bis vierzig Programme empfangen, darunter einige ausländische, je nach Lage und Antenne. Nach Süden zu sinkt die Zahl. Das ursprüngliche Sendemonopol der staatlichen *RAI (Radiotelevisione Italiana)* wurde sehr früh sehr schnell aufgeweicht. Am Ende betraf es nur noch Nachrichtensendungen, aber 1987 ist auch diese Bastion gefallen. Die *RAI* mit ihren drei Programmen ist mehr noch als Staatssender anderer Länder politisiert. Die Nachrichten folgen dem Proporz. Im ersten Programm (*Raiuno*) ist das *Telegiornale* mehr christlich, im zweiten (*Raidue*) mehr sozialistisch.

Da es nicht genug verblödende Sendungen für die Vielzahl der Kanäle und die viele Sendezeit gibt, finden Sie – selten – auch Filme, Opernübertragungen, Sendungen über Kunst, Diskussionen über heiße Themen und ähnliches. Die belebende Wirkung auf das verkalkte Staatsfernsehen, die man sich von den privaten Ketten versprach, hielt nur kurz an. Viele Stationen schossen aus dem Boden wie Pilze, oft von Leuten gegründet, die bei der *RAI* beschäftigt waren – die *RAI* erlebte in den Jahren des Gründungsbooms einen auffallenden Materialschwund. Aber die meisten hatten nur ein kurzes Leben, manchem kecken Pornosender wurden von den Carabinieri die Lichter ausgeblasen. Die Werbung nahm zu, Konzentrationsvorgänge haben die ganz Kleinen schon geschluckt und gehen weiter. Die wichtigsten privaten Sender (*Canale Cinque, Italia Uno* und *Retequattro*) gehören der Finanzgesellschaft des Medienzaren Berlusconi und haben begonnen, mit ihren Einschaltquoten die drei Programme der *RAI* zu überrunden.

Giorgio Strehler hat in einer Diskussion die neuen Sehgewohnheiten beschrieben, die von der Werbung hervorgerufen werden – klack, klack, hüpft man mit der Fernbedienung von einem Kanal zum andern. Die flüchtige Aufmerksamkeit und die flüchtige Reizbarkeit wollen immer stärkeren Tobak. Die Brutalität der Fernsehinformationslieferanten entwickelt sich entsprechend. Im Bewußtsein der Macht, zum ganzen Land zu sprechen, und mit dem Zartgefühl von Metzgerhunden rücken die Interviewjäger aus: »Ihr Haus ist verschüttet worden. Wie fühlen Sie sich?« Menschen, die den Verlust von Angehörigen zu beklagen haben, fährt das Objektiv mit Zoom-Effekt wie ein Besen ins tränenüberströmte Gesicht: »Ihre Familie ist weg. Was denken Sie dar-

über?« Übermüdete, übernächtigte Obdachlose in Not-
quartieren werden gefragt, wie ihnen die Unterkunft gefällt
und ob sie nicht bald nach Hause wollen.

Inzwischen hat eine Gegenbewegung eingesetzt. Noch
1983 kriselte es allgemein bei den Zeitungen, dann begann
sich neues Wachstum zu regen, neue Zeitungen werden wieder gegründet. Das Fernsehen hat nicht nur Seh-, sondern
auch Lesegewohnheiten verändert. Zeitungen werden mehr
als früher zur flotten Konsum- und Wegwerfware. Mangelnde Sprachkenntnis hat fatale Folgen für die deutsch-ita-
lienische Information. Eine Klatschkolumnistin ist in Italien
zur Leitfigur geworden, obwohl die lustvolle Denunziation
der Snobiety, welcher sie selbst angehört, ungefähr so ge-
sellschaftskritisch ist wie die Ekelattitüde der selbstlos alle
pornographischen Produkte prüfenden Moralapostel. Für
ein deutsches Blatt, das ihre Banalitäten abdruckt, gehört
sie »zu den renommiertesten Journalisten Italiens«. Italienische Zeitungen, auch die *RAI*, zitieren umgekehrt aus
Deutschland in der Regel die »gut informierte *Bild-Zei-
tung*«. Man sieht: Es geht mit Riesenschritten auf ein geein-
tes Europa zu. Was das Kulturleben betrifft, sind wir schon
angekommen.

Das toskanische Monticchiello wuchs zu einem Symbol
der Gegenbewegung. Hier ist eine Volkstheatertradition
auferstanden, die anderswo einen stillen Tod gestorben ist,
weil ihre Träger wie ihr Publikum allabendlich stumm auf
die Mattscheibe glotzen. Wie lebendig ist Italiens Kulturleben?

Das Effimero

Zuerst die sensationelle Nachricht oder die gute? Die Sensation ist: Italiens Kunstschätze werden gepflegt und restauriert, das Musikleben ist das ganze Jahr aktiv, Kultur wird überall groß geschrieben, die Städte sind sauber, die Umwelt intakt.

Die gute Nachricht: So könnte es wirklich sein. Es wäre zu schön. Die Kunstlandschaft fasziniert mit ihrer nirgendwo in der Welt übertroffenen Dichte. Das ist zugleich ihre Krankheit. Wenn sich die Kunst drängt, verliert das einzelne Kunstwerk an Wert. (Das ist immer noch besser als das Gedränge der Menschen.) Von einem Baudenkmal in Indien zum nächsten fährt der Bewunderungswillige viele Stunden über ödes oder dichtbevölkertes, jedenfalls kunstloses Land. In Italien gibt es Kulturdenkmäler um jede Ecke. Sie haben keinen Seltenheitswert. Wenn es zu viele Kirchen gibt, aber zu wenig Platz für Autos: Was ist dann schon Böses dabei, macht man ein nicht mehr benötigtes Gotteshaus zur Garage oder Werkstatt? Es gibt so viele Etruskergräber. Was macht es schon, wenn der *tombarolo* eines ausräumt und den Inhalt verscherbelt? Wir sind in der Heimat eines vielfachen Sisyphus. Während er einen Stein seiner Restaurationsarbeit aufwärts wälzt, rollen Dutzende andere zu Tal.

Die natürliche Landschaft hat Schaustücke, die gehören zu den schönsten der Welt. Flußauen und Dolomitenwände, Sandstrände und Gletscherbrüche, Weinberge und Felsenküste, Tropfsteinhöhlen und Urwälder – nichts, was es nicht gäbe. Wer die landschaftlichen Schätze öfter aufsucht, erinnert sich jedesmal der Vergangenheit: Wie war der Park schön, sagt er, als noch nicht diese Würstelbude... Oder: Das Tal ist auf immer dahin, seit sie diese *superstrada* gebaut haben... Der Wettlauf zwischen der Bodenspekulation und den Gesetzen, die sie verhindern sollen, geht selten zugunsten der letzteren aus.

Italienische Musiker, insbesondere Sänger, haben einen ausgezeichneten Ruf. Wer kennt nicht Abbado und Muti, Claudio Scimone und Sinopoli, Pollini und Accardo, Pavarotti und Cappuccilli? Aber die schlechte Ausbildung in den Konservatorien beklagen fast alle, italienische Orchester können mit denen Englands oder Deutschlands nicht konkurrieren.

Italienische Künstler, in den letzten Jahren die *Arte povera*, stellen auf der ganzen Welt aus. Doch Museen zeitgenössischer Kunst haben kein Geld, ebensowenig wie die andern Museen. Berühmte Sammlungen (etwa die des Mailänders Giuseppe Panza di Biumo) werden ins Ausland verkauft. Das Gesetz zur Verhinderung des Aderlasses an Kunstwerken hat bei zeitgenössischen Künstlern nur zur Folge, daß sie oft im Ausland arbeiten – denn sie dürfen unter Umständen ihre eignen Werke nicht aus Italien mitnehmen.

Von Visconti zu den Brüdern Taviani – den italienischen Film kennt jeder. Die Kinos zeigen dümmliche Komödien oder Pornofilme, das Fernsehen zeigt amerikanische Serien. Das Theaterleben ist selten der Rede wert. Italienisches Design – von Munari bis Mario Bellini – hat Spitzenprodukte hervorgebracht, die im Museum of Modern Art in New York stehen. Die gewöhnliche Wohnungseinrichtung ist vom Gelsenkirchner Barock nicht zu unterscheiden. Italienische Architekten und Ingenieure von Nervi bis Giò Ponti waren und sind tonangebend. Die moderneren Villenviertel der Großstädte sind erfüllt von einer weithin verbreiteten Gartenzwerg- und Rumpelstilzchenarchitektur, die die eignen Traditionen mißachtet.

In der Mode stimmt das Verhältnis zwischen den Leithammeln und der Herde. Gegenüber Durchschnittsdeutschen ist der Italiener ein Ausbund an Geschmack und Eleganz, die Italienerin eine Modeschönheit, kosmetikbewußt, allezeit auf das Äußere bedacht. Die Form ist immer wichtig. Die Form ist vergänglich. Das Vergängliche wird wichtig genommen.

Das Vergängliche nennen die Italiener *effímero,* das Ephemere. Der Begriff kam in Schwang mit einer Ära, der die Kommunalwahlen im Mai 1985 ein Ende machten. In Rom war bis dahin Renato Nicolini der weit über seine Stadt hinaus, ja im Ausland bekannte *Assessore alla Cultura.* Der umtriebige Kulturdezernent hatte versucht, Rom aus seiner kulturellen Lethargie zu wecken. Er erfand 1977 das Sommerfestival *Estate Romana.* Zunächst nur ein Filmfest, dann immer größer, wurde *Estate Romana* zum Inbegriff des *effimero.* Aufwendige Gastspiele, renommierte Künstler wurden eingekauft. Spätestens 1980 begannen auch die Polemiken. Die Gegner sprachen von einer konsumistischen, ihren Namen nicht verdienenden Kultur. Der Publizist Alberto Arbasino attackierte den Mißbrauch antiker Ruinen, der mit den Bestimmungen des Denkmalschutzes nicht vereinbar war. Doch *Estate Romana* hatte mit dem berühmten Schirm Karl Valentins (ohne Bespannung) eines gemeinsam: Viel besser als garnix!

Das *effimero* wird von vielen italienischen Kulturkritikern als charakteristisch für einen gewandelten Kulturbegriff betrachtet. Die Veranstaltung, die Sensation, das Ereignis, kurz: *lo spettacolo.* Alles, was zum *spettacolo* gehört, fällt folgerichtig nicht unter die Kompetenz des Kulturministers, sondern seines Kollegen für *spettacolo* und Tourismus. Und nicht umsonst hat die Show, vorzugsweise live, im Fernsehen die höchsten Einschaltquoten. Darunter leidet das richtige Theater ein wenig, besonders in einer theatralischen Stadt wie Neapel. Das dramatische Talent des Neapolitaners ist unerreichbar. Wozu ins Theater gehen, wenn Theater permanent zu Hause und auf der Straße stattfindet? Die Theater und Opernhäuser spielen die dramatischeren Stücke nicht auf der Bühne, sondern hinter den Kulissen.

Zum Beispiel: In Neapels Opernhaus San Carlo eine kleine Affäre um Gefälligkeiten. (Eine Firma, begünstigt vom Theaterausschuß, hatte die Ausschreibung für die überfällige Erneuerung der Bühnentechnik gewonnen. Erst nachdem die Firma Vorschüsse kassiert hatte, stellte sich heraus, daß sie nur aus einem Schreibtisch bestand. Ganz Neapel lachte.) Rücktritte, Anklagen. Ein Scherbenhaufen. Tragödie. Die Bühne bedeckt von den Leichen der Verantwortlichen. Von heute auf morgen: alles kaputt. Dann aber: ein Tusch, Vorhang, die dahingemetzelten Akteure erwachen wieder zum Leben, verbeugen sich, Applaus.

Beim Ablegen einer Fähre in Neapel gab es Streit zwischen einem Maat oben auf dem Schiff und einem Hafenhelfer unten am Kai: Steigerung, Furioso, Stretta, Finale. Die Entfernung wurde immer größer, die Lautstärke der Streithähne auch. Ein letztes gebrülltes *Stronzo!* (Scheißkerl) – dann brachen die an der Reling versammelten Passagiere, ein Publikum von Kennern, in donnernden Beifall aus. Es wäre nicht als verkehrt empfunden worden, hätten die beiden sich verbeugt.

Ohne Beifall gilt das *spettacolo* nur halb. Die Beifallerzeugung wurde in Opern und Theatern früh in professionelle Hände genommen. Die Claque der Mailänder Scala und anderer Opernhäuser war im 19. Jahrhundert eine straff organisierte Einrichtung mit festen Sätzen: Jedes *Bravo!* hatte seinen Preis, jeder Hervorruf kostete Geld, am teuersten von allen Einzelleistungen war – das verrät Gespür für den dramatischen Effekt – eine gut inszenierte heftige Auseinandersetzung im »Publikum«: Die frenetischen Klatscher setzen sich am Ende gegen erboste Schlüsselpfeifer und Zischer überzeugend durch. Auch gar keine Reaktionen mußten bezahlt werden – gratis lieferte die Claque sonst Pfiffe und andere Störungen. Nur Sänger mit eigener Hausmacht konnten sich erlauben, Erpressungen der Claque Widerstand zu leisten.

Daß die Musik *effimera* war, die Musikliebe bei aller Begeisterung im 19. Jahrhundert keine Ersatzreligion, zeigt ein wichtiger Bestandteil der Opernhäuser im Zuschauerraum. Über dem Bühnenportal ist die große Uhr angebracht, die

Das doppelte Italien: Mode und Misere

den aristokratischen Kunstgenießern sagte, wann es Zeit sei, sich ernsthaften Dingen zuzuwenden, zur Cena zu schreiten und Oper Oper sein zu lassen. Die Oper war immer Gesamtkunstwerk, in dem das Publikum mitspielte.

In keiner Stadt der Welt ist das Mondäne, die kollektive Selbstbestätigung so sehr an den Eröffnungstag des Opernhauses gekoppelt wie in Mailand. Besonders zur *inaugurazione* übertrifft die Nachfrage das Angebot um ein Mehrfaches, wie in Bayreuth oder Salzburg. Prestigebedürfnis und Repräsentationsdruck lasten; die 2015 Plätze, davon bei Premieren etwa 300 für Ehrenkarten, sind keine vermehrbare Ware. Der Preis für eine Karte bewegt sich längst in Liebhaberdimensionen: um die 1200 Mark. Angebote auf dem Schwarzmarkt gehen (ohne immer Verkäufer zu finden) bis zum Dreifachen.

Multis und Banken kaufen Karten en bloc. Wallstreet und Scala: Für manche ist es geschäftlich lebensnotwendig zu zeigen, daß sie sich das Ereignis leisten können und wollen. Was zählt, ist das physische, nicht das geistige Dabeisein. In einem Atemzug mit hohen Politikern, dem Prinzen von Wales und Wally Toscanini genannt zu werden, ist besser als eine ganzseitige Zeitungsanzeige. Entsprechend erkoren sich im wildbewegten Jahr 1968 und danach die faulen Eier und Tomaten die Smokings und Abendgarderoben vor der Scala zum Ziel – ebenfalls mit sicherem Instinkt für den theatralischen Effekt. Da zogen sich die prominenten Opernfans in die Mimikry zurück. Nicht mehr große Abendtoilette, Perlencollier und Smoking, sondern unauffälliges Grau beherrschte einige Jahre hindurch die Szene. Auch das gehörte zum Theater.

Das ruhmreiche Mailänder Opernhaus ist geradezu ein Symbol des *effimero*. Schauplatz der Triumphe Verdis, Arena heftiger Schlachten zwischen den Bewunderern der Callas und der Tebaldi, der Ort, an dem der rabiate Arturo Toscanini die meisten Taktstöcke seines an zerbrochenen Taktstöcken reichen Lebens in Kleinholz verwandelt hat, um unmusikalische Großstimmbesitzer zu dressieren, ein Improvisationswunder, seit Jahrhunderten am Rande des

Bankrotts, ein Seismograph der Kultur und Politik, ein Intrigendschungel der Musik – und ein Mythos, mit dem die Wirklichkeit schwer Schritt halten kann.

Wem das kostspielige und nicht immer ganz ungetrübte Glück lacht, eine Eintrittskarte für die Scala zu ergattern, dem winkt ein exklusiver Trost: Nur in Mailand kann er in der Pause einer Oper das Vergnügen an der Kunst fortdauern lassen und durch das Foyer im Obergeschoß, vorbei am schnöden Diesseits, an Schallplattenverkauf und Buffetgedränge, unmittelbar zu den erlauchten Olympiern der Operngeschichte eintreten: in das Scala-Museum.

Wie man eine Scala-Karte bekommt? Fragen Sie mich etwas Leichteres. Der sportliche Weg ist, wie vor der Wiener Staatsoper, die Warteschlange an der Vorverkaufskasse. Am längsten warten Fans auf eine Karte im *loggione*, der Galerie mit 150 Stehplätzen. Spitzenleistungen liegen bei sechzig (!) Stunden Anstellen mit Biwaks vor dem versperrten Kasseneingang. Der teure Weg ist, einen Hotelportier einzuschalten, der Kontakte zu den *bagarini* hat, den Schwarzhändlern, die Karten mit Aufschlag weiterverkaufen. Der Weg des Abenteurers führt vor das Opernhaus und an die Abendkasse, er hofft, daß sich irgend jemand, der eine Karte bestellt oder gekauft hat, ein Bein gebrochen hat.

Der Ausländer kann mittels eines komplizierten Verfahrens schriftlich vorbestellen. Es gibt in Deutschland, Österreich und der Schweiz Reisebüros, die auf Opernfahrten spezialisiert sind und die Mühen abkürzen. Ausländische Kartenwünsche werden bevorzugt befriedigt. So lassen schlaue Mailänder ihren Kartenwunsch brieflich aus Melbourne äußern. Die Kontingente verkäuflicher Karten sind beschränkt, wegen der vielen Abonnements. Die werden wie in Wien vererbt; es soll schon Erbschaftsprozesse darum gegeben haben.

In abgemilderter Form gilt das auch für andere Festivals. In der römischen Arena von Verona und im *sferisterio* (einem historischen Ballspielstadion) in Macerata gibt es viele tausend Plätze, die Chancen für eine Karte stehen besser, wenn auch nicht die Chancen für außerordentlich gute

Aufführungen. Neuerdings, im Zeichen zunehmend privat finanzierter Kultur, drängen sich auch die Sponsoren an werbekräftige Subventionsempfänger wie die Scala heran. Einer finanziert vielleicht das Programmheft, ein anderer eine Ausstellung im Scala-Museum und so weiter.

Sigi Sommer sagte einmal, die Münchener Opernfestspiele glichen einem Schwarzbrot mit der Aufschrift »Kuchen«. Das gilt in Italien deswegen so oft, weil schon drei Konzerte in einem Dorf, das sonst jahrelang in aufrichtiger Kulturferne lebt, Festival heißen. Die wichtigen Ausnahmen (die Opernfestspiele in Verona, die antiken Dramen in Syrakus, die Festivals der Biennale in Venedig, der Florentiner *Maggio Musicale*, das Festival von Spoleto, das Rossini-Festival in Pesaro und noch ein paar andere) bestätigen nur die Regel. Abgesehen von der Scala dauert die *stagione lirica*[1] recht kurz, in den *Enti lirici*[2] und den *Teatri di tradizione*[3] meist weniger als ein halbes Jahr. Sie besteht aus Zyklen von je vier bis sechs Aufführungen einer Inszenierung. Für die *stagione di balletto* gilt dasselbe. Die *stagione sinfonica* ist gewöhnlich auf den Herbst konzentriert. Kontinuierliche Spielpläne werden Sie nicht finden, geschweige Abwechslung darin.

Um die *stagione di prosa*, die Sprechtheatersaison, ist es noch karger bestellt. Die meisten Theater, überwiegend privat geführt, beherbergen nur Gastspiele reisender Ensembles, die en suite spielen. Zu den gezählten Theatern mit einer dauerhaften Organisation gehört Strehlers *Piccolo Teatro* in Mailand. Gerade die interessantesten und besten Theatertruppen leben manchmal wie früher fahrende Komödianten zwischen Sein und Nichtsein. Kleinere Städte haben weder eine *stagione lirica* noch eine *stagione di prosa* – aber häufig mindestens ein Festival.

Dabei können Sie wiederum erstaunliche Entdeckungen machen. Das toskanische Montepulciano engagiert sich für seinen von Hans Werner Henze gegründeten *Cantiere d'Arte* (Kunstwerkstatt). In Monticchiello spielt ein kleines Dorf sich selber. 1982 wurde die *Orestiadi di Gibellina* gegründet, ein sonderbares Theaterfest in einem sizilianischen Städtchen, das vom Erdbeben im Val Belice 1968 gänzlich zerstört und zwanzig Kilometer entfernt in einer seismisch sichereren Zone wiederaufgebaut wurde. Die Ruinen der alten Stadt dienen jetzt als Festspielkulisse.

Tarifverträge laufen leider auch an Opernhäusern und Museen ab. Dann drohen Streiks, Ultimaten, Arbeitskampf. Besonders gern, weil weitreichende Aufmerksamkeit erregt wird, bestreiken Bühnentechniker, Chöre oder Orchester eine *inaugurazione*. Nur an der Scala ist diese sakrosankt, da genügt schon die Streikdrohung, um allgemeine Hysterie auszulösen. Musikliebhaber, die zu Premieren oder Festivals anreisen, sollten sich grundsätzlich vor der Abreise, am besten noch am Tag der Aufführung erkundigen, ob der Abend mit einiger Wahrscheinlichkeit stattfindet. Mit Sicherheit garantiert das sowieso niemand.

Nur bei einer Art von *effimero*, der wichtigsten, haben die Schauspieler Streiks bisher nur angedroht, nie beschlossen: beim Fußball, für viele dies- und jenseits der Alpen die schönste Nebensache der Welt. Ob eine Fußballmannschaft in der Nationalliga spielt, bleibt eine sportliche Frage. Im tiefen Süden kann die Nebensache zur Existenzfrage werden. So kochte 1986 die sizilianische Volksseele, als das Schiedsgericht der Fußballiga entschied, der FC Palermo müsse wegen Insolvenz absteigen und in der Amateurklasse spielen. Fußballpräsident Matarrese erhielt Morddrohungen, selbst Minister und Abgeordnete setzten ihn unter Druck. Man könne ja nicht eine Stadt von über einer Million Einwohnern, die Hauptstadt Siziliens, vom nationalen Fußball ausschließen! Die These wurde selbst von der Regierung mit viel Verständnis akzeptiert. Bricht dagegen eine politische Krise aus und tritt die Regierung zurück, regt sich niemand so sehr auf; die Börsenkurse steigen in der Regel sogar. Vielleicht, weil die Italiener wissen, daß ihre Regierungen einem Kartenspiel vergleichbar sind: Immer neu gemischt, doch immer dieselben Karten – seit Jahrzehnten.

Und die Kunst? Hier hat sich in den achtziger Jahren die Tendenz zum *effimero* verstärkt. Gewiß: Die großen und berühmtesten Museen, besonders in Rom und Florenz, erleben einen Publikumszulauf, der beginnt, die Kunstwerke zu gefährden. Provinzmuseen und Baudenkmäler abseits der touristischen Trampelpfade schlummern oft einen Dornröschenschlaf. Damit Sie eine Öffnungszeit erfahren oder den *custode* aufstöbern, der den Schlüssel hat, und ihn dann noch zum Aufsperren bringen, bedarf es gelegentlich kriminalistischen Spürsinns, aller Finten, einiger Geduld und der beiden wirksamsten Waffen, des Lächelns und der *mancia*. Vielfach werden Sie nicht nur Ihr Ziel erreichen, sondern eine Herzlichkeit und Gastfreundschaft erfahren, die in den Touristenzentren längst von geschäftsmäßiger Freundlichkeit abgelöst wurde.

Das allgemeine Interesse wird aber nicht vom Beständigen, sondern vom *effimero* angezogen. Wenn irgendein Kunstwerk, das geruhig in seinem Museum dahindämmert, plötzlich von einer Ausstellung ans Licht der Aktualität gezerrt wird, nimmt die Aufmerksamkeit hektische Züge an. Wo ein Cézanne zu sehen ist, stehen die Leute Schlange, kommt ein van Gogh nach Rom, suchen selbst die, welche den Namen kaum vom Hörensagen kennen, in der Galerie nach dem abgeschnittenen Ohr. Als Ausländer sind Sie privilegiert: Sie sind dem van Gogh nicht nach Italien nachgereist und können diese Anlässe meiden.

Nicht oder schwer können Sie die Vermarktung der Sehenswürdigkeiten meiden. Ihnen bleibt das Antizyklische: Museen und ähnliches möglichst außerhalb der Stoßzeiten zu besuchen. Sonst bleibt nur der Humor. Wie herrlich weit gebracht hat es die Kitschindustrie mit ihren Fetischen! In Pisa verkauft man schiefe Türme in Gips, in Porzellan, in Plastik, in Onyx und Achat, in Chrom, aus heimischem Marmorstaub gepreßt oder aus Holz geschnitzt, in allen Größen bis zu einem halben Meter, mit und ohne magische Beleuchtung von innen, als Aschenbecher, als Schreibgarnitur, als Anhänger oder Aufkleber, als Fächer, Halstuch oder T-Shirt, mit witziger, anzüglicher oder obszöner Beschriftung, als Olisben, auf Stiefel gemalt oder auf Puppen oder Brieftaschen oder Teller. Dazu gibt es das original Pisaner Marmorsteinchen samt Urkunde (7000 Lire), die dem glücklichen Besitzer garantiert, daß es sich um das nämliche Gestein handelt, aus dem der schiefe Turm besteht.

Vielen Fetischen können Sie heute nicht mehr unbefangen gegenübertreten. In Florenz etwa waten oder tauchen Sie durch den multiplizierten und verhackstückten David des jungen Michelangelo, eine Davidsuppe aus Bildbänden und Postern und Postkartenständern und Gipsfiguren und Marmornippes in allen Größen bis zur originalen: der echte an der falschen Stelle, leicht angeschlagen von der Verwitterung und 1873 in die Accademia geflüchtet, der falsche, seit 1905 auf dem Platz des echten, weniger verwittert, insgesamt der ursprünglichen Gestalt näher, insofern also echter als der echte, und der noch falschere falsche aus Bronze auf dem Piazzale Michelangelo.

Die als spezifisch österreichisch geltende Antwort auf plötzliche Katastrophen oder unhaltbare Zustände gibt es auch in Italien. Die Antwort besteht aus zwei Teilen. Zuerst die auffahrende Entschlossenheit: »Da muß sofort was gschehn!« Und unverzüglich resigniertes Zurücksinken: »Da kamma nix machn!« Seit hundert Jahren muß für die rißdurchzogene Domkuppel Brunelleschis in Florenz sofort was gschehn. Manche Untersuchungskommission, manches Restaurierungsprojekt ist seither wieder sanft entschlafen. Information für Florenz-Freunde: Die Kuppel steht vorläufig noch. Das Vergrößerungsprojekt der sogenannten *Grandi Uffizi* wird seit Jahren diskutiert, seit Jahren gschicht nix, außer daß ein Kran, der hohe Mietgebühren kostet, im Hof hinter den Uffizien vor sich hin rostet. Wann die Loggia dei Lanzi restauriert werden wird, weiß niemand.

Anfang der achtziger Jahre hatte es den Anschein, sofort, gleich morgen, werde in Rom auf dem Ruinenfeld des Forum Romanum und der anschließenden Kaiserforen ein *parco archeologico* entstehen. Alle Verantwortlichen waren einverstanden. Das Geld stand bereit. Eine Ausstellung präsentierte das Projekt – dann stürzte die Regierung, und nichts geschah. Seit zweitausend Jahren ist das so.

Das Leben im *effimero* hat Dauer. *Panem et circenses*, Brot und Spiele für das Volk – die römische Weisheit, wie man wirksam regiert, ist klassisches Allgemeingut geworden. In Italien: *Pane e spettacolo*. Das gefällt allen, auch den Fremden. Denen sind Italiens bildende Kunst und die Musik – wenigstens teilweise – ohne Sprache zugänglich. Theater und Film so gut wie gar nicht. Und die Menschen erst recht nicht. Wollen Sie nicht Italienisch lernen?

1   Keine lyrische Jahreszeit, wie der Wörterbuchbenutzer glauben möchte, sondern die Opernspielzeit.

2   Die vom Gesetz aufgezählten staatlich subventionierten Opernhäuser (ungefähr nach ihrer gegenwärtigen Bedeutung gereiht) von Mailand, Florenz, Bologna, Neapel, Venedig, Verona, Turin, Palermo, Genua, Triest, Cagliari, Rom; außerdem merkwürdigerweise die *Accademia Nazionale di Santa Cecilia* in Rom, eine reine Konzertorganisation, vielleicht, weil sie hinter den Kulissen opernhaft ist.

3   Die bedeutenderen: in Toscaninis Heimatstadt Parma, in Catania, Bari, Bergamo, Modena, Reggio Emilia, Treviso.

Si parla italiano

Die meisten leerstehenden Häuser, auch halbfertige, gehören dem Herrn Vendési. Die meisten Tankstellen gehören der Mineralölfirma Chiuso, sind aber so gut wie immer geschlossen. Mehr Glück hat man bei den – nicht ganz so häufigen – Tankstellen der Konkurrenz namens Aperto.

Natürlich werden Sie, auch wenn Sie nicht italienisch sprechen, schnell merken, daß *vendesi* (betont auf der ersten Silbe) kein reicher Immobilienbesitzer ist, sondern schlicht bedeutet: »zu verkaufen«. Und daß *chiuso* »geschlossen« heißt, *aperto* »offen«.

Ein aufmerksamer und neugieriger Mensch wird beim Versuch, Wegweiser, Warnungstafeln, Firmenschilder und Speisekarten in Restaurants zu lesen, eine ganze Menge lernen und oft verwundert sein, wieviel er versteht. Besonders, wenn er in der Schule eine andere romanische Sprache gelernt hat oder gar mit Latein gequält wurde. Italienisch ist ja ganz leicht, wird er froh ausrufen, sobald er sich mit *Mille grazie* bedankt, passabel mit *Buon giorno!* und *Arrivederci!* grüßt und *Mezzo litro di vino rosso, per favore!* bestellen kann.

Er hat die erste Stufe der Sprachkenntnis erklommen, die er daran erkennt, daß der Kellner die Verständigungsversuche unverzüglich – je nach der Herkunft des Gastes – in flüssigem Kölsch oder Schwäbisch (mit apartem Akzent) beantwortet. Das ist besser als die nullte Stufe.

Wer einen »Tschi-anti« bestellt, muß damit rechnen, daß der Kellner von der Sprach- auf die Weinkenntnis schließen wird; wer auf dem Bahnhof in seinem Privatitalienisch nach Tschifasso oder Bress-tschia fragt und dabei Chivasso oder Brescia meint, darf sich nicht wundern, wenn er die merkwürdigsten Auskünfte erhält. Ein Römer wird zur Verblüffung des Touristen weder auf »Engelsburg« noch auf »Kapitol« mit richtungweisenden Gesten reagieren, wenn er nicht zufällig deutsch kann. Die Örtlichkeiten nennt er *Castel Sant'Angelo* und *Campidoglio*. Nur Mut: Bald haben Sie die zweite Stufe erklommen.

Behauchen Sie nie die harten Mitlaute, wie das vor allem ein Norddeutscher tun würde. Rollen Sie immer das R (nicht ganz so rasselnd wie ein Spanier). Sprechen Sie das E im italienischen Wort für »offen« offen aus, dann sind Sie schon nahe dran. Sagen Sie *aperto* – nicht, wie etwa »Abhärtung« bei einem Hamburger klingt (also ungefähr: »app-heeathoo«), sondern: abbbärrdddo. (Die wichtigsten Ausspracheregeln sind ganz einfach, stehen in jedem Wörterbuch und sind in einer halben Stunde zu lernen.)

Jetzt haben Sie zwar noch keine Chance, für einen Italiener gehalten zu werden. Der venezianische Andenkenverkäufer oder Kellner wird Ihnen auf den Kopf zusagen, aus welchem Land Sie kommen, und selten falsch tippen. Das ist oft ein Spiel nebenher, sein privates Quiz-Vergnügen. Immerhin wird er die Aussprache, die seinen Ohren nicht ganz so arg wehtut, geschmeichelt zur Kenntnis nehmen. Und sich sofort mit einer Schmeichelei revanchieren. Spräche man Französisch mit solcher Unvollkommenheit – ein kultivierter Franzose würde sich, angewidert von der Verhunzung der Sprache Balzacs und Voltaires, bestenfalls taktvoll abwenden.

»Sie sprechen aber gut italienisch«, bekommen Sie zu hören. Das Kompliment hat zwei Bedeutungen. Aus dem Mund von Freunden und Bekannten ist es eine liebenswürdige Ermutigung und bedeutet, daß das Gegenüber ahnt, was Sie ausdrücken wollen, und daß die Aussprache nicht ganz hoffnungslos ist. Aus dem Mund von Leuten, die etwas anbieten, soll es ein listiges Einlullmanöver sein, das dazu dient, die Aufmerksamkeit vom überhöhten Preis oder dem Addierfehler auf der Rechnung abzulenken.

Dieses Stadium haben Sie ebenfalls bald hinter sich gelassen. Sie erkennen es daran, daß die Komplimente aufhören.

Statt dessen werden Sie sachlich gefragt, ob Sie Amerikaner sind (heißt im Klartext: noch viele phonetische Übungen!) oder Deutscher (harte, aber ganz passable Aussprache). »Sind Sie Franzose?« ist schon besser – das Zäpfchen-R schadet in solchem Fall nicht. In Piemont gilt es, wegen seiner Nähe zu Frankreich und der Erinnerung an das Königshaus Savoyen, fast als aristokratisch. Auch der *avvocato* hat es, nämlich Gianni Agnelli, Herr des Fiat-Konzerns. Darum wird das französische R von manchen bewußt gepflegt.

Vorsicht: Das kann in den gegenteiligen Effekt umschlagen, wenn man den Sprecher deswegen einfach für einen Snob hält. Unter weniger Gebildeten kann das Gaumen-R als Zeichen homosexueller Veranlagung gewertet werden und den Hohn der »wahren Männer« hervorrufen. Fragt man Sie am Ende gar, ob Sie aus Spanien kommen, haben Sie Lob verdient. Sie dürfen sich als Anwärter auf die nächste Stufe betrachten.

Auf diese sind Sie gestiegen, wenn Ihnen nach mehreren Sätzen einer einfachen Konversation die Frage gestellt wird, ob Sie sich erst kurz oder schon länger in Italien aufhalten. Sie dürfen sich – wenn Sie wissen, wie man das macht – innerlich auf die Schulter klopfen. Die Vollendung schließlich haben Sie erreicht, wenn Sie sich in einem Disput unter Autofahrern über den freiwerdenden Parkplatz hinreichend kräftig zur Wehr setzen können und der Gegner Sie so aufrichtig wie unflätig beschimpft. Dann überrieselt es Sie freudig. Sie wissen: Jetzt wird Ihnen unterstellt, daß Sie auch die Vokabeln beherrschen, die in keinem Wörterbuch stehen.

Die Schwierigkeiten für den Anfänger fangen schon viel früher an. Fallen lauern überall. Wenn Sie kaltes Wasser brauchen und den Hahn aufdrehen, auf dem *CALDO* steht, wird normalerweise wirklich kaltes Wasser herauskommen – obwohl *caldo* eigentlich »warm« bedeutet. Nur wenn Sie Glück haben (mit der Warmwasserinstallation, nicht mit der Sprache), verbrühen Sie sich. Immerhin ist es einfacher, die Bedeutung von *caldo* zu lernen, als in jedem Hotel erneut ausprobieren zu müssen, wie ein geheimnisvoller unbeschrifteter Hebel zu bewegen ist, damit Wasser von der gewünschten Temperatur aus der richtigen Öffnung fließe.

Chiuso per ferie (wegen Urlaub geschlossen) steht im August an vielen Läden und Restaurants. Ein *giorno feriale* ist trotzdem kein Ferientag, wie Sie vermuten mögen, sondern ein Werktag. *La carta* ist nicht die Post-, nur die Speisekarte, zu der Sie aber auch *menù* sagen dürfen. Italiener kennen unsere und die französischen Umlaute nicht. Sie sind ganz begeistert, wenn sie erfahren, daß man ein Ü aussprechen kann, indem man die Lippen zu einem U spitzt und gleichzeitig ein I zu sprechen versucht, ein Ö, indem man mit O-gerundeten Lippen ein E artikuliert. Ohne Kenntnis dieser Übungen zählen sie *Geete* und *Elderlin* zu den größten deutschen Dichtern.

Mißverständnisse sind um so wahrscheinlicher, je besser wir uns zu verstehen glauben. Sie werden fragen: Ist das nicht trivial? Auf deutsch schon. Doch sagen Sie das bitte nicht in Italien: *triviale* hat dort nicht die Bedeutung der Binsenweisheit, des Alltäglichen, Abgedroschenen, sondern bedeutet unanständig, ordinär. Wollen Sie »ordinär« mit *ordinario* übersetzen, werden Sie nicht unbedingt verstanden oder vielleicht für einen Toskaner gehalten. Geläufiger ist *volgare*, vulgär.

Andiamo al bar? ist keine Aufforderung zu verruchtem nächtlichen Treiben. Was in deutschen Landen Bar heißt, nennt man im Süden *night* (gesprochen nait). *Locale* wird zur Not als Lokal verstanden. Fragen Sie hingegen auf dem Bahnhof danach, vermutet man, Sie wollen wegfahren: *il locale* ist der *treno locale*, der Nahverkehrszug.

Erkundigt sich der Italiener nach den *servizi*, braucht er keine Dienstleistungen, sondern eine Toilette. Begegnen Sie Claudio Abbado und machen ihm das Kompliment, er sei ein *grande dirigente*, wird er kalt reagieren, denn Sie haben den bedeutenden *direttore* zum leitenden Angestellten gemacht. Nur der Chef einer Zeitung, auch wenn er keinen Taktstock in die Hand nimmt, heißt dann doch wieder *direttore*, nicht *dirigente*.

Wenn ein Werkstudent von seinem *stipendio* sprechen

sollte, fragen Sie nicht, warum er denn außerdem noch arbeiten muß. Sein *stipendio* ist ja gerade das Gehalt, das er für die Arbeit kriegt; ein Stipendium wäre eine *borsa di studio*. Sollte er das Gespräch mit der Bemerkung abbrechen, er müsse jetzt schon wieder in die *aula*, denken Sie nicht, daß das Studentenleben in Italien eine Folge von Festakten sei. Es handelt sich schlicht um den Unterrichtsraum.

Ein *statista* tritt nie als Statist auf die Bühne, höchstens auf die der Weltpolitik: Es ist ein Staatsmann. Sollten Sie sich nach dem *porto* für Ihre Ansichtskarten erkundigen, wird man Sie zum nächsten Hafen schicken und nicht zum Tabakhändler, der Briefmarken verkauft.

Eine besondere Heimtücke ist, daß bei vielen zusammengesetzten Wörtern der Hauptbestandteil als selbstverständlich vorausgesetzt wird und daher verschwindet. *Una volante* ist keine fliegende Untertasse, sondern eine *pattuglia volante*, eine »fliegende« Polizeipatrouille im Auto. Manchmal läßt nur das Geschlecht erkennen, was gemeint ist. *L'espresso* ist je nach der Situation der Eilzug, seltener das Getränk. Was ein Deutscher einen Espresso nennt, ist an der Bar schlicht *un caffè. Una espresso*, weiblich, ist jedoch kein grammatischer Fehler, sondern ein Eilbrief (*una lettera espresso*). *Lampo* heißt zwar Blitz. Wenn der Schneider *una lampo* erwähnt, meint er nicht die rasende Geschwindigkeit, mit der er arbeitet, sondern eine *cerniera lampo* (Reißverschluß).

Lo squillo, männlich, ist das Schrillen zum Beispiel des Telefons – *la squillo* bezeichnet eine Dame, die gegen Geld Freude spendet und zu diesem Behuf ihre Telefonnummer in Zeitungsanzeigen bekanntgibt. *La grana* hat schon mit seinem richtigen Geschlecht drei Bedeutungen: Es ist der Zaster, die (reichliche) Pinke, oder – ganz das Gegenteil – die Bredouille, in der man sitzt, die Scherereien, die man hat, oder schließlich die Körnung (einer Oberfläche). Davon kommt unter Weglassung von *formaggio* (Käse) *il grana*, den man über die *pasta* reibt, also der Parmesan. *Il minerale* ist das Mineral, *la minerale* im Kellnerjargon das Mineralwasser.

Die Stolpermöglichkeiten sind immer da versteckt, wo Sie sie am wenigsten erwarten. Deutschsprachige Bergsteiger nennen einen berühmten Turm (italienisch *la torre*) in den Dolomiten Guglia di Brenta. Das klingt perfekt italienisch. Aber die Italiener heißen ihn *Campanile basso* (niedriger Glockenturm). Der Felscampanile in der Brenta-Gruppe trägt irreführenderweise keine Glocken (*campane*), während trotz der Glocke auf dem Gipfel des Montasch in den Julischen Alpen dieser nie zum Campanile ernannt wurde. Um das babylonische Turm- und Sprachverwirrungssystem zu ergänzen, sei vermerkt, daß der besonders campanilehafte riesige Campanile des Doms von Cremona selbstverständlich nicht Campanile heißt, sondern *Torrazzo*.

Es kommt oft vor, auch heute noch, daß ein Wort von einer Sprache in die andere hinüberwandert. Der Vorgang kann aufschlußreich sein: Wie hören uns die andern sprechen? Was hören sie uns sprechen?

Die Weltanschauung ist wohl etwas sehr Deutsches, wie die Philosophie überhaupt, jedenfalls für Italiener: Sie heißt *la weltanschauung*. Manchmal ist die Wertschätzung für den andern und das damit verbundene Minderwertigkeitsgefühl auf einem bestimmten Gebiet wechselseitig. Für die nördlichen Völkerscharen ist Italien das Land der Musik: Denken Sie nur an Palestrina, Monteverdi, Vivaldi, Rossini, Verdi, Puccini, nicht wahr? Italiener halten Deutschland für das Land der Musik und sagen Bach, Mozart, Beethoven, Brahms. Das Lied, eine für die deutsche Romantik typische musikalische Form, verändert nur sein Geschlecht und wird *il lied*, ein italienischer Wagnerianer versteht seinen Freund sofort, wenn der *il leitmotiv* erwähnt. *Il valzer* und *lo jodel* sind die Begriffe, die er mit Musik in den Alpenländern verbindet.

Nicht immer bleibt das Wanderwort auf der Reise ungeschoren. Es verliert unterwegs die alte Form, die alte Bedeutung oder beides. Dabei ist es nicht so, daß der einen Sprache zwangsläufig fehlt, was sie aus der andern übernimmt. Das illustrieren groteske gegenseitige Entlehnungen.

Beim überfallartigen Eingreifen der Kriminalpolizei sprechen wir auf gut deutsch von einer Razzia, auf gut italienisch heißt so etwas *blitz*, vermutlich von der *guerra blitz*, nämlich Hitlers »Blitzkrieg« abgeleitet. Das italienische *razzia* (betont auf dem i) gibt es zwar auch, aber das ist ein räuberischer Beutezug, und wollte man es auf eine Polizeiaktion anwenden, hätte man ein Verfahren wegen Verleumdung auf dem Hals.

Von Rechts wegen müßte auch eine Verleumdungsklage gewärtigen, wer eine dieser weichgekochten Nudeln, die in Deutschland irrtümlich für etwas Italienisches gehalten werden, mit dem Ehrentitel *spaghetto* (Mehrzahl: *spaghetti*) schmückte, wo es sich doch nur um einen Schpagetti (Mehrzahl: die Schpagettis) handelt. Auch ein deutsches Tortellini (Mehrzahl Tortellinis) darf man nicht mit *il tortellino* (Mehrzahl: *tortellini*) verwechseln. Das Rätsel harrt noch der Lösung, warum ein hoher Sänger ein Tenor ist, nicht ein Tenori (Mehrzahl: Tenoris), das Blasinstrument nicht das Fagotti (Mehrzahl Fagottis), die Geige nicht das Violini (Mehrzahl: die Violinis).

Es gibt sprachliche Indizien, daß »die« Deutschen noch immer recht kriegerische Assoziationen auslösen. Nicht nur wegen alter und neuer Fachausdrücke, wie *i lanzichenecchi* (die Landsknechte, die sich als Plünderer beim *Sacco di Roma* 1527 ins Gedächtnis eingruben) oder *il bunker*. Ein unwiderstehlicher Fußball-Libero wird in Sportzeitungen mit dem zweifelhaften Ehrentitel *il panzer* geschmückt. Eine noch immer existierende Comicserie mit jenem schwachsinnigen Humor, der auch den deutschen Landser-Film auszeichnete, heißt *Sturmtruppen*. Das Wort *il lager* ist für Konzentrationslager üblich, obwohl es ein italienisches Wort gäbe, und wird gelegentlich auch für die südafrikanischen Homelands oder den Gaza-Streifen benutzt.

Noch immer geläufige Begriffe wie *Heil!*, *il Führer*, *lo junker* (gemeint ist der preußische), *il lebensraum* umschreiben, welche Erinnerungen das Deutsche Reich in Italien bis heute hinterlassen hat. Die Bundesrepublik hat mit

Mercedes, Bi-Emme-Wu (BMW) und *Woswágen* (Volkswagen) bisher nur ein schwaches Gegengewicht geschaffen. Besonders apart ist *kaputt* als italienische Entlehnung aus dem Deutschen: Das Wort kommt aus dem Italienischen. *Far cappotto* heißt seit dem 17. Jahrhundert: jemanden total, vernichtend besiegen – dies jedoch nur unkriegerisch, im Wettkampf oder im Kartenspiel.

Alt! rufen wir an dieser Stelle militärisch und sagen zu den Beispielen: *Basta!* Es reicht. Natürlich rufen wir nicht »Halt!« Der Italiener kennt kein H; es bereitet ihm Schwierigkeiten bei der Aussprache. Sollte er, phonetisch begabt, jene Sprachen nördlich des Alpenhauptkamms imitieren lernen, die er insgeheim für Halskrankheiten hält, macht er das wieder gut, indem er das H stark haucht und so oft wie möglich benutzt, in Wörtern wie »Hhanorak« oder »Hhamsterdam«. Sehen wir einmal, warum er das tut.

Der Italiener hat es schwer, Fremdsprachen zu lernen. Alfredo Panzinis *Grammatica Italiana* aus dem Jahr 1933 beginnt mit Sätzen, die sind wie Donnerworte. Das erste Kapitel über Vokale und Konsonanten hebt an wie ein Vers aus dem Alten Testament: »Die italienische Sprache, harmonisch und klar, hat großen Reichtum an Selbstlauten, und die Selbstlaute sind: a, e, i, o, u.« Und zur Bekräftigung führt er uns gleich zu jenen berühmten Blumenbeeten, auf denen neben allen fünf vokalischen Orchideen nur eine konsonantische Distel steht: *aiuole*.

Zwar: Ganz so einfach, harmonisch und klar ist das auch wieder nicht. O und E gibt es als offene und geschlossene Vokale. Nehmen Sie etwa das Wort *la pesca* in den Mund, sollten Sie es sich zweimal überlegen, wie es schmecken soll. Sagen Sie »Päska«, heißt es Pfirsich, sagen Sie »Péska«, reden Sie von der Fischerei. Immerhin: Die Umlaute, wie schon gesagt, fehlen, komplizierte Konsonantenverbindungen auch.

Ein deutscher Herbst ist das Gegenstück zur *aiuola*: fünf Konsonanten, ein Vokal. Für den normalen Italiener ist das unaussprechbar – er sagt etwa: 'Ärb^{Ä}st^{Ä} – so unaussprechbar wie Tschechisch, Gälisch oder der Wiener Zungenbrecher (in H. C. Artmanns phonetisch angenäherter Orthographie): *Du hosdzbschdeggzschbadbschdööd!* (Zu deutsch: Du hast das Besteck zu spät bestellt.)

Doch die Italiener waren seit je erfinderisch und praktisch begabt. Sie haben das Problem gelöst, unaussprechbare Wörter auszusprechen. Nämlich durch deren Zurechtstutzen, und zwar auch in der Orthographie. Daran wäre wenig auszusetzen, würden dadurch für Ausländer nicht manchmal unlösbare Rätsel und gegenseitige Mißverständnisse erzeugt. Besonders antike Namen und lateinisch-griechische Fremdwörter, die sonst in allen Sprachen ziemlich gleich sind, werden zur Unkenntlichkeit verfremdet. Ein italienischer und ein deutscher oder ungarischer Arzt könnten sich ohne viel Umstände über Diagnosen und Therapien verständigen, wenn, ja wenn nicht...

So zerhaut der Italiener den gordischen Sprachknoten: Alle komplizierteren Laute werden vereinfacht. Das H wird in fremden Wörtern einfach gestrichen. Die griechischen Buchstaben Psi und Xi werden unterschiedslos zu Doppel-S – Kollaps wird *collasso*, Mexiko zu *Messico* –, aber nicht immer (es gibt Ausnahmen). Chi wird wie K ausgesprochen, dafür das griechische K oft wie C, also »Tsch«, Diphthonge verschmelzen zu gewöhnlichen Vokalen, das Th verliert das H, Endungsbuchstaben fallen weg, gelegentlich kommen welche hinzu. Mit einem Wort, ein Gemetzel.

Wollen Sie sich von einem italienischen Lexikon erklären lassen, was eine Hydrosphäre ist, suchen Sie unter H? Nein, unter Y? Auch nicht. Unter I müssen Sie nachschlagen: Sie entdecken das Wort verkleidet als schlichte *idrosfera*.

Unter I steht auch Hippokrates als *Ippocrate,* der Perserkönig Xerxes findet sich unter S, als *Serse*, desgleichen Xenophon (*Senofonte*); Alexander, auch der antike, heißt *Alessandro*. Das Xylophon hat sein X gerettet und ist mit leichten Verletzungen davongekommen: *xilòfono*. Der ägyptische Pharao Necho II., auf dessen Befehl eine phönizische Flotte um 605 vor Christus Afrika umsegelt hat, heißt *Necao*, die Segler sind die *Fenici*. Aus dem schwierigen Sohn des griechischen Sonnengottes Phaeton, über dessen tragisches Schicksal einige barocke Opern komponiert wurden, wurde ein unerkennbarer *Fetonte*.

Fidia ist kein seltener Mädchenname, sondern das italienische Kostüm des athenischen Bildhauers Phidias; seine Skulpturen haben wie die berühmte Dichterin Sappho Ppfedern gelassen, und übrig blieben *sculture* und *Saffo*. Der Italiener kennt den biblischen *Oloferne*, den griechischen Götterthron *Olimpo,* den deutschen Odenwald – alle unter O. Der *elicottero*, die *ellisse*, die Damen *Elena* und *Elisa* stehen unter E. Nun lüftet sich das Geheimnis. Wenn der sprachlich interessierte Italiener so wie wir eine solide klassische Halbbildung besitzt, beginnt er seine Fremdwörter zurückzuübersetzen und sagt mühselig hauchend: Holofernes, Holymp und Hodenwald oder Helikopter, Helena und Helisa. Bei der *ellisse* könnte er es wahlweise mit Hellypse, Hellixe oder – Ha! Gewonnen! – Ellipse versuchen. Wer kann schon griechisch?

Umgekehrt beschreibt ein(e) deutsche(r) Schriftsteller(in) – ich möchte nicht verraten, wer – in einem Roman, der im sonnigen Italien handelt, eine sympathische Familie. Die hat zwei Töchter: Andrea und Nicola. Der (die) Autor(in) hat nicht bedacht, daß der italienische Zoll bei der Einreise von Andreas, Lukas oder Nikolas den letzten Buchstaben zu konfiszieren pflegt.

Nun rufen wir nochmals *Alt!*, verbessern uns aber den Jüngeren zuliebe sofort und rufen *Stop!* Nicht nur die Beat-Generation spickt inzwischen ihren Slang mit Amerikanismen und Abkürzungen. Man fährt mit dem *off-road* ins *week-end* zum *bungalow*, hat beim *cocktail* einen *flirt* und läßt sich im *night* mit einem *flash* knipsen, um so vielleicht als ein *VIP* oder gar als ein *Big* zu erscheinen. Es gibt keine Putzfrau mehr, die früher einfach *domestica* oder, noch einfacher, schlechthin *la donna* hieß. Wie in Deutschland der Azubi den gewöhnlichen Lehrling verdrängen möchte, so arbeitet bei feinen Leutens in Mailand nur noch die *colf* (Abkürzung von *collaboratrice familiare*), selbstverständlich *part-time*, also mit einem Teilzeitvertrag.

Dieses Anglitaliano entspricht dem, was Sprachreiniger

in Frankreich höhnisch »Franglais« nennen, und die deutsche Sprachmode ist davon nicht allzu verschieden. Wer einen *background* hat, spricht von der *escalation* – was sich ungefähr anhört wie Eskaléschan – wenn sich die *leaders* (neuerdings auch schon die *lider*) beim *summit* nicht einigen. *Compagno* sagen heute fast nur noch die kommunistischen Genossen, moderne Menschen haben einen *partner*.

Das Merkwürdige daran ist: Wie *kaputt* kommen die Eskaléschan und die Parrrti und viele andere aus dem romanischen Sprachraum über einen verwandelnden Ausflug ins Germanische wieder nach Italien heim und finden dann plötzlich Anklang. Es sieht so aus, als hätten die Italiener kein rechtes Interesse an der eigenen Sprache und schon gar nicht an Mutter Latein.

Daß sie Latein klangvoll genau nach den phonetischen Regeln des heutigen Italienisch aussprechen, mag ja noch angehn – englisches Latein ist entschieden schwerer verständlich. Auch die modernen Griechen glauben ja fest daran, Homer und Xenophon hätten genauso gesprochen wie sie. (Deutsche studienrätliche Altphilologen meinen, daß sie es viel besser wüßten.) Durchschnittsitaliener verstehen sonderbarerweise kein Wort der alten Sprache, aus der sich ihre eigene entwickelte, nicht einmal eine Redewendung wie *cum grano salis*, die italienisch nicht so sehr anders lautet: *con un grano di sale*.

Der Blick auf die sprachwissenschaftliche Literatur und Unterrichtsbücher scheint diese merkwürdige Nachlässigkeit zunächst zu bestätigen. Als Ende 1982 Panzinis kleine Grammatik aus der Zeit des Duce wieder aufgelegt wurde, rühmten und begrüßten sie die Literaturkritiker als großartigen, lang entbehrten Klassiker. Ich griff also begierig danach – und war enttäuscht. Ein mehr als knapper Leitfaden, mit eingebautem Lob, wie kraftvoll erneuernd, bereichernd und zugleich reinigend der Faschismus auf die Sprache einzuwirken beginne. Weil ich mehr wissen wollte, entdeckte ich schließlich eine sehr ausführliche praktische italienische Grammatik für Italiener. Sie verbarg sich unter einem populären Titel (*Wie spreche und schreibe ich besser*) im italienischen Ableger – ausgerechnet – des amerikanischen Verlags Reader's Digest. Die Suche nach einer wissenschaftlichen Grammatik brachte ein Ergebnis, das für Sprachlaien noch überraschender wirken muß: Ein Hauptwerk auf diesem Gebiet, die *Historische Grammatik der Italienischen Sprache und ihrer Mundarten*, ist aus dem Deutschen ins Italienische übersetzt worden – nicht etwa umgekehrt. Der Autor ist der in Berlin geborene Gerhard Rohlfs, im September 1986 mit 94 Jahren gestorben. Ein Blick in das Literaturverzeichnis zeigt, wie ansteckend die Liebe zur italienischen Sprache ist. Sie nennt bald ebenso viele germanische Autoren wie romanische.

Der Blick auf die Dialekte und ihre Literatur ergibt wieder ein anderes Bild des Verhältnisses, das Italiener zu ihrer Sprache haben. Noch stärker als Deutsch ist das Italienische in Mundarten aufgesplittert, die an den Rändern ihrer Verbreitungsgebiete ineinander übergehen, sich aber insgesamt gewaltig unterscheiden. Da rehabilitieren sich die italienischen Sprachwissenschaftler wieder. Es gibt umfangreiche Wörterbücher und Grammatiken des Mailänder, neapolitanischen, römischen, toskanischen Dialekts.

Hier werden die Kenner und die Toskaner aufschreien: In der Toskana gibt es gar keinen Dialekt! Das Toskanische ist ja die Grundlage des heutigen Italienisch! Der große Manzoni, so werden sie sagen, hat 1840–1842 seinen Roman *I promessi sposi*, das Nationalheiligtum der italienischen Literatur, nach einer ersten, allzu mailändisch regional gefärbten Fassung zwecks größerer Verbreitung mit Hilfe von Freunden ins Toskanische umgeschrieben, »die Wäsche im Arno gespült«, wie er es nannte.

Das stimmt wieder nur *cum grano salis*. In der Aussprache hat auch die Toskana ihre Dialekte. Am auffälligsten ist, daß man dort das K wie ein rauhes H spricht. Die schadenfrohen Regionalnachbarn nehmen die touristische Amerikanisierung von Florenz mit der Bemerkung aufs Korn, die Toskana sei nicht mehr das Land des Chianti, sondern des *Hoha-Hola*. Der toskanische *Spiritaccio*, eine Mischung aus ironischer Hellsicht und leichter Boshaftigkeit, die in ihrer verfeinerten Form Geistern wie Boccaccio und Machiavelli zu Gebote stand, zahlt mit gleicher Münze heim.

Als ich mit großem Stolz das dritte oder vierte Stadium des Erlernens der Sprache erreicht und den Eindruck hatte, jetzt verstünde ich italienisch, erlitt diese Selbstsicherheit bei der Theaterbiennale in Venedig eine schwere Erschütterung. Eine Theatertruppe aus Neapel spielte das Stück eines gewissen Viviani. Zuerst dachte ich, es wäre ein experimenteller, dadaistischer Text. Ich verstand gar nichts! Ich begriff nicht einmal die Handlung! Es war aber bloß neapolitanisch. Raffaele Viviani (1888–1950) ist ein realistischer Autor. Das Vertrauen in meine bescheidenen Sprachkenntnisse richtete sich erst wieder auf, als sich in der Pause der ältere Venezianer auf dem Sitz nebenan zu seiner Frau wandte: »Hast du irgendwas kapiert?« Und auf ihr ratloses Kopfschütteln: »Also ich habe kein einziges Wort verstanden. Komm, gehn wir nach Hause!« Er sagte nicht »Wort«, er verwendete einen sehr viel kräftigeren Ausdruck. Er fühlte sich betrogen, weil er ohne Vorwarnung in eine fremdsprachige Aufführung gelockt worden war.

In der Tat. Die Unterschiede zwischen Sizilianisch und Venezianisch sind nicht geringer als die zwischen Plattdeutsch und dem Walliser Dialekt im Lötschental, den selbst die übrigen Schweizer nicht verstehen. Zwar werden die Dialekte offiziell als solche bezeichnet, sind jedoch der Grenze zu selbständigen Sprachen sehr nahe oder – im Fall des Sardischen, des friaulischen Dialekts – überschreiten sie. Ein Roman der friaulischen (friulanischen) Autorin Maria Drigo (*Barbe Zef*) wurde vor einigen Jahren hinreißend milieugetreu verfilmt. Er mußte von der *RAI* mit italienischen Untertiteln ausgestrahlt werden, weil ihn sonst niemand verstanden hätte.

Die Grammatik von Rohlfs bietet Beispiele in Hülle und Fülle. Nehmen wir ein alltägliches Wort. Was heißt »übermorgen«? *Dopodomani*. Aber ein Bergamaske sagt (in unwissenschaftlicher, angenäherter Umschrift) *pusdumá*, ein Piemontese *pasadumáng*, der Ligurer *pödmáng*, der Nordkalabrese *puscrái*, ein Neapolitaner vielleicht *paschkrái*.

Dazu kommen im Süden noch Ausdrücke für überübermorgen und den darauffolgenden, also von morgen an gerechnet den vierten Tag. Das klingt dann in der Campania so ähnlich wie: *paschkrinja* und *piskròzzi*. Im Salento geht die Reihe gar von »morgen« bis zum fünften Tag: *crai, puscrai, puscriddi, puscridazzu, puscriddòne* – ein gewöhnlicher Italiener von anderswo, also ein exotischer Ausländer, hat da längst aufgegeben.

Der Blick auf die Geschichte Italiens lehrt, warum das so ist. Darüber später mehr. Immerhin: dank der Schulpflicht, und noch mehr dank Radio und Fernsehen versteht heute, abgelegene Dörfer ausgenommen, so gut wie jeder das normale Italienisch. Es folgt theoretisch dem toskanischen Modell. Weil die Massenmedien mit ihrer Vorbild- und Multiplikationswirkung ihren Sitz hauptsächlich in Rom und Mailand haben, kommt es im Tonfall langsam dem *romanesco* und der Mailänder Redeweise näher.

Zwei Dinge liefern die Dialekte immer wieder neu nach, auch wenn sie sich abzuschwächen scheinen. Den reichen, unerschöpflichen Sprachwitz, der in Sprichwörtern, Schimpfwörtern, Kalauern, farbigen Redewendungen und bildhaften Umschreibungen jeden Tag neu geboren wird, und die tiefsitzende Unsicherheit jedes Italieners im Gebrauch seiner Hochsprache. Alle romanischen Schwestersprachen, besonders die auf der Halbinsel selbst, haben, seit sie sich aus dem Vulgärlatein entwickelten, aufeinander und auf das Italienische zurückgewirkt. Bei vielen Wörtern gibt es zulässige orthographische Varianten, die Grammatik selber ist im Fluß.

Bevor wir dieses Kapitel schließen, müssen wir Sie noch in den Gebrauch der beiden wichtigsten Wörter einführen, die es neben *sì* und *no* gibt. Das erste steht harmlos im Wörterbuch unter der Bedeutung »aber«: *ma*. Die Wirkungskraft jedoch, die es entfaltet, ist eine ungeheure. *Ma* heißt je nach Tonfall, Stimmlage, begleitender Geste, Situation und Zusammenhang:

– Aber, aber! (leichter Tadel)
– Verflixt noch einmal! (Überraschung und Ärger)

– Wieso fällt es mir nicht ein? (Faust gegen die Denkerstirn gepreßt)
– Ogottogottogott! (resignierendes Lamento, mit ausgebreiteten Händen)
– Ich kann nichts dafür!
– Wenn ich das geahnt hätte!
– Keine Ahnung! (etwas gedehnt, dann oft *mah!* geschrieben, mit einem gegen O eingefärbten A, begleitendes Achselzucken)
– Da kann man nix machen!
– Wir werden noch sehen, was sich machen läßt!
– Das muß man abwarten!
– Was geht mich das an?
– Ja mei!

Das sind sozusagen nur die Grundbedeutungen, die von einem schauspielerisch begabten Neapolitaner leicht auf ein paar hundert Nuancen vermehrt werden. Sie werden begreifen, daß dieses Wort als Sprachkleingeld mehr wert ist als manch prächtiges und vielsilbiges Glanzstück des Vokabulars. Was können Sie schon mit dem Wort *scioglilingua*[1] anfangen? Richtig. Die Antwort lautet: *Mah?!*

Die zweite dieser wichtigen Scheidemünzen wird Ihnen ebenso häufig begegnen. Das Wort steht trotzdem nicht einmal im Wörterbuch. Doch Sie werden mit einiger Einfühlungsgabe schnell merken, daß Sie es auch ohne verstehen. Es lautet: *bo?* Seine Grundform wird folgendermaßen ausgesprochen:

Lockere Beinstellung, hängende Schultern, die beim Aussprechen des Wortes leicht hochgezogen werden, während gleichzeitig der Unterkiefer, mehr noch die Unterlippe etwas vorgeschoben werden; geschlossenes O wie in französisch *beau* (die Varianten mit offenem O sind nur etwas für Fortgeschrittene), mittlere Vokallänge, Vokalmelodie zuerst eventuell abwärts, danach ein wenig aufwärts, mit entschiedenem Kehlkopfverschluß am Ende, Stirn leicht gefurcht, Augen blicken nachdenklich in die Ferne. Die Abstimmung der Feinmotorik sei hier vernachlässigt.

Die annähernde Übersetzung von *bo* lautet:

Lieber Freund, ich verstehe ja Ihre Probleme und begreife, daß Sie diese brennende Frage beantwortet wissen wollen, gebe mir auch alle Mühe, Ihnen zu helfen, kann aber beim besten Willen und nach reiflicher Überlegung keinen Weg finden, Ihnen zu Diensten zu sein, weswegen Sie sich besser an jemand mit größerer einschlägiger Kompetenz wenden sollten.

Notfalls kann *bo* auch durch *mah* in der Bedeutung »Keine Ahnung!« ersetzt werden. Den Gebrauch beider Wörter beleuchtet auf das schönste ein Witz, der nebenbei Aufschlüsse über Sprache, Regionalismus, italienische Politik, Geschichte und Administration vermittelt. Es ist einer der epidemischen Carabinieri-Witze. Die Carabinieri gelten (längst zu Unrecht) im Volksmund als beschränkt (Warum gehen sie immer zu zweit auf Streife? – Weil der eine nur lesen, der andere nur schreiben kann). Das lag schlicht daran, daß der noch junge Staat im vorigen Jahrhundert seinen Beamten Hungerlöhne zahlte und daher seine Polizisten, Zöllner, Finanzer kaum im industrialisierten Norden, sondern überwiegend im armen Süden rekrutierte, wo Analphabetentum, Arbeits- und Hoffnungslosigkeit verbreitet waren. Man konnte es selbst in einer so wenig begehrenswerten Laufbahn meist nur zu etwas bringen, wenn man *un santo in paradiso* hatte, einen heiligen Fürsprech. Im Klartext: den Onkel im Ministerium.

Noch heute ist der Andrang auf öffentliche Posten enorm. Das Staatsfernsehen veranstaltete Anfang 1988 einen – in solchen Fällen immer gesetzlich vorgeschriebenen – Wettbewerb, als nicht einmal eine Anstellung, sondern nur die Hoffnung auf Zeitverträge zu vergeben war, nämlich drei Dutzend Eintragungen in eine Liste, aus der von Fall zu Fall Regieassistenten als freie Mitarbeiter vielleicht herangezogen hätten werden sollen. 1800 (eintausendachthundert) Bewerber meldeten sich, die Prüfungsaufgaben (durch Ziehung eines von mehreren versiegelten Umschlägen festzulegen) waren extrem schwierig, auch ein Strehler hätte sie schwerlich aus dem Stand gelöst. Der *concorso* wurde übrigens annulliert, weil man draufkam, daß offenbar jemand einen *santo* hatte: in allen Kuverts waren ähnliche Aufgaben, so daß einer, der sie gewußt hatte, sich vorbereiten konnte. Also die Geschichte:

Die Prüfungskommission in einer Carabinieri-Kaserne hatte über die Offiziersanwärter zu entscheiden. Ein Wink von oben war gekommen, daß der Kandidat X, leider kein großes Licht, unbedingt zu bestehen habe. Natürlich müssen die Formen gewahrt, einschlägige Fragen gestellt und beantwortet werden. Der Vorsitzende muß eben die richtigen Fragen finden, die mit Sicherheit nicht zu schwer sind, nicht wahr?

»Sagen Sie, Gefreiter, wie lautet das Autokennzeichen von *MI*-lano?«

Der Gefragte denkt lang nach, hebt fragend die Hände und sagt: »*Bo?*«

»Aber Sie werden wenigstens wissen, wie das Kennzeichen von *Roma* heißt?«

Das weiß nun wirklich jedes Kind. Dennoch die gleiche ratlose Antwort: »*Bo?*«

Da kommt dem Vorsitzenden eine Idee, wie man den Prüfling und den korrekten Anschein rettet:

»Also wie lautet das Kennzeichen von *BO*-logna?«

Jetzt verfällt der Prüfling in tiefes Nachsinnen, Schweiß bricht ihm aus, er stemmt schließlich beide Fäuste gegen die Stirn, siehe oben, es will ihm nicht einfallen, und er antwortet trotzig-verzweifelt: »*Mah?!*«

Nun gibt es außerdem noch Geräusche, die zwar aus dem Mund kommen, aber trotzdem nicht zur Sprache im engeren Sinn gehören. Nein, nicht was Sie denken. Es gehört zwar in bäuerlichen Gegenden Afghanistans oder bei den Bachtiaren noch immer zum guten Ton, als Signal, daß Ihnen die Mahlzeit ausgezeichnet geschmeckt hat, dankbar und kräftig zu rülpsen. Ich brauche nicht darauf hinzuweisen, daß solches in Italien wenig Verständnis fände.

Rülpsen dürfen in Italien nur noch die Schauspieler auf der Bühne, zum Beispiel *Arlecchino*, und nur Kleinkinder, wie überall sonst auf der Welt, sollen es sogar. Der Diener zweier Herren hat in Goldonis gleichnamiger Komödie (*Ser-*

vitore di due padroni) nur einen Gedanken: Essen. Ist er ausnahmsweise einmal satt, drückt er es entsprechend drastisch aus. Als 1987 das Mailänder Piccolo Teatro und mit ihm der Harlekin in Giorgio Strehlers Inszenierung den vierzigsten Geburtstag feierten, war der volkstümliche Held 1560mal aufgetreten. Es war allerdings längst nicht mehr der legendäre, inzwischen gestorbene Moretti, sondern Ferruccio Soleri, jahrzehntelang der zweite Arlecchino, der noch immer mit der gleichen Virtuosität und jugendlichen Beweglichkeit Teller jonglierte, rülpste und im Handstand weglief, als wäre er nicht schon auf die Sechzig zugegangen.

Es gibt noch ein anderes absichtlich (mit dem Mund) hervorgebrachtes Geräusch. Es ist der *pernacchio* oder die *pernacchia*. (Wie so oft, ist der Italiener flexibel. Dem Deutschen bereitet es fast körperliches Unbehagen, wenn ein Wort wie Dschungel verschiedene Artikel haben kann.) Das Wörterbuch der italienischen Sprache (Devoto-Oli) erklärt, was ein *pernacchio* ist: Ein geräuschvoller und vulgärer Akt der Verspottung, der ausgeführt wird, indem man einen starken Luftstrom zwischen den gepreßten Lippen ausstößt (aus dem Lateinischen *vernacula*).

Vernaculum war bei den Römern das, was mit Haushalt und Sklaven zu tun hat, das Volkstümliche, Gewöhnliche, Ordinäre. Neapolitanische Schriftsteller und Dialektwörterbücher widmen der *pernacchia* ganze Abhandlungen, wie sie in verschiedenen Varianten, mit vorgehaltener Hand oder ohne, mit verschiedenen Fingerstellungen, freundschaftlich sanft oder resolut beleidigend produziert werden kann.

Weil aber niemand, wenn er einen *pernacchio* hört, das Geräusch im Italienisch-Wörterbuch nachschlagen kann, gehört es zu einem anderen Italienisch. Und das ist ein anderes Kapitel.

---

1   Soviel wie Zungenbrecher, nur viel weniger angriffslustig. Wörtlich übersetzt ist es nämlich ein Zungen*löser*: So friedfertig und menschenfreundlich ist das Italienische.

Das andere Italienisch

Nirgendwo wiegt der Irrtum, daß die Sprache etwas sei, was ausschließlich mit dem Mund hervorgebracht wird, so schwer wie in Italien. Der Italiener spricht, wie die anderen Mittelmeeranrainer auch, mit dem ganzen Körper. Wenn irgendwo die Unzulänglichkeit des alten Dampfradios und des Telefons besonders stark empfunden wird, dann hier. Nicht umsonst ist die *SIP* mit ihrem rückständigen Telefonnetz dabei, den zweiten Schritt vor dem ersten zu tun und bereits die integrierten Datenübertragungsnetze der Zukunft aufzubauen, die irgendwann einmal das Bildschirmtelefon ermöglichen werden.

Italien ist gewiß das Land, wo sich das Fernsehtelefon am raschesten durchsetzen wird. Sichtbar muß der Sprecher sein. Das erklärt die Beliebtheit jener Showsendungen des Fernsehens, in denen die Zuschauer den Moderator anrufen können und dann sehen, wie er ihnen antwortet – ob sie ihm auch zuhören, ist eine andere Frage. In keinem anderen Land wird schon jetzt die Gegensprechanlage für die Haustür, das *citofono*, an Banken wie privaten Häusern so häufig mit dem Auge der Videokamera ausgestattet. Der körperlosen Stimme allein glaubt man nicht. Aussehen und Gesten, so meinen wohl unbewußt die meisten Italiener, können nicht trügen. So unrecht haben sie nicht. Desmond Morris hat beschrieben, welche unauffälligen, unbewußten Körpersignale verraten, was einer wirklich denkt.

Jene jiddischen Witze des vorigen Jahrhunderts, in denen die deutschen assimilierten Juden ihre orientalischen Vettern aufs Korn nahmen, würden – *cum grano salis* – nicht anders den Unterschied zwischen deutscher Gestenarmut und italienischer Körpersprache beschreiben:

»Wie wär's mit einem gemeinsamen Abendessen und einem romantischen Spaziergang nachher?« fragt der Pappagallo am Strand die blonde Schönheit, bei der er eine gewisse Geneigtheit vermutet, seinen Avancen nachzugeben.

»Gehen wir lieber ins Wasser,« antwortet sie, »damit die Leute nicht *sehen,* wovon wir reden.«

Eine boshafte, bestimmt nicht stichhaltige Antwort auf die Frage nach dem Unterschied zwischen einem Gasthaus und einer Trattoria: Im Gasthaus sieht man die Leute essen und hört sie sprechen, in der Trattoria sieht man sie sprechen und hört ... – doch das ist nicht wahr.

Ein witziger Gemüseverkäufer entgegnete mir jedenfalls auf eine Frage: »Ich kann Ihnen im Augenblick nichts sagen, Sie sehen ja, ich habe beide Hände voll.« Die Logik der Antwort leuchtet sofort ein, wenn Sie sehen, wie italienische Autoinsassen miteinander plaudern. Sie werden die Virtuosität italienischer Autofahrer bewundern, die am Steuer reden und trotzdem (!) gleichzeitig (!!) lenken können.

Hängt es (auch) damit zusammen, daß so viele berühmte Dirigenten Italiener sind? Beim Dirigieren kommt es doch – abgesehen von den technischen Voraussetzungen wie dem Lesen einer Partitur, dem guten Gehör und dem Gefühl für Rhythmus – vor allem darauf an, durch Gesten und Mimik den Orchestermusikern, allenfalls noch Opernsängern und einem Chor so überzeugend wie möglich Lautstärke und Tempo zu vermitteln und wann sie mit welcher Intensität einzusetzen haben. Ihnen seine Anweisung zurufen? Das geht nicht, obwohl viele Dirigenten und Pianisten in der Hitze des musikalischen Gefechts ihre körperliche Tätigkeit mit Singen oder unartikuliertem Brummen begleiten. Es ist die Umkehrung der Rangordnung zwischen der Sprache und ihrer sinnlicheren Schwester, der Gebärde. Gewöhnlich begleitet diese die abstraktere Sprache der Wörter und unterstützt die Stimme als Gefühlsträger.

Da ist Körpersprache noch am unverfänglichsten. Ein Teil der Gesten und der Mimik hat keine eigene genaue Bedeutung. Es sind Unterstreichungen, Anführungszeichen, Ausrufezeichen, in die Luft gemalte Pünktchen des unvollendet gelassenen Satzes. Eine Art Kurbelbewegung scheint zu sagen »undsoweiter, undsoweiter«, als wollte der Sprecher eine imaginäre handbetriebene Gebetsmühle schwenken, die für ihn stumme Segenswünsche leiert.

Die energische Hervorhebung, sozusagen der Fettdruck der Gebärdensprache, wird von Herbert Rosendorfer anschaulich beschrieben, als »Auf- und Abfahren mit der im Gelenk stark angewinkelten Hand an einem imaginären Brett in Körpernähe, oder jene Geste, die fast stets das Wort *dunque* begleitet: Aus Daumen und Zeigefinger wird ein Ring gebildet, mit dem rasch und entschlossen eine unsichtbare Stange etwas seitlich des Körpers (in selteneren, aber desto wirksameren Fällen unmittelbar vor der Körpermitte) von oben nach unten gerieben wird, wobei die drei anderen Finger (manchmal nur der kleine Finger) weggestreckt werden.«

Schwieriger wird es schon, wenn die Geste das Wort nicht unterstreichen, sondern ersetzen soll. Der Dirigent befindet sich da kommunikationstechnisch in einer ähnlichen Lage wie ein neapolitanischer Fischer oder ein Hirt im Gebirge. Er soll wortlos über größere Entfernungen eine direkt verständliche Mitteilung machen.

Hirten auf der kanarischen Insel Gomera haben die inzwischen fast ausgestorbene Pfeifsprache des *Silbo* entwickelt, mit der sie sich über Schluchten und Täler hinweg verständigten. Bei den Dirigenten hat sich das *Silbo* begreiflicherweise nicht so recht durchgesetzt. Sie haben, wie die Fischer bei ihrer Verständigung von einem Boot zum andern, die Körpersprache, unser aller tierisches Erbteil, verfeinert, rationalisiert und in den Dienst präziser Mitteilungen gestellt.

Auf der Bahnstation von Lecce in Apulien, wo die Bahnlinie zum italienischen Stiefelabsatz endet, setzt sich pfeifend der Zug in Bewegung. Unverständliche Lautsprecheransagen quäken, Kinder brüllen, auf dem Bahnsteig ist die ganze Großfamilie versammelt, denn der Zug fährt in den hohen Norden, ins Veneto, wo der junge Mann in Turnschuhen und mit Plastikreisetasche seinen einjährigen Wehrdienst wird ableisten müssen. Die *mamma* hat noch viel zu sagen, im letzten Moment. Verkühl dich nicht, sagt sie, da oben ist es kalt, zieh dich immer gut an, und wenn du Hunger hast, iß die eingelegten *pomodori* und die Wurst, und wenn du ankommst, telefoniere uns, und schreib bald, wie es beim Militär geht, und laß es dir gut gehn, und ... – Es klingt unwahrscheinlich: Das sagt die *mamma* nur mit Gebärden, unterstützt von ein paar stummen Lippenbewegungen. Hören kann ihr Liebling im allgemeinen Tohuwabohu nichts, verstanden hat er alles.

Natürlich werden Sie nicht erwarten, im Blitzkurs auf das Niveau solcher Kunst zu gelangen. Halten Sie den Ausdruck »Kunst« für übertrieben? Ein Signor Bonifacio veröffentlichte 1616 in Vicenza ein Buch mit dem schönen Titel *Die Kunst der Gebärden, mit welcher man eine sichtbare Sprache hervorbringt, maßen es sich um stumme Beredsamkeit handelt, als welche nichts anderes ist denn ein beredtes Schweigen*[1]. Seither erschienen durch drei Jahrhunderte Bücher über die sizilianische, die neapolitanische, die venezianische Gestensprache. Italienische Kinder nehmen diese Kunst mit der Muttermilch auf, bevor sie lesen können. Beschränken wir uns auf das Wichtigste und Wuchtigste von dem, was Gesten und Gebärden sagen können – und was Sie unter gar keinen Umständen sagen sollten.

Einen primitiven, geradezu armseligen Grundwortschatz an Gebärden, verglichen mit dem italienischen, hat natürlich selbst der Mitteleuropäer. Schon da zeigen sich deutliche Unterschiede. Ein Italiener erkennt Sie sofort als Ausländer, auch wenn Sie sich in der Via Montenapoleone mit Mailänder Eleganz eingekleidet haben und kein Wort gesprochen haben. Wollen Sie zum Beispiel in Deutschland jemand herbeiholen, machen Sie je nachdem mit den Fingern, der ganzen Hand, auf größere Distanz schließlich mit dem ganzen Unterarm eine winkende Bewegung, wobei die Handfläche nach oben, zum Winkenden gerichtet ist. Der Italiener wird das meistens als Gruß begreifen.

Er grüßt zurück. Entweder mit der gleichen Geste, oder er schüttelt die offene Handfläche, die zum andern zeigt, hin und her. (Sind die Finger geschlossen und die Schüttelbewegungen kurz und heftig, heißt es nicht *Ciao!*, sondern *No!* oder »Nicht näherkommen!«.) Zum Herbeiwinken hingegen wendet der Italiener die Handfläche nach unten. Er vollführt eine Geste, die der Deutsche, wenn sie sehr energisch ist, als »Runter, marsch, marsch!« deuten könnte oder als Aufforderung: »In die Knie!«, und kopfschüttelnd fragt er sich: Was will denn der? Vielleicht versteht er das als grüßendes Winken – dann beantwortet er es in der gleichen Weise, auf und ab.

Ergebnis: Aufforderungen zum Näherkommen, oft ein wichtiges Kontaktsignal bei Verständigungsschwierigkeiten, werden beiderseits nicht begriffen. Beiderseits denkt der Winker, der andere sei beschränkt oder ein Dickschädel. Umgekehrt: Kaum haben Sie gelernt, daß der Italiener Sie mit der Handfläche nach unten herbeizuwinken pflegt, laufen Sie Gefahr, das mit dem entgegengesetzten Zeichen zu verwechseln. Die offene Hand, in derselben Haltung, schnellt in Schleuderbewegungen aus dem Handgelenk vom Körper fort. Das heißt dann: »Raus mit dir! Weg! Das ist nichts für dich!«

Wenn mit den Fingern gezählt wird, bedeutet der hochgereckte Daumen mit den geschlossenen anderen Fingern auf amerikanisch *okay*, auf deutsch »eins«. Auf italienisch ebenfalls – doch nur, wenn weitergezählt wird. Sonst ist *uno* der hochgereckte Zeigefinger, Handrücken zum Zuhörer. Mit dem Handrücken mehr zum Sprecher gedreht, ist der Zeigefinger dagegen ein »Achtung«-Zeichen. Beide Zeigefinger – die restlichen Finger sind zu Fäusten geballt, die Handrücken zeigen nach oben – werden vorgestreckt und mehrmals aufeinander zu bewegt: Da haben sie mit Ziffern gar nichts mehr zu tun. Jetzt bedeuten sie, zwei sind *pappa e ciccia* (Brei und Fleisch), das heißt, ein Herz und eine Seele, sie stecken unter einer Decke.

Macht der Zeigefinger der geschlossenen Hand eine drehend-bohrende Bewegung gegen die Wange, dann heißt das: Mmm, schmeckt himmlisch. Sollte sich ein Portugiese von den Azoren nach Neapel verirren, drückt er das auf eine Weise aus, die ihn gefährlichen Mißverständnissen aussetzt:

Der Azoreaner sagt »Mmm! Guut!«, indem er das Ohrläppchen faßt und mehrmals leicht daran zieht – der neapolitanische Koch würde das schmeichelhafte Kompliment als schrecklichen Angriff auf seine Manneswürde auffassen. Am Fuß des Vesuv ist das die Gebärde für einen Homosexuellen. Dreht der Zeigefinger dagegen an der Schläfe oder an der Stirn, versteht das der deutsche Autofahrer ziemlich richtig: Ihm wird ironisch der Vogel gezeigt.

Wenn wir schon bei den Beleidigungen sind – es gibt zwar davon eine unübersehbare Menge, zum Teil vulgärer Art, doch keine ist so wirksam und deswegen so gefährlich (für den, der sie ausführt) wie *le corna*, die Hörner. Dabei hängt es nur von einer winzigen Nuance ab, ob aus der Beleidigung nicht ein abergläubischer Segenswunsch wird, ein *scongiuro* zum Bannen des Bösen, wie etwa bei uns das Klopfen auf Holz. Diese Banngeste hat übrigens wieder ein Pendant in Italien: Sie müssen Eisen anfassen oder das, was männlich ist am Mann – Emanzipation und Chancengleichheit hat man früher bei der Dämonenabwehr wohl nicht ausreichend bedacht. Nicht jede hat immer das Geeignete zur Hand. Notfalls genügt statt Metall auch ein Geistlicher. Die Hörner werden von der geballten Faust gebildet, aus der Zeigefinger und kleiner Finger gerade ausgestreckt werden – ein stilisiertes Gehörn. Wird es mehrmals nach unten gestoßen, dahin, wo die Dämonen hausen, in die Unterwelt, ist es die glückbringende Gebärde. Sollte Ihnen der Teufel oder ein böser Geist begegnen, können Sie die *corna* auch gegen denselben, also vorwärts stoßen, zur größeren Sicherheit vielleicht mit beiden Händen. Steht das Gehörn hingegen nach oben, meint es den Gehörnten, den Hahnrei. Wehe! Die Ehre des Mannes ist tödlich verletzt, sogar wenn er nicht verheiratet ist. Klappen Sie in der beidhändigen Version die beiden Zeigefinger ein und halten die Fäuste benachbart, bilden die beiden kleinen Finger ein Supergehörn, in Cinemascope sozusagen. Auch ohne diese Steigerung können Sie bei Süditalienern mit der unscheinbaren Geste ohne Aufwand Tobsuchtsanfälle und Prügeleien hervorrufen. Im Verkehr, dem auf der Straße, provozieren Sie wilde Verfolgungsjagden und Ramm-Manöver, wenn der Gehörnte symbolisch und ersatzweise mit dem Automobil zustößt statt mit dem ihm zugeschriebenen Kopfschmuck. In Sizilien ist nicht auszuschließen, daß er die Beleidigung mit einem gezielten Pistolenschuß aus der Welt schafft. Wohlgemerkt: Er wird nicht auf sich schießen, sondern auf Sie. Also benutzen Sie diese Geste trotz ihres hohen kulturhistorischen Denkmalwerts nicht.

Es geht dabei nicht um die Ehre der Frau. In der Patriarchenwelt hat die Frau keine besondere Ehre, sie ist lediglich deren »Trägerin«, etwa wie das glänzend polierte Auto. Das Thema wird in den mediterranen Gesellschaften noch heute für so wichtig gehalten, daß in Palermo – wo denn sonst? – 1987 ein Kongreß von Juristen und Anthropologen über das Thema »Ehre und Geschichte« stattfand. Wo unter anderem Giovanni Raffaele (Universität von Messina) die Erkenntnis vortrug, daß unter einfachen Leuten in Palermo die schlimmste Beleidigung lautet: *Cornuto e sbirro!* Etwa: »Hahnrei und Bulle!« *Lo sbirro*, früher der Häscher, ist heute der verächtlichste Ausdruck für Polizist oder Polizeispitzel. Am 1. Januar 1980 hat einer wegen dieser beiden Worte seinen Freund umgebracht.

Zwischen der Unterstreichung der Rede, der wortlosen normalen Geste (einhändig) und ihrer beidhändigen Verstärkung gibt es fließende Übergänge. Die häufigste Fragegeste sieht so aus: Die Hand ist geformt, als wollten Sie mit allen Fingern ein paar Brösel von der Tischplatte aufnehmen, jedoch die Fingerspitzen zeigen nach oben, der Handrücken zum Gegenüber. Lockere Auf- und Abbewegung heißt ungefähr: Aber was wollen Sie denn von mir? Mit beiden Händen: Was zum Teufel willst du überhaupt, du Nervensäge? Kann auch heißen: Warum, verdammt, habe ich mich nur darauf einlassen müssen? Es hängt alles vom Kontext ab.

Es folgt unter Umständen sofort darauf die Geste, mit der lästige Ermahnungen oder Gedanken abzuschütteln sind oder entsetzliche Langeweile ausgedrückt wird: Sie halten die Unterarme auf Brusthöhe angehoben, ungefähr wie ein

Tanzbär, lassen die Hände locker hängen und schütteln sie leicht (wie eine Frau, die den Nagellack schneller trocknen lassen will). Vielleicht noch ein leicht angewiderter Gesichtsausdruck dazu, will sagen: Mein Gott, was geht mir das alles auf die Nerven! Die Geste nur mit einer Hand, dazu die Lippen geleckt, und Sie sagen etwas völlig anderes: Wie gut das schmeckt!

Natürlich gibt es Dialektunterschiede auch bei den Gesten. Über die Regionsgrenzen hinweg verständlich ist die verletzende Bekundung der restlosen und vollständigen Gleichgültigkeit: Sie heben den Kopf etwas und stülpen die Unterlippe vor. Sie greifen mit einem oder zwei Fingern, oder der ganzen Hand (Finger aneinandergelegt, Handrücken nach vorn) an den Hals, als wollten Sie sich da kratzen oder den Hemdkragen lockern, und streichen mit ihr schwungvoll unter dem Kinn hervor, in einer Art Rasierbewegung, auf das Gegenüber zu. So sagen Sie *Me ne sbatto!* oder *Me ne frego!* – es ist Ihnen piepegal, wurscht, Sie pfeifen darauf. Wie wichtig dieser Satz ist, erkennen Sie an der Wortbildung *menefreghismo*. Das ist keine politische Ideologie. Es ist eher ihre Abwesenheit, eine negative Lebensphilosophie, weit verbreitet und beklagt: der Verzicht darauf, sich zu engagieren, die Wurstigkeit als Gesellschaftsform.

Der Beamte sieht Sie, plaudert mit dem Kollegen und läßt Sie warten – *menefreghismo*. Der Handwerker hat so getan, als hätte er etwas repariert, und es funktioniert natürlich noch immer nicht – *menefreghismo*. Sie haben es eilig (ein schwerer Fehler, nebenbei!), und der Taxifahrer fährt auf dem freien Flughafenzubringer unerschütterlich mit dreißig – *menefreghismo*. Der Verkehr stockt, Autos in dritter Spur geparkt, Hupkonzert, Streit, Aufregung – der Polizist schaut interessiert in eine andere Richtung, weil er sonst amtshandeln müßte: *menefreghismo*. Sie rufen zu normaler Bürozeit ein Amt an, und nicht einmal die Zentrale meldet sich: *menefreghismo*, gesteigert zum *assenteismo*, der Abwesenheitskrankheit, die zeitweise in Ämtern grassiert. *Menefreghismo* ist der Fels der Resignation in der Brandung der Widerwärtigkeiten des Lebens. Der *menefreghista* sagt: Mir ist alles gleich. Mir kann keiner. Mich können sie alle.

Das wichtigste wortlose Verständigungsmittel ist auch eine Waffe gegen den *menefreghista*. Sie brauchen es in vielen Situationen, offiziellen und privaten. Sie beherrschen es ohne spezielle Unterweisung in Gebärdensprache und Mimik. Es ist das Lächeln. Wie kein anderes Mittel trägt es in gespannter Atmosphäre dazu bei, erstens das Klima zu verbessern, zweitens das Gesicht zu wahren. Und Ihre Nerven zu schonen, besonders wenn der *menefreghista* eine sadistische Begabung hat. Wer die Geduld verliert, unbeherrscht brüllt, seine Meinung laut und feindselig sagt, mag hundertmal recht haben. *Ha perso la faccia* oder: *Ha fatto brutta figura* – er hat die Fassung, das Gesicht, die Wertschätzung der anderen verloren. Und somit hat er unrecht. Er wird nicht mehr ernst genommen.

Nach unseren Maßstäben wäre für die reichliche Gestikulation ein gewisser Sicherheitsabstand nötig. Trotzdem gehört zur südlichen Sprechweise eine größere Nähe der Gesprächspartner, als sie im Norden üblich ist. Das führt fast zwangsläufig zu Mißverständnissen. Als Kinder erlernen wir die Körpersprache des Kulturkreises, in dem wir aufwachsen, wenden sie automatisch an und reagieren auch instinktiv darauf. Der Skandinavier fühlt sich unbehaglich, wenn sein italienischer Bekannter den ihm gewohnten Abstand weit unterschreitet, und weicht zurück. Der Italiener wiederum merkt instinktiv eine Ablehnung, bezieht sie aber auf seine Person oder den Inhalt des Gesagten. Also legt er begütigend seine Hand auf den Arm des Gegenübers, was der Nordeuropäer irrigerweise als Aufdringlichkeit deutet. Der Italiener hängt sich vielleicht vertraulich bei ihm ein. Für den peinlich berührten Nordeuropäer ist das bereits ein Zeichen größerer Intimität. Der Italiener legt ihm nun gar den Arm auf den Rücken oder um die Schulter. Er will ihn bloß ohne Gesprächsunterbrechung, sozusagen gestisch, an die Bar dirigieren, um ihn auf einen *caffè* einzuladen – ein unverbindlicher Akt der Höflichkeit. Jetzt fühlt sich der Wikinger umzingelt und gerät in Panik. Was hat er nur getan, denkt er, um eine erotische Attacke herausgefordert zu haben?

Dabei sprechen beide bloß verschiedene Gebärdensprachen. Dasselbe gilt für die Lautstärke, das Sprechtempo, die Emphase. Wenn Sie zwei Neapolitaner sehen, die den Eindruck machen, als wollten sie einander gleich prügeln, diskutieren sie wahrscheinlich nur freundschaftlich darüber, ob der Trainer von *Napoli* beim nächsten Meisterschaftsspiel Diego Maradona einsetzen wird oder nicht. Fernsehübertragungen aus dem Parlament wirken auf Ausländer – besonders wenn sie die Sprache nicht verstehen – wie ein Theaterstück aus revolutionär-aufgeregten Zeiten.

Die sichtbare Sprache geht von der vagen Geste zur Gebärde, deren Bedeutung wie die ältesten chinesischen Schriftzeichen vom Gegenstand abgeleitet ist. Sie schlagen mit der Daumenkante der flach gehaltenen Hand gegen den Magen: Hunger! Sie formen die eine Hand zur Was-willst-du-Geste und bewegen sie gegen den Mund, die andere Hand liegt auf dem Bauch: Gehen wir was essen! Die eine Hand in Kopfhöhe, Faust, Daumen und kleiner Finger zur Spanne gestreckt, formt einen imaginären Telefonhörer, die andere dreht an der gedachten Wählscheibe: Wir telefonieren noch! Ich rufe dich an.

Von der handfesten Mitteilung können Gebärden, ganz wie Wörter, zur bildlichen übergehen, eine übertragene Bedeutung bekommen. Sie ziehen mit dem Zeigefinger das untere Augenlid etwas hinunter: *Occhio!* – Auge. Das bedeutet: Aufgepaßt! Sie streifen die Hände aneinander ab, befreien sie von unsichtbarem Staub: So, das wäre erledigt! Eine müde lockere Bewegung, halb als wollten Sie sich Luft zufächeln, halb als wollten Sie etwas über die Schulter hinter sich werfen: Aber das liegt sooo weit zurück, das ist schon gar nicht mehr wahr! Der Daumen Ihrer Faust macht, als wäre er ein Messer, mit kurzem Ruck einen imaginären lotrechten Schnitt über Ihre Backe: *E' un dritto!* – So ein Schlauberger! (*dritto* bedeutet zunächst gradlinig, ordentlich, und dann das Gegenteil – wie wir sagen: Das hat uns gerade noch gefehlt!, wenn wir etwas gern entbehren könnten.)

Von der Metapher schreitet die Gebärde schließlich fort zum handfesten Zwick, wollte sagen Zweck. Es handelt sich um den *pizzicotto,* das berühmte Kneifen in die Backe, die obere oder die hintere, je nach Alter und Geschlecht der gezwickten Person. Das liebevolle Kneifen der Wange ist nur dem in der Freundschafts- oder Familienhierarchie Höherstehenden erlaubt. Der Onkel zwickt den halbwüchsigen Neffen, der Lehrer anerkennend den Grundschüler. Dem Zwick zur Begrüßung entspricht eine rauh-herzliche Kopfnuß zum Abschied. Genauso drückt(e) der Kniff in den Po als grob-erotisches Kompliment die Unterlegenheit und Untergebenheit der Gezwickten aus. In seinem satirischen Buch *How to be an Italian,* erschienen in Los Angeles, beschrieb D'Angelo den *pizzicotto* als alltäglichen Gebrauch, anzuwenden bei hübschen Mädchen, entwirft eine ironische Parallele zum *Kama Sutram,* das *Kama Pizza,* und erklärt, wie man sich vom *pizzicato* über das *vivace* zum *sostenuto* steigert. Er hat damit Fürchterliches angerichtet. Amerikaner verstehen keine Ironie. (Italiener übrigens auch nicht immer, was nach manchen ironischen Bemerkungen die rituelle Reinigungsformel verlangt: *Ma sto scherzando!*) Es gibt keine Statistik, wie viele Amerikaner, die die Anleitung für bare Münze genommen haben, von temperamentvollen Römerinnen Ohrfeigen bezogen und an Italien irre wurden, und wie viele Amerikanerinnen, niemals gezwickt, am eigenen Sex-Appeal zweifelten. Ist es mit *amore* doch nicht so, wie man sich das im Ausland vorstellt?

1   Bonifacio G.: *L'arte dei cenni con la quale formandosi favella visibile, si tratta di muta eloquenza, che non è altro che un facondo silentio,* Vicenza 1616.

Amore, Famiglia, Bambini

Am Anfang war alles ganz einfach. Gott schuf Himmel und Erde, und schließlich erschuf er aus der Rippe des Mannes die Frau mit Hinterbacken, in welche der Mann die Frau hie und da zwickte, wenigstens in Italien. Und beide waren katholisch. Und es war gut so. Und damit alles so blieb, schloß das Königreich 1929 ein Konkordat, in dem festgelegt wurde, daß die katholische die Staatsreligion sein solle. Und die Frau war dem Manne untertan, nach dem Bibelwort, aber nur bis zum 18. Februar 1982, als die italienische Republik ein neues Konkordat schloß, das den geänderten Verhältnissen Rechnung trug.

Zu den geänderten Verhältnissen gehörte, daß schon elf Jahre früher ein neues Gesetz (1. Dezember 1970) die Scheidung sowohl der Zivilehe wie der vielfach noch an ihrer Statt geschlossenen kirchlichen Ehe (mit zivilrechtlicher Wirkung) zuließ. Damit war die frühere Scheidung *all'italiana* mit der Waffe in der Hand überflüssig geworden. Auch die Vermißtenmeldungen gingen etwas zurück. Daß der Ehepartner einen Reisepaßantrag mitunterschreiben muß, gilt noch immer: Das soll das Verschwinden des andern mit den gemeinsamen Kindern in ein fernes Land verhindern. Die Vorschrift hat nichts mit patriarchalischen Traditionen zu tun, sondern gilt symmetrisch. Ein anderes Zeichen erfreulicher, obzwar nur scheinbarer Gleichberechtigung ist seit 1983, daß die verheiratete Frau ihren Mädchennamen behält. Ausländer, die bei einem Ehepaar (und logischerweise bei Mutter und Kind) einen gemeinsamen Familiennamen erwarten, werden in Verwirrung gestürzt; es kann zu komödienhaften Mißverständnissen kommen.

Wo man doch weiß: Die Italiener haben nur das eine im

Kopf. Erkennbar an den unflätigen Wörtern, die sie dauernd im Mund führen. Mit der Moral nehmen sie es nicht so genau. Ganze Scharen von *pappagalli*[1] fallen als sexuell ausgehungerte Heuschrecken über die Mädchen her, denn dank den strengen Sitten können sie bei den italienischen Mädchen nicht landen. Beide Geschlechter sind so temperamentvoll wie erotisch potent und eifersüchtig. Gina Lollobrigida war das Sexsymbol einer Generation.

Die Schwierigkeit dabei: Die Vorurteile sind alle zugleich ein bißchen wahr und ein bißchen sehr falsch. Sie betreffen Unvereinbares: ganz verschiedene Umstände, verschiedene Regionen, verschiedene Altersstufen und Bildungsgrade. »Der« Italiener eignet sich entschieden weniger als andere Nationalitäten zum Objekt einer Durchschnittsberechnung. So wenig wie der Mann, der den linken Fuß in flüssigen Sauerstoff, den rechten in flüssiges Lötzinn steckt: Die Statistiker würden von ihm trotzdem behaupten, seine Füße befänden sich in einer durchschnittlich angenehm temperierten Umgebung von 33 Grad. Warum er denn klage? Mentalitätsunterschiede zwischen Italien und Italien machen Lichtjahre aus.

Jeder weiß: Selbst in den freiesten Ländern gibt es Tabus. Da es auch eine Tabuverletzung sein kann, eine begangene Tabuverletzung auszusprechen, gibt es eine doppelte Moral. Es gibt Dinge, die geschehen, aber – pfui – wer wird darüber reden? So bedient sich fast jeder bei seiner Rechenschaft vor anderen der einheimischen Erfindung der mehrfachen Buchführung. Die eine Wahrheit wird in mindestens zwei relative Wahrheiten aufgespalten. Als Italien noch streng katholisch war, nach dem alten Konkordat, gab es zwar die Scheidung nicht. Verschiedene legale, halblegale und illegale Möglichkeiten gab es dann eigentlich doch, Ehefrau oder Ehemann loszuwerden. Die geschickte Umgehung der Probleme, das Improvisationstalent, die Erfindungsgabe kannten im wahrsten Sinn des Wortes keine Grenzen. Die exemplarische Geschichte von Sophia Loren und Carlo Ponti ist so phantastisch wie ein Roman von Italo Calvino: der Versuch, eine bestehende Ehe von der *Sacra Rota* nach kanonischem Recht annullieren zu lassen, Trauung im Ausland, eine Anklage wegen Bigamie, Wechsel der Nationalität, Verhaftung bei der Einreise nach vielen Jahren.

Heute ist das einfacher. Doch noch immer hat mancher eine wirkliche Ehefrau, die juristisch und steuerlich relevant ist, eine offizielle Gefährtin, die in der Gesellschaft als Ehegespons gilt, daneben womöglich noch »ganz« inoffizielle soziale Bindungen. Nur ein bißchen Übertreibung ist dabei, wenn analog behauptet wird, südlich der Alpen benötige ein Unternehmen verschiedene Bilanzen gleichzeitig. Die herzzerreißende für den Fiskus. Die bedingt hoffnungsvolle für Subventionsansuchen oder Antrag auf Kurzarbeit (damit die Arbeiter den Lohnausgleich von der *Cassa integrazione* kassieren können). Die rosige mit Goldrand für die Aktionäre. Die solid pessimistische für die Abwehr von Gewerkschaftsforderungen. Die ganz ehrliche streng geheim, nur der Firmenleitung bekannt.

Vor dreißig Jahren, 1957, hatte die christdemokratische Abgeordnete Maria Merlin versucht, die doppelte Moral zu heben. Vielleicht wurde sie gehoben, wir wissen es nicht. Doppelt blieb sie. Maria Merlin beantragte ein Gesetz, das eine Tabu-Kausalkette schmieden sollte: Was verboten ist, gibt es nicht; was es nicht gibt, kann keine Schwierigkeiten erzeugen. Das Gesetz Merlin hat die (staatlich kontrollierten) Freudenhäuser aufgehoben und verboten. Da es keine Geschäftslokale mehr gab, gab es kein Geschäft mit der Liebe mehr. Die laut Gesetz nicht mehr existierenden Prostituierten bedurften naturgemäß keiner Gesundheitsüberwachung. Erstaunlicherweise bleibt die Statistik der Geschlechtskrankheiten trotzdem alarmierend. Das neue Immunschwächevirus verbessert sie nicht. Während vordem Straßenmädchen und Animierdamen klare Absichten zeigten, gab es danach in gewissen Straßen »Spaziergängerinnen« mit ebenso deutlichen Absichten. Die Zeitungen sind voll von Anzeigen, die berufliche Kontakte mit einem Fotomodell, Massagen, Maniküre, Freundschaft mit Studentinnen, Mannequins und wohl auch mancher Hausfrau offerieren. Die kontaktarmen Damen inserieren in der Rubrik *Relazioni sociali*, soziale Beziehungen.

Die Toleranz in der Grauzone, die sie genießen, ist nur eine Seite der Medaille. Weit im Süden auf dem Stiefel ist zwar auch nicht die Moral, indes die starre Vorstellung, wie sie zu sein habe, noch intakt. Männer töten ihre eben Angetraute, weil sie glauben, an deren Jungfräulichkeit zweifeln zu müssen, oder sich selbst. Ein Mädchen, das sich allzu selbstbewußt und emanzipiert gibt, gerät schnell – zu Unrecht – in schlechten Ruf. »Sie war ja einverstanden«, lautet die stereotype Rechtfertigung nach Vergewaltigungen. Was eine unbefangene Touristin aus Nordeuropa als harmlosen Flirt ansehen mag, bedeutet für einen südlichen Mann je nach Herkommen und Erziehung vielleicht schon eine eindeutige Aufforderung. Tatsächlich endet das Mißverständnis nicht selten vor dem Richter. Der urteilt dann ungewöhnlich rasch und ungewöhnlich hart zugunsten der Ausländerin, unter zwei Voraussetzungen: Er hat nicht süditalienische Moralvorstellungen, und er weiß, wie sehr so ein Vorfall das Fremdenverkehrsland Italien in schiefes Licht tauchen kann.

Die patriarchalische Gesellschaft lebt in verschiedenen Entwicklungsstadien gleichzeitig. In ihr hat die Frau desto weniger Rechte, je weiter nach Süden man kommt. Ein neues Gesetz gegen geschlechtliche Gewalt wurde seit 1983 in Parteien, Verbänden und Ausschüssen diskutiert und über viele Hürden gebracht, einschließlich der Approbation in der Abgeordnetenkammer (Herbst 1984), nur um schließlich im Senat zu scheitern. Kommentar eines Glossenschreibers: Logisch. Das Risiko von Senatoren, vergewaltigt zu werden, ist gering. Senatoren sind vorwiegend Männer über sechzig.

Ohne daß es in Urteilsbegründungen vorkommt, gibt es in den südlichsten Regionen noch immer jenes Rechtsgut, das viel wert ist, die »Ehre«. In Sizilien wollte ein Bruder seine 13 Jahre alte Schwester auf den rechten Weg bringen und erschlug sie dabei. Es gebe Milderungsgründe, weil das Mädchen ein »flatterhaftes Leben geführt« und ihn »provoziert« habe, als es abends zu spät (um 20 Uhr) nach Hause kam, sagten die Richter – 1987, nicht 1887.

Für die Praxis des Nordens hat der Paragraph 528 des Strafgesetzbuchs (Verletzung des Schamgefühls in der Öffentlichkeit) nicht mehr die einstige Bedeutung. Allen Liberalen (und Libertins, natürlich) ist er längst ein Dorn im Auge. In den fünfziger Jahren verlangten Polizisten von Paaren, die sich in der Öffentlichkeit umarmten, den Nachweis, daß sie verheiratet seien (und zwar miteinander). In den sechziger Jahren gingen die Jugendlichen auf den Bahnhof, um sich zu küssen[2]. In den siebziger Jahren riskierten zur dankbaren Freude der Zeitungen in der Sommerflaute immer wieder Mädchen die Verhaftung, weil sie am Strand das Bikini-Oberteil fallen ließen.

Hier gilt wie auf anderen Gebieten: Strenge Gesetze sind in Kraft, werden aber nicht immer oder fast gar nicht angewandt – außer Sie legen es darauf an. Wer an einem übervölkerten Massenstrand der Adria alle Hüllen abstreift, erregt Ärgernis und braucht auf Ärger nicht lange zu warten. In Kalabrien oder Sizilien sind die Sitten noch strenger; das Baden oben ohne provoziert – neugierige Knaben, Männer, Mütter oder Polizisten. An Klippenküsten oder herbstlich einsamen Stränden haben Sie praktisch alle Freiheiten. Es ist wie beim Falschparken, Sie brauchen Ihr Fingerspitzengefühl. Eindeutig zweideutig ist die Auskunft des *Ministero del Turismo e dello Spettacolo*: Nudistenstrände gebe es zwar schon – offiziell gebe es sie nicht.

In den Achtzigern riskieren inzwischen, wenigstens in Großstädten, nicht die Gesetzesverletzer, sondern die Polizisten etwas: nämlich die Lächerlichkeit, sollten sie versuchen, eine leichtgeschürzte Dame wegen Verletzung des öffentlichen Schamgefühls zu verhaften. Wer abends im Auto über eine der großen Alleen Roms oder Mailands fährt, bekommt Mitleid mit den wetterharten Freudenmädchen und -knaben aller Art und aller Hautfarben, die selbst im April-Schneegestöber auf Freier warten und in allen Bedeutungen des Wortes im Freien stehen. Das allgemeine Schamgefühl hat sich erheblich geändert. Eine Industrie profitiert davon, wie anderswo. Pornozeitschriften aller Art werden überall an den Kiosken frei verkauft, private Fernsehkanäle zeigen keine einschlägigen Filme mehr, sondern werben für deren Verkauf und Verleih.

Ein Wort noch zur richtigen Hülle. Da es unter Touristen nicht wenige Barbaren gibt, die in der Ausnahmesituation des Urlaubs auch Urlaub von Rücksichten auf die Empfindlichkeit anderer nehmen, sind überempfindliche Reaktionen nicht verwunderlich. Gutbürgerliche Restaurants in Meeresnähe, die ihren gepflegten Speisesaal von halbnackten Horden in Badehosen überschwemmt sehen, werden sich verbarrikadieren. Ab einer gewissen Grenze ist die Würde wichtiger als die *deutschmark*. (Nur sehr wenige, besonders vornehme Etablissements bestehen auf Anzug und Krawatte.)

Noch allergischer reagieren Geistliche und Gläubige auf die Verletzung selbstverständlicher Anstandsregeln in der Kirche. Was selbstverständlich ist, bestimmt der Hausherr. Pfarrer und Mesner sind es, die festlegen, daß der liebe Gott den Anblick nackter Schultern oder braungebrannter Oberschenkel nicht erträgt. Die Empfindlichkeit nimmt nach Süden zu. Wer im unerschütterlichen (und intoleranten) Glauben an die Überlegenheit der eigenen, toleranteren Anstandsregeln von einem abruzzischen Dorfpfarrer Toleranz fordert, trägt wenig zur internationalen Verständigung bei. Umgekehrt wird ein Paar Stiefel daraus. Mit dem Respekt vor lokalen Gepflogenheiten, die Ihnen lächerlich vorkommen mögen, bekunden Sie Respekt vor den Menschen des Gastlandes, erwerben selber Respekt und das, was Ihnen als Reisendem gut zupaß kommt: Sympathie. Der Vorwurf, man sei *maleducato*, schlecht erzogen, ist eine schwere Beleidigung.

Wie schwierig, beinahe unmöglich es ist, auch nur die simpelsten Verallgemeinerungen zu versuchen, zeigt jede kirchliche Trauung. Auch mancher gestandene Atheist legt auf sie Wert – wenigstens um *figura* zu machen. Die rechte *figura* hat eben noch immer einen katholischen Heiligenschein. Giovanni Guareschi hat in *Don Camillo und Peppone* schadenfroh den Typ des italienischen Laizisten gezeichnet: Bei Peppone kommt unter der antiklerikalen

Tünche rasch der in der Wolle gefärbte Katholik zum Vorschein. Die Schadenfreude war voreilig, er hat nicht tief genug gekratzt. Dann nämlich hätte er schon bei einer Trauung, wenn der traditionelle Reis über das Brautpaar geworfen wird, merken können, daß im christlich gewandeten Adam noch der alte Heide steckt, der die *corna* zeigt, mit überkreuztem Zeige- und Mittelfinger die Dämonen abwehrt (und durch deren hinterrücksches Kreuzen den Schwur insgeheim ungültig macht), niemals auf der Hochzeitsreise und auch sonst im Hotelzimmer 17 übernachten würde, wo das doch Unglück bringt, während die 13, im Unterschied zum deutschen Sprachraum, eine außerordentliche Glückszahl ist.

Heidnisch ist auch das frenetische Hupen. Damit werden gleichfalls böse Geister vertrieben. Entweder vor einem Fußballspiel in Gestalt des nervös gemachten gegnerischen Libero oder nach der Trauung, wenn die wilde Jagd mit Bändern und Blumen an den Autos zum Hochzeitsmahl stiebt. Der Tourist in Italien tut übrigens gut daran, vor dem Cupspiel »seiner« Fußballmannschaft gegen eine italienische das Auto in eine Garage zu stellen. Italiener, die in Deutschland leben und ein Auto mit deutschem Kennzeichen fahren, ergreifen dieselbe Vorsichtsmaßnahme.

Wie katholisch, wie prüde ist das offizielle Italien? Die Antwort ist klar und unentschieden wie vieles in diesem Land. In England oder in den noch puritanischeren Vereinigten Staaten muß ein Politiker den Hut nehmen, wenn er den offiziellen Sittenkodex verletzt. Die Meinung, das mehr oder weniger geordnete Privatleben eines Staatsmannes beeinflusse seine politischen Fähigkeiten, hatte in den angelsächsischen Ländern schon öfter fatale Folgen. Berechtigt ist sie höchstens insoweit, als die *public opinion* ja nicht nach Sachverhalten, sondern nach dem Augenschein richtet. Wer geschickter heuchelt, ist sicher der geschicktere, obgleich nicht unbedingt der bessere Politiker.

Der Katholizismus ist die sinnenfrohere Religion. In Italien kümmert das Privat- und Sexualleben der Politiker, von raren Ausnahmen abgesehen, niemanden. Skandalluft weht eher dann, wenn jemand der Öffentlichkeit aufdrängt, was diese gar nicht wissen will. So hatte die Radikale Partei, eine Art linksliberaler Bürgerrechtspartei mit unbestimmtem Programm und der bestimmten Absicht zu provozieren, zu den Parlamentswahlen 1987 den Pornostar Ilona Staller auf einen sicheren Listenplatz gesetzt. Die Tochter eines ungarischen Funktionärs mit dem Künstlernamen *Cicciolina* war 1974 aus dem Land der Paprika in das Land der *peperoncini* emigriert und hat einen italienischen Paß. Sie stürzte die Feministinnen in tiefen Zwiespalt: Die sind zwar gegen Sexismus und Pornographie, aber ebenso gegen »patriarchalischen« Moralismus.

Die Wirklichkeit der italienischen Moral und ihrer Gesetze bietet dem Gast aus einem »normalen« Land eine grundsätzliche Verständnisschwierigkeit. Anderswo keucht das Gesetz hinter der sich wandelnden Wirklichkeit her, während es ihr in Italien vorausläuft. Die moderne Verfassung von 1948 formuliert moralische Normen, die durchaus noch nicht gleichermaßen vom allgemeinen Bewußtsein akzeptiert sind. Jeder weiß zum Beispiel: Heilig ist die Familie. Eben wie die Verfassung im Artikel 29 erklärt: »Die Republik erkennt die Rechte der Familie als einer natürlichen Gesellschaft an, die auf die Ehe gegründet ist.« Die Verfassung will jedoch auch: »Die Ehe beruht auf der moralischen und rechtlichen Gleichstellung der Ehepartner.«

Wie Sie sich nach all den bisher erwähnten Unterschieden zwischen Theorie und Praxis denken können, klafft auch hier einer. Für einen Mailänder so fremd wie für Sie ist der in Sizilien noch vorkommende, auf die Antike zurückgehende wilde Brauch, die Ehe durch Frauenraub (nur im harmloseren Fall Verführung) zu erzwingen. Ludovico Corrao, der Bürgermeister des Städtchens Gibellina, hat nicht nur ein Festival und ein Museum moderner Kunst in seiner wiederaufgebauten Stadt ins Leben gerufen, sondern auch in einem Prozeß von historischer Bedeutung ein entführtes und vergewaltigtes Mädchen vertreten[3].

Der *Settentrione*, der Norden, hat das einst auch hier geltende Männlichkeitsideal des gewaltigen, gewalttätigen

Helden im Sinn der Industriegesellschaft abgewandelt. Hier springen Ferrari, Maserati, Lancia, Alfa Romeo, Fiat, MotoGuzzi und andere in die Bresche. Potenz- und Machtsymbole sind nicht mehr die Waffe in der Hand (dies höchstens in Sardinien) und die geraubte Frau, sondern deren beider technische Sublimation, das Auto, bei Jüngeren das Motorrad.

Beide haben noch nicht so ganz wie in Mitteleuropa die Entwicklung zum Gebrauchsgegenstand geschafft. Im Film *Zucchero, miele e peperoncino* (Zucker, Honig und Peperoni) verzerrt Sergio Martino die motorisierte Version des Männlichkeitskults ins Surreale: Der Komiker Renato Pozzetto spielt einen leidenschaftlichen römischen Taxifahrer, der seine Geliebte streichelt, ihr die Heiserkeit am Auspuff kuriert, sie abends sanft zudeckt und ihr für den nächsten Morgen einen wohlschmeckenden Ölwechsel verspricht. Er würde sie sogar zu sich ins Bett nehmen, wenn er könnte, muß sich aber damit begnügen, sie neben dem Bett zu parken. Seine Geliebte ist die *màcchina*, die aus dem Hause Fiat kommt. Sie ist ein funkelnagelneues Taxi von bestrickend erotischem Gelb[4].

Die *macchina* als Gegenstand verdrängter oder sublimierter Erotik ist daher fast so heilig wie die Familie. Nichts Schlimmeres können Sie dem Durchschnittsitaliener antun, als wenn Sie seinem Auto, seiner Frau oder seinen Kindern nahetreten. Versuchen Sie nicht, ein fremdes Kind auch nur zurechtzuweisen – die Eltern verwandeln sich augenblicklich aus gezähmten Mitteleuropäern in reißende Löwen, die den Unvorsichtigen verschlingen. Und sollte Ihnen das Unglück geschehen, ein fremdes Auto anzuschrammen: Bewahren Sie kaltes Blut! Nicht wegen der Unfallgefahr, die Sie ja schon überstanden haben. Sondern wegen der Gefahr der noch bevorstehenden Auseinandersetzung. Nur mit einem kühlen Kopf wandeln Sie auf dem messerscharfen Grat zwischen einer Unterwürfigkeit, die als unvorteilhaftes Schuldanerkenntnis verstanden werden kann, und einem aufreizenden Verhalten, das einen tigerhaften Grimm entfesseln könnte.

Auch in so bedrohlicher Lage vermag die höfliche Form viel, wenn nicht alles. Aufreizend kann bereits die Verweigerung des echten oder angemaßten Titels sein. Versöhnlich dagegen wirkt die großzügige Beförderung des Gegenübers zum *dottore* (nur wenn es den Titel nicht ohnehin zu Recht trägt). Kaum ein Land, das so titelsüchtig ist wie Italien – ausgenommen vielleicht Österreich mit seinen kakanischen Traditionen, wo zwar der Kaiserliche Hof längst untergegangen ist, der Wirkliche Hofrat sich jedoch in die Republik herübergerettet hat.

Als Faustregel können Sie sich merken, daß (je südlicher je mehr) der Titel der Karriere vorauseilt wie die italienische Verfassung der Wirklichkeit. Die Anrede darf mindestens eine Stufe schmeichelhafter sein, als es dem Angesprochenen zukommt. Wer einen Dienstleistungsberuf ausübt, wird zum *signore* oder zur *signora*, in jugendlichem Alter zur *signorina*. Einen Kellner mit *cameriere* anzusprechen, den Barmann mit *barista*, zeugt von wenig Feingefühl. Der wirkliche Herr, hat er sein Bild dem *portiere* einigemal mit einer *mancia* eingeprägt, avanciert zum *dottore*. Sollte er den akademischen Grad ohnehin führen, ernennt ihn der Kellner mindestens zum *professore*.

In der Kunst gibt es subtile Nuancen: *Professore* heißt jeder Orchestergeiger oder Gebrauchsgraphiker (weil er ja vielleicht am *conservatorio* respektive an der *accademia* unterrichtet). Den Maler von bedeutendem Rang reden Sie jedoch mit *maestro* an, auch den musikalischen Star, etwa einen Dirigenten (der zwar ein *direttore d'orchestra* ist, aber nicht so angesprochen wird). Täuschen Sie sich nicht: *Illustrissimo maestro!* als Anrede hat nicht den Hauch von Komik wie »Hochverehrter Meister!« im Deutschen. Hier gilt nicht, was ein Verehrer Roda Rodas diesem antwortete, als der sich die Anrede »Meister« verbeten hatte: »Schaun Sie, wenn einer kein Doktor ist, und kein Professor oder Direktor, wie soll man zu so einem Trottel sagen, verehrter Meister?!«

Wirtschaftsmacht gilt mehr als brotlose Kunst und Wissenschaft, und so stehen denn der *avvocato*, der *direttore*, der *commendatore* und der *cavaliere* höher im Rang. Sie symbolisieren entsprechend höhere Trinkgelder oder sonstige Wohltaten. Etwa gleichwertig, aber der Exekutive oder Verwaltung vorbehalten sind Titel wie *commissario* für den *brigadiere* und *brigadiere* für den einfachen *poliziotto*, oder *assessore*, *giudice* oder *presidente*. Darüber geht's ins Politische und zu den Großbuchstaben: der Stammgast mit besonderen Verdiensten kann es zum *Onorévole* bringen, zum Ehrenwerten (die Anrede für Parlamentsabgeordnete); haben Sie dem Neffen der Putzfrau Ihres Nachbarn einen Aushilfsjob verschafft, steigen Sie vielleicht zum *Senatore* auf, in Neapel kann Ihre Karriere zur *Eccellenza* führen. Haben Sie die Aura eines zweifelhaften, undurchsichtigen Erfolgsmenschen, wird Ihnen sicherheitshalber – nicht zu sehr festlegen! – der vage Titel *Vostra Signoria* zuerkannt. Die unechten Titel, verliehen vom Eckensteher oder vom Vertreter der Aushilfe des Vizeportiers, sind gegenüber den rechtens erworbenen die wertvolleren. Sie bedeuten Zuneigung, Verehrung, erinnern Sie an Rechte und Pflichten.

Persönliche Beziehungen werden nicht minder vorgreifend umschrieben. Dem Sie auf einer Party vor fünf Minuten zum erstenmal in Ihrem Leben die Hand geschüttelt haben, scheint es dringlich, Sie einem wichtigen Herrn vorzustellen, und er tut es mit den Worten: *Le presento un mio amico, il signor…* – da sind Sie schon sein Freund. Nach einem angeregten Gespräch werden Sie bereits zum *caro amico*, zum lieben Freund ernannt. Jemanden als *conoscente*, als Bekannten zu bezeichnen, drückt fast schon mißtrauische Distanz aus. Rasch vollzieht sich auch der Übergang zu intimerer Anrede: das *Lei* (Sie) wird im Freundes- und Bekanntenkreis sehr schnell durch das *tu* ersetzt. Die Konvention des fast obligatorischen Du unter Kollegen in verschiedenen Berufen begünstigt diese scheinbare Vertrautheit der Anrede: scheinbar, weil solch ein Du gewöhnlich mit dem Familiennamen oder gar dem Amtstitel des Angesprochenen verbunden wird.

Sonderfall der Titologie: die Aristokratie. Die Übergangsbestimmungen der republikanischen Verfassung von 1948 haben den Adel abgeschafft, nur Adelsprädikate aus der

Zeit vor 1923 gelten als Namensbestandteile. Nicht abschaffen konnte die Verfassung feudalistische Denkweisen, hierarchische Unterordnung, Autoritätshörigkeit und den Snob-Appeal der Aristokratie. Ein echter Conte verleiht dem Bourgeois schon durch seine herablassende Aufmerksamkeit einen Abglanz von Adel. Dazu funktioniert auch im Adel das System der Gratis-Rangerhöhung. Nicht alle von mehreren Geschwistern erben den eigentlichen Titel, werden zum Beispiel Conte. Manche müssen sich als genealogische Blindsäcke damit begnügen, ihre Abstammung mit der Formel *dei conti di...* (aus dem Geschlecht der Grafen von...) zu bezeichnen. Dieses halbe Adelsprädikat vererbt sich nicht mehr weiter. Angesprochen werden sie trotzdem alle mit *conte*.

Die Frage nach der Vererbbarkeit führt zurück zu den Kindern. Stets besänftigend wirkt im Gespräch die Frage nach den *bambini*. Kurz nach dem Kennenlernen wird sie Ihnen meist gestellt. Früher wurde einem Erwachsenen der Tatbestand auf den Kopf zugesagt; es hieß bündig: *Wieviel* Kinder haben Sie? Heute wird nur noch gefragt, *ob* man verheiratet sei und Kinder habe.

Ob Italien ein kinderfreundliches Land ist, kann ich nicht sagen. Manche Indizien sprechen dafür, manche dagegen, manche dafür und dagegen. Dafür spricht die wenig autoritäre Erziehung im Kleinkindalter. Italienische Kinder sind häufig regelrechte Tyrannen, weil sie wissen, daß sie (fast) alles dürfen. Der Schock der Frustrationen kommt frühestens im Schulalter. Ein ungeschmolzener Rest des schwindenden Patriarchats ist die verwöhnende Bevorzugung, mitunter Affenliebe, welche die Söhne von den Müttern erfahren. Entsprechend häufig sind starke Mutter-Sohn-Bindungen. Die Fürsorge wird zur sanften Tyrannei und kann bis ins hohe Alter dauern. Ist die Macht der italienischen *mamma* also vielleicht ein noch älterer Rest der matriarchalischen Gesellschaft, in der die Mütter durch den Einfluß auf ihre Söhne Einfluß überhaupt ausüben?

Gegen oder für die Kinderfreundlichkeit, je nach Ihrer Weltanschauung, spricht der Umstand, daß Kinder oft wie Erwachsene behandelt werden, oder fast. Die *sconti* in Hotels sind eher gering und meist auf Kleinkinder beschränkt. In Restaurants kann man zwar eine halbe Portion (*mezza porzione*) für Kinder verlangen. Manches Lokal der Nouvelle Cuisine liefert Portionen nach homöopathischer Art. Da gibt es nichts mehr zu halbieren. Gegen Kinderfreundlichkeit spricht zweierlei. Erstens ist Italiens Geburtenrate inzwischen (1989) die niedrigste der Welt. Zweitens nehmen Italiener ihre Kinder unter Mißachtung aller Sicherheitsregeln im Auto mit, als wollten sie ihre Nachkommen möglichst rasch loswerden. Jedenfalls wachsen Kinder mühelos, manchmal frühreif in eine Gesellschaft hinein, welche die Beherrschung der Kunst verlangt, sich zu arrangieren. Ist das kinderfreundlich?

1 Papageien, so benannt nach dem bunten Gefieder (in Form von Goldkettchen, Sonnenbräune, Rolex, Porsche und Missoni-Wear), mit dem sie sich vor der nordischen Schönheit spreizen, welche – das wissen sie genau – in ihrer sexuellen Freiheit nur darauf wartet, ins Bett geholt zu werden. Die Überraschung bei näherem Kennenlernen ist beiderseits groß.

2 Auf dem Bahnsteig konnten sie sich, bevor ein Zug abfuhr, nach Herzenslust »zum Abschied« umarmen: Auf einer Parkbank mußten sie mit der Festnahme rechnen.

3 Der Zwang ist mittelbar: Die »Entehrung« des Mädchens kann und muß nach dem archaischen Sittenkodex Siziliens durch die Ehe, das *matrimonio riparatore*, gutgemacht werden. War die Entehrung eine Vergewaltigung, so entzieht das geltende Recht ihrer Strafverfolgung die Grundlage: Vergewaltigung unter Ehegatten ist kein Straftatbestand. So wird der Ent- oder Verführer alles daransetzen, um die Heirat zu erzwingen und sowohl straffrei wie als *uomo d'onore*, als Ehrenmann, dazustehen. Im vorliegenden Fall bestand die Sensation darin, daß sich das mutige Mädchen gegen den Druck seiner Umgebung weigerte, den Entführer zu heiraten, der ein mächtiger Mafioso war. So erreichte sie seine Verhaftung und Verurteilung.

4 Nicht aus erotischen Gründen: Steigen Sie nur in gelbe Taxis! Besonders von Rom an südwärts gibt es nicht immer genügend davon. Da versucht sich mancher mit seinem Privatwagen ein Zubrot oder Brot zu verdienen. Es ist immer ein *abusivo*, ein nicht zugelassener Fahrer, der Sie auf dem Flughafen oder vor dem Bahnhof anspricht. Wenn Sie sich in den Gepflogenheiten genauestens auskennen oder das Ungewisse lieben, können Sie auf sein Angebot eingehen.

Die Ordnung im Chaos

Wie seinerzeit die Theorien über das geheimnisvolle Fehlen des Kleingelds ins Kraut schossen, so gehört es zu den beliebten Gesellschaftsspielen, Theorien darüber zu entwerfen, ob Italien ein reicher Staat, ein armer Staat, ein Land der Individualisten, ein Land der Gleichschaltung, ein urtümliches oder modernes Land sei, und wie es funktioniere. Eine der Erklärungen stützt sich auf Luigi Einaudi, der 1948 erster Staatspräsident nach Inkrafttreten der republikanischen Verfassung wurde und 1961 starb. Einaudi, der Vater des Turiner Verlegers, ein hervorragender Wirtschaftsexperte, rechnete aus: Wenn alle theoretisch in den Gesetzen vorgesehenen Steuern tatsächlich lückenlos eingezogen würden, betrüge das Steueraufkommen 110 Prozent des Bruttosozialprodukts. Die Erfindung des Perpetuum mobile wäre nichts dagegen und Münchhausen, der sich an seinem Schopf samt Pferd aus dem Sumpf zog, ein bescheidener Stümper.

Die Begründung für eine so aberwitzige Gesetzgebung kann nur sein: Niemand hat je im Ernst damit gerechnet, daß *alle* Gesetze eingehalten würden. Wenn ein Ingenieur das Risiko einkalkulieren muß, daß eine Maschine irgendwann einen Defekt hat, dann verdoppelt er das lebenswichtige Teil der Apparatur. Er baut ein Notsystem ein, das einspringt, wenn das Hauptsystem ausfällt. Ein Techniker würde Italien wahrscheinlich als solch einen mehrfachen, redundanten Mechanismus betrachten.

Greift eine Vorschrift nicht recht? Macht nichts. Es gibt eine andere, die man heranziehen kann. Funktioniert das eine Amt nicht, springt inoffiziell ein anderes ein. Ist ein Unternehmen nicht leistungsfähig genug, gibt es die Konkurrenz. Die Neigung zum Pluralismus mag ein Motiv dafür sein, daß Italien sein einheitliches Eisenbahnnetz verkommen läßt und eine Unzahl von Transportunternehmen die Warenverteilung im Land übernommen haben. Nur noch 11,6 Prozent des Güterverkehrs bewältigt die Bahn, fast alles rollt auf der Straße. Die Folge ist, daß die überdurchschnittlichen Transportkosten in Italien bis zu 30 Prozent vom Endpreis eines Produkts ausmachen. Auf der Strecke Mailand-Catania würde der Transport mit der Bahn nur rund ein Drittel der Beförderung auf der Straße kosten. Ein Lastwagen braucht für die Strecke (selbst unter Einhaltung der Vorschriften) nur zwei Tage, die Bahn zwei Wochen (wenn der Waggon mit der Ware nicht auf einem Verschiebebahnhof verlorengeht).

Eine Einheitsgewerkschaft? Zu schwerfällig und zu krisenanfällig. Es gibt also viele. Selbst das reicht manchen Gruppen nicht. So wurden die gefürchteten *Cobas (Comitati di base)* gegründet, die Basiskomitees, deren Streiks unvorhersehbar und von verheerender Wirkung sind. Der Parteien sind viele. In der europäischen Stahlkrise haben sich die Kleinunternehmer Oberitaliens dank ihrer Fähigkeit, sich rasch umzustellen und zu spezialisieren, als die Konkurrenzfähigsten erwiesen. Die Beispiele lassen sich ins Unendliche vermehren.

Doch nichts ist vollkommen, nicht einmal das Chaos. Das scheinbare Durcheinander, das ordentliche Deutsche Italienern vorwerfen und ordentliche Norditaliener unordentlichen Süditalienern, ist bei weitem nicht so schlimm, wie es den Anschein hat. Zwar reißt Schlamperei zwangsläufig da ein, wo bürokratische Regeln, zur Bekämpfung der Schlamperei eingeführt, so kompliziert werden, daß sie sich selbst unbefolgbar machen. Zum Glück werden die Folgen der Schlamperei durch ebendieselbe wieder gemildert. Hans Magnus Enzensberger meint über *Unregierbarkeit*[1]: »Die Regel kann nur um den Preis ihrer fortwährenden Verlet-

Oben: 58 Millionen Individualisten (Teilansicht)
Unten: Antike im Hintertreffen – Amerika im Vormarsch

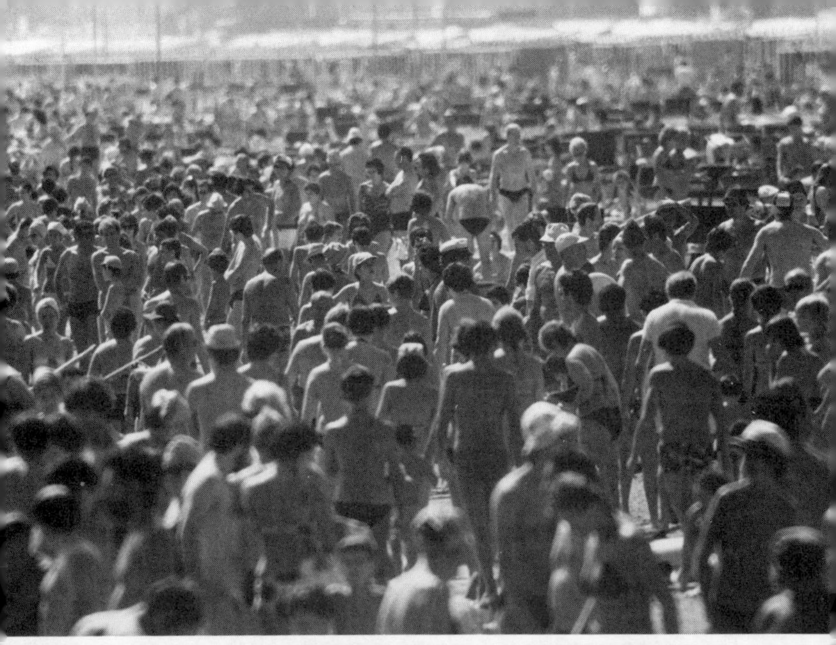

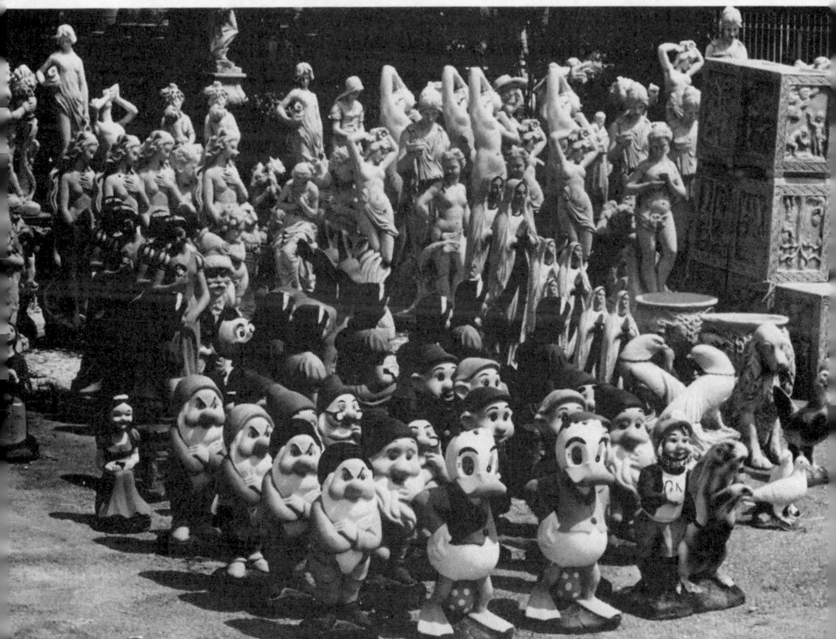

zung aufrechterhalten werden.« Nur weil man es nicht so genau nimmt, funktioniert das System, doch man darf es wieder nicht zu ungenau nehmen – die Balance ist wichtig.

Nach demselben Rückkopplungsprinzip sind die Italiener vor allem deswegen so ausgeprägte Massenmenschen, weil sie so ausgeprägte Individualisten sind. Der Psychologe Dino Origlia nimmt an, im Italiener lebe ein tief eingesenktes Gruppenbedürfnis. Er suche das Gefühl seelischer Geborgenheit darin, alles mit Tausenden, ja Millionen anderer gleich und zugleich zu tun. Die italienische Abscheu vor starren Ordnungssystemen, die Improvisationsbegabung, die Opposition gegen jede Art von Obrigkeit legt die gegensätzliche Erklärung nahe. Gerade weil der einzelne nur an sich und seine Familie denkt, kommt es zur allgemeinen Übereinstimmung. Gerade weil die überwiegende Mehrzahl nicht bereit ist, die eigene Entscheidung mit Rücksicht auf andere zu treffen (selbst wenn es zum eigenen Vorteil wäre), und weil Abermillionen solcher Egozentriker und Individualisten sich vollkommen gleich entscheiden, kommt es zur Bildung dieser unechten Massen, die das Gegenteil von Gemeinsamkeit bewegt. Die latente Angriffslust an überfüllten Plätzen läßt spüren, was der Durchschnittsindividualist denkt: Er ist beleidigt, daß so viele die ungeheure Frechheit haben, am selben Tag genau dahin zu fahren, wo er, nach reiflicher Überlegung und Fassung eines einsamen Entschlusses, von diesen vielen ungestört zu sein hoffte. Die Masse, das sind die andern.

So erklärt sich umgekehrt jene Rechtsprechung nach Gleichheitsgrundsätzen, die schnurstracks zur Ungleichheit führt, abgemildert nur vom gesunden Hausverstand. Wer zum Beispiel auf der Straße Attraktionen darbieten will, braucht eine Lizenz als Schausteller. Wer sie nicht hat, wird vom *Vigile Urbano* mit einer saftigen Verwaltungsstrafe bedacht: ein paar hundert Mark. Der Kettensprenger, Glasscherbenfakir und Feuerschlucker Mustafa, meist auf dem Mailänder Domplatz tätig, wartete mehrere Jahre auf den beantragten Schein. In der Wartezeit wurde ihm fast täglich eine Verwarnung aufgebrummt. Die Gesamtschuld stieg auf mehr als 300 Millionen Lire (damals 500 000 Mark). Mustafa kam natürlich nicht aus dem Orient, trotz seines Turbans, sondern aus Apulien, hieß nicht Mustafa und war von Beruf Maurer, jedoch arbeitslos und hungrig: »Meinetwegen bin ich auch Hungerkünstler, aber deswegen muß ich ja nicht mit dem Hungern übertreiben.« Die Justiz übertrieb nicht mit der Eintreibung der Bußgelder. Sie hatte ein Einsehen, man arrangierte sich.

Dieses *arrangiarsi* ist der Knoblauch italienischer Lebensrezepte, die Grundzutat, überall enthalten und unentbehrlich. Weder der politische noch der religiöse Fanatismus hatte in Italien je solche Massenerfolge wie anderswo. Verglichen mit der Grausamkeit der Inquisition in anderen Ländern war die italienische zahm. Mittelalterlicher Hexenglaube wurde hier nicht zum hysterischen Wahn wie in Deutschland oder England. Antisemitismus regte sich hier kaum. Im Gegenteil: Nicht wenige Flüchtlinge aus Deutschland waren hier in den dreißiger Jahren untergetaucht und überlebten, von italienischen Freunden verborgen, die Verfolgung durch die Nationalsozialisten. *L'arrangiarsi*, das ist seit eh die Kunst der Mäßigung, die Kunst, sich mit dem Widrigen einzurichten.

Arràngiati!, behilf dich irgendwie, ist eine häufige Aufforderung. Es ist der Kompromiß zwischen Logik und Wunschdenken, Pflicht und Bequemlichkeit, Egoismus und den Forderungen des Staats, Utopie und träger Praxis. Das neue Konkordat hat die Gesetze nicht berührt, die den »Schutz des religiösen Gefühls der Mehrheit« bezwecken, und noch heute kann einer wegen gotteslästerlichen Fluchens in der Öffentlichkeit angeklagt werden. Die Lebensweisheit der italienischen Praxis zeigt sich jedoch an der sprichwörtlichen Regel, daß Fuhrleute nicht wegen Fluchens verurteilt werden sollten: In der Tat wurde 1985 ein Fernfahrer, der zwar nicht mit widerspenstigen Zugtieren, aber mit dem Streß des heutigen Verkehrs fertig werden muß und fürchterlich geflucht hatte, sowohl angeklagt wie freigesprochen.

Das *arrangiarsi* heißt: Das Übel wird nie an der Wurzel gepackt, sondern man richtet sich mit der Krise ein. Radikalismus war in Italien stets eine Ausnahmeerscheinung. Das beginnt bei den banalsten Dingen. In Deutschland wird ein Autofahrer um drei Uhr nachts, allein auf weiter Flur, die rote Ampel gottergeben beachten. Auch weil er weiß, daß eine automatische Kamera zum Geßlerhut gehört. Hat er das Gefühl, es ließe sich etwas verbessern (zum Beispiel die Ampel nachts abschalten), wird er eher einen Verein gründen, eine Eingabe machen, eine Demonstration veranstalten, ein Komitee ins Leben rufen, die Öffentlichkeit alarmieren, als eine noch so absurde Regel individuell verletzen.

In der gleichen Lage wird der italienische Autofahrer, selbst der gottesfürchtige und vorsichtige, zuerst bremsen, stehenbleiben, sich umschauen – und weiterfahren. Er betrachtet das Rot der Ampel als vernünftige und sinnvolle Empfehlung, behält sich indessen öfter als ein Deutscher vor, sie in den Wind zu schlagen. Er weiß, daß die Maschine noch unvollkommener ist als der Beamte, der sie programmiert. Der Ausländer sollte damit rechnen. Den Vertrauensgrundsatz im Verkehr – und überhaupt – dürfen Sie nicht zu genau beim Wort nehmen.

Nicht nur im Verkehr ist das so. Was tun, wenn das Zusammenwirken von Administration, Sozialgesetzgebung, Markterfordernissen und bitterer Not das Funktionieren der Wirtschaft behindert? Es entstand die *economia sommersa*, die untergetauchte Wirtschaft. Nicht Schwarzarbeit hie und da oder vereinzelte Steuerhinterzieher, sondern ein ganzes System, sozusagen zwei Länder in einem. Viele haben einen zweiten Beruf, manche offiziell. Zeitweise hat der *assenteismo*, die Abwesenheit vom Arbeitsplatz, groteske Formen angenommen. Wundern Sie sich nicht, wenn Sie zu gewöhnlichen Bürozeiten im Süden den Beamten oder Angestellten nicht immer am Schreibtisch finden. Er ist grade auf einen Caffè in die Bar gegangen, macht eine Besorgung für jemand, der ihm eine Gefälligkeit erweisen wird, ist in einer Solidaritätskundgebung für Chile oder es wird gestreikt. In der Mehrzahl der Fälle – wenn er nicht anderweitig arbeitet – tut er irgendwas für die Familie.

Die Kleinfamilie ist zwar auf dem besten Weg, die traditionellen Großfamilien zu verdrängen – im Ernstfall funktionieren die Familienbande noch. Onkel Calogero braucht eine Operation, und nicht nur, weil er ein Ferienhaus am Meer hat, legen alle zusammen für das, was die Krankenkasse nicht bezahlt, spenden Blut, weil der Blutkonservenvorrat im Krankenhaus nicht ausreicht, und verteilen die unversorgten Kinder für diese Zeit auf verschiedene Haushalte. Keiner kann sich ausschließen. Jeder weiß, daß er auf diese Weise Ansprüche erwirbt, die mehr wert sind als die beim Staat. In der Bilanz der Großfamilie werden Leistung und Gegenleistung aufgerechnet. Die Großfamilie ist für ihre Mitglieder Krankenversicherung, Volksbank, Sozialberatung, Hotelkette, Reisebüro, Informationsnetz, Altersunterstützung, Arbeitsvermittlung.

Unter diesen Voraussetzungen werden Sie begreifen, daß der Gemeinsinn eine andere Funktion und andere Grenzen hat als in deutschen Ländern. Für die (Groß-)Familie alles – für den Staat oder was er verkörpert wenig oder nichts. Das typische (zweischneidige) Lob der peniblen deutschen Hausfrau ist für italienische Haushalte genausooft brauchbar: »Bei denen kann man vom Fußboden essen, so sauber ist es.« Um die Abfälle auf öffentlichem Grund kümmert man sich dagegen kaum – was allen gehört, gehört keinem, und niemand fühlt sich dafür verantwortlich. Parkplätze, Strände, Picknickwiesen und Berggipfel sehen danach aus. Raumordnungspläne auch. Sehr langsam nur entwickeln sich Umweltbewußtsein und Sinn für ein größeres Ganzes. Ich wiederhole: Es handelt sich um die Beschreibung des Durchschnittsitalieners, den es nicht gibt. Die Deutschen sind ein systematisches Volk. Säuberlich getrennt Legislative und Exekutive, Staat und Kirche, Privatleben und Öffentlichkeit, Eingänge und Ausgänge, Oberleib und Unterleib. Dieser Systematik steht das scheinbare Durcheinander Italiens entgegen, das den Teutonen so erschreckt. Die Ordnung im Durcheinander, nicht so leicht durchschaubar, beruht auf den Gruppenbindungen der Familie oder familienähnlicher Gemeinschaften: Nicht zufällig heißen die Mafia-Clans Familien. Diesen privaten Charakter hat die bessere Gesellschaft auch, von der guten ganz zu schweigen. In der Art der Beziehungen der Mitglieder zueinander gibt es zwischen der Mafia, der Verwandtschaft, der *aristocrazia nera*[2], dem *palazzo*[3] und dem *salotto* nicht allzu viele Unterschiede. Gemeinsam haben diese Gruppen zweifellos, daß der gewöhnliche Erdenbürger ohne die Gnade der besonderen Geburt von ihnen stets ausgeschlossen bleiben wird.

Ein Wort zum *salotto* ist nötig. Es ist der Salon, der literarische, der musikalische, politische oder schlicht gesellschaftliche. Das Erstaunlichste an ihm, wenn man nur das Formelle am öffentlichen Leben Italiens kennt: Es gibt ihn, als wäre Italien im 19. Jahrhundert stehengeblieben. Der *salotto* ist Brennpunkt gesellschaftlicher Kontakte, Mittelding und Bindeglied zwischen dem Privaten und dem Öffentlichen, Kompromiß zwischen Geisteskultur und mondäner Oberflächlichkeit, das Parkett der Begegnungen, der Nährboden, aus dem vielversprechende Projekte sprießen, auf dem Cliquen ins Kraut schießen, Freundschaften knospen und Todfeindschaften wachsen, halb repräsentativ, halb intim, privat und exklusiv wie exklusive Klubs. Sollten Sie als Besucher oder Gast in einer dieser Gruppen vorübergehend zugelassen werden, benutzen Sie die italienischen Gesten (einschließlich Handkuß und rituellem Wangenkuß bei besserer Bekanntschaft, unabhängig vom Geschlecht) und die gewöhnlichen europäischen Regeln der Höflichkeit. Mir fällt nur ein Unterschied ein: Blumen werden unausgepackt überreicht, mit einer Stanniolfolie als Griff um die Stengel.

1   In *Politische Brosamen*, Suhrkamp, Frankfurt 1982.

2   Der »schwarze« Adel Roms, mit vielen Fäden zum Vatikan und viel Grundbesitz in der Ewigen Stadt.

3   Eigentlich der Herrscherhof, gebraucht für den Regierungsapparat in Rom.

Große und kleine Gauner

Gäste aus anderen europäischen Ländern wundern sich, zumal in den größten Städten, in Rom und Mailand. Die Haustore sind tagsüber wie nachts verschlossen, oder ein mißtrauischer Portier beäugt den Besucher. Die Tür einer Stadtwohnung ist immer eine *porta blindata*, gepanzert und mit starkem Zusatzschloß versehen. Namensschilder fehlen oft, neben den Türklingeln stehen nur Nummern. Ängstliche Wohlhabende fürchten Einbrüche und Entführungen. Banken haben zur Erschwerung von Überfällen fast ausnahmslos selbstblockierende Türschleusen. Vielfach stehen bewaffnete Privatwächter davor. Geparkte Autos werden mit einem Haken oder einer Kette am Lenkrad und Alarmanlagen fast immer zusätzlich gesichert. Der *scippatore* als Sozius auf dem Moped oder Motorrad reißt die Handtasche an sich und ist weg, ehe der Beraubte den Vorgang begriffen hat. Ein heftig diskutiertes Titelbild des *SPIEGEL*, ein Teller Spaghetti mit einer Pistole darauf, wollte zeigen: Ein Land der Mafia, Camorra und anderer Gauner. Kann man ohne Leibwächter, Bewaffnung bis an die Zähne und Geleitschutz überhaupt noch hinfahren?

Die Antwort wird Sie nicht überraschen. Man kann. Sie werden von den vielfältigen wirtschaftlichen Aktivitäten der Mafia, wenn Sie kein Fachkollege sind, höchstens dann etwas merken (ohne es zu wissen), wenn Sie beispielsweise Obst kaufen. Die sizilianische Mafia und die neapolitanische Camorra haben nämlich den Gemüsehandel fest in der Hand und erheben »Abgaben«. Der *Corriere della Sera* verglich einmal die Preise: Ans Licht kam der überraschende Umstand, daß Gemüse und Obst, insbesondere Südfrüchte, in den Zentren der unteritalienischen Anbaugebiete trotz geringerer Transport- und Umschlagskosten viel teurer sind als im Norden und im Norden teurer als in der Schweiz. Wohlhabende Mailänder besorgen Obst und Käse beim Einkaufsbummel jenseits der Grenze.

Der vielfachen Wahrheit in der italienischen Gesellschaft entspricht die vielfache Verhüllung dessen, was *mafia*, *camorra* oder *'ndrangheta* heißt. Die Standardantwort in Sizilien, wenn Sie sich mit leichter Gänsehaut nach der Mafia erkundigen:

»Ach, die Mafia? *La mafia non esiste.*« Die Mafia gibt es nicht, das sind nur böswillige Verleumdungen aus dem Norden. Die Skandalpresse. Nichts Wahres dran. Wirklich nannte sie sich nicht Mafia, als sie im 19. Jahrhundert als eine Art Dachorganisation von konservativen Geheimbünden, Selbsthilfevereinen der Grundbesitzer entstand, sondern *Onorata Società*, Ehrenwerte Gesellschaft. Die arabische Wurzel des Wortes *mafia* hat mit Prahlen, Prunken, Repräsentation zu tun, und ein besonders eleganter Geck wurde früher *maffioso* (mit zwei F!) genannt. Ähnlich Schmeichelhaftes gilt für die bourbonenfreundliche Terrorgesellschaft der Camorra (das Wort bedeutet »die Gruppe schlechthin«, »*die* Vereinigung«). Sie werden nicht erstaunt sein, daß die in Kalabrien (und Apulien) wirkende *'ndrangheta* ihre Vorzüge einst nicht minder durch den Namen ins rechte Licht rückte. Das Wort kommt aus der Sprache der griechischen Minderheit, es verballhornt *andreía kai agathía*: Mannhaftigkeit und Ehrenhaftigkeit. Die berühmte *omertà*, die unverbrüchliche Schweigsamkeit des Mafioso oder Camorrista, hatte ursprünglich einen fast mönchisch-religiösen Charakter: *umiltà*, Ergebenheit, Unterwerfung – die vollkommene Entsprechung des arabischen Wortes *Islam*.

Von »ehrenwert« kann nicht mehr die Rede sein, die kriminellen Energien einst politischer Bünde, die vor dem Verbrechen schützen wollten, sind allein übriggeblieben. Das können Sie jeden Tag in den Zeitungen lesen (nicht nur in Italien). Besonders im Ausland wird trotzdem, in der Tiefebene der Film- und Fernsehschnulzen von Sex & Crime, an einem Mafiabild gepinselt, das der Ehrenwerten nur recht sein kann: Sie wird verniedlicht, mit dem Image des edlen Räubertums, und gruslig-übertrieben gezeichnet, als unbesiegbar. Der gute Held, der sonst naturgemäß nach Heldenart das Böse besiegt, hat gegen die Mafia keine Chance.

Werner Raith beschreibt in *Mafia als Kultur?*[1], wie im Mammutprozeß von Palermo 1987 selbst der Kronzeuge, der Mafia-Häuptling Buscetta, das Bild von der wahrhaft ehrenwerten Gesellschaft aufrechterhielt, die selbstlos ihre armen, in Not geratenen Mitglieder unterstützt. Der Prozeß unterschied sich übrigens durch die große Zahl von Verurteilungen von den gewöhnlichen »kleinen« Mafia-Prozessen. Häufig gibt es Freisprüche, niemandem kann ein Verschulden nachgewiesen werden. In einem skurrilen Mafia-Film wird die Todesursache eines Opfers so beschrieben:

»Woran ist er gestorben?« – »Er begegnete versehentlich einem Projektil, das zufällig gleichzeitig an dieser Stelle in die entgegengesetzte Richtung unterwegs war.«

Die elegante Form hilft immer, weniger schöne durch schönere Wahrheiten zu ersetzen. In Sizilien hat das Wort *amico* einen fatalen Nebensinn. *Gli amici degli amici*, die Freunde der Freunde: Das ist eine stehende Formel für die spezifisch sizilianische »Freundschaft«. Wenn Sie ein Problem haben, bereden Sie sich mit einem Freund, und der weiß Rat, oder er kennt einen anderen Freund, der Rat weiß. Was diese Freundschaft wert ist, zeigte sich in einem Prozeß in Agrigent: Von der kanadischen Polizei 1976 gelieferte Angaben über die sizilianischen Partner internationaler »Geschäfte« (vor allem mit Drogen) blieben mehr als sechs Jahre lang unbeachtet in der Schublade oder verschwanden. Aktenberge schimmeln unbearbeitet vor sich hin, während die Graphiker in Zeitungsredaktionen ganze Stammbäume, Territorialkarten und Aktivitätsdiagramme der *cosche*, der Mafia-Familien mit allen Namen entwerfen, ohne daß ihnen je üble Nachrede oder Verleumdung vorgeworfen wird. Die natürliche Langsamkeit der Justiz, entsprechend von den Freunden unterstützt, ist steigerungsfähig.

Ist also das Rechtsempfinden in Italien ausgehöhlt? Nicht

ganz. Das Gesetz ist gleich für alle. Nach dem Wort eines Spötters erlaubt es ohne Ansehen der Person Reichen und Armen gleicherweise den Erwerb von Grundstücken, und ohne Unterschied verbietet es Millionären wie Arbeitslosen, unter Brücken zu nächtigen. Nach diesem gerechten Prinzip funktionieren auch Verwaltungsstrafen in Italien. Ob ein Unternehmen in einem Naturschutzgebiet an der amalfitanischen Küste ein zehnstöckiges Luxushotel ohne Genehmigung errichtet oder ein Nebenerwerbslandwirt einen Kaninchenstall: in beiden Fällen werden um der Gerechtigkeit willen nicht allzu verschieden hohe Strafen festgesetzt. In beiden Fällen wird auf den Abriß verzichtet (wobei gegenüber dem Hotelier eher ein Auge zugedrückt wird, weil der Abriß eines großen Gebäudes die größere Härte darstellt). Der *condono*, der Straferlaß gegen Zahlung einer Pauschalsumme, erlaubt ganzen Kategorien unentdeckter Täter wie Steuerschwindlern oder illegalen Bauherren die nachträgliche Rechtsheilung.

Zwei Argumente sind für viele Italiener stärker als Gesetze: Es ist schon immer so gewesen, und: Das machen ja alle so. Gesetze müssen schon eine gewisse Patina haben, um respektiert zu werden. Umgekehrt ebenso: Gesetze sinken zur gewohnheitsrechtlich mißachteten Kuriosität herab, sie abzuschaffen würde jedoch niemand ernstlich beabsichtigen. Selbst Institutionen werden nicht abgeschafft, mögen sie inzwischen so geringe praktische Bedeutung haben wie das von Herzmanovsky-Orlando respektvoll erwähnte k.k.Hoftrommeldepot in Wien. Noch immer gibt es beispielsweise in Rom das Amt für die überseeischen Besitzungen, und nur ein phantasieloser Pedant kann sich daran stoßen, daß letztere nicht mehr existieren. An der Mailänder Peripherie steht versteckt die spätgotische Villa Mirabello, die offiziell als Kriegsblindenheim dient. Die munteren Kriegsblinden auf ihren Mopeds sehen aus wie zwanzig. Sie haben sich so gut erhalten wie die Traditionsverbände aus dem Ersten Weltkrieg und aus den Feldzügen Garibaldis. Es wird gemunkelt, daß irgendwo noch ein Veteranenverein des Gallischen Kriegs zusammenkommt.

Die *Stampa* hat einmal eine Reihe vergessener Gesetze in Erinnerung gerufen und rechtzeitig zum Beginn der Reisezeit darauf hingewiesen, daß das Fotografieren des Kolosseums oder anderer Sehenswürdigkeiten verboten ist. Das königliche Dekret 798 von 1923 ist noch immer in Kraft, wonach zum Fotografieren von beweglichen und unbeweglichen Sachen von historischem, archäologischem oder künstlerischem Wert im Besitz des Staates oder unter seiner Verwaltung eine Erlaubnis beim zuständigen Denkmalamt einzuholen ist.

Derlei Vorschriften dienen als stille Munitionsreserve für den Staatsanwalt: Wenn er einem Mafioso schon keinen Mord nachweisen kann, dann wenigstens, daß er bei der Erlangung des Führerscheins einen Formfehler begangen hat. Es genügt ein Blick in die Anzeigenspalten der Zeitungen: Okkultisten bieten reihenweise ihre Dienste an, die eigentlich gegen das Gesetz verstoßen. »Hostessen« oder »Studentinnen« mit viel Freizeit (zwischen 10.00 und 13.00 Uhr) inserieren zu Hunderten. Theoretisch müßte die *SIP* die Anschlüsse der Callgirls stillegen, weil der Gebrauch des Telefons zu gesetz- und insbesondere moralwidrigen Zwecken untersagt ist. Vorschriftswidrig ist sogar die Benutzung des Telefons zu dem Zweck, Mitteilungen an einen Empfänger ohne Telefon diesem mündlich weiterzugeben! Tatsache ist, daß manche unbemittelten Künstler, jedenfalls Lebenskünstler, sich einen Privatsekretär in Gestalt eines Barmanns halten, der für sie Nachrichten entgegennimmt.

Andere Länder kennen nur die doppelte Moral – in Italien ist auch die Vernunft verdoppelt. Mit zutiefst verankertem römischen Rechtsbewußtsein wird jedem Problem sofort legislativ zu Leibe gerückt. Hernach wird mit zutiefst praktischem Empfinden auf die Anwendung der Vorschrift verzichtet. Eine antiterroristische Vorschrift besagt, daß Verkauf, Vermietung oder Überlassung einer Wohnung zum Gebrauch an andere binnen 48 Stunden anzuzeigen seien. Man hält sich strikt daran – bei Verkauf und Vermietung[2]. Täten die Italiener es überraschenderweise auch im dritten Fall, wäre die Verwaltung hoffnungslos überfordert.

Aber die Vorschrift ist in Kraft, wie viele andere, manche davon schon hundert Jahre.

Und die gewöhnliche Kriminalität? In den Großstädten der ganzen Welt ist sie im Wachsen. Die Italiener sind bloß dem Rest der Welt mit ihrer Phantasie und Erfindungsgabe ein wenig voraus. Tun Sie es ihnen gleich. Benutzen Sie eines der herausziehbaren Autoradios, die sich nördlich der Alpen gerade erst durchzusetzen beginnen, sonst wird Ihnen bald die Scheibe am Auto eingeschlagen. Fordern Sie nicht die Begehrlichkeit heraus und lassen Sie nichts Wertvolles sichtbar im Auto liegen. Auch nicht für eine halbe Minute. Nicht einmal während der Fahrt. Die Rotphase der Ampel genügt, daß ein unbekannter Motorradfahrer die Heckscheibe zertrümmert und mit der Kameraausrüstung hinter dem Horizont verschwindet.

Den Wagen mit laufendem Motor stehen zu lassen, um Zigaretten zu kaufen, ist eine Herausforderung des Schicksals. Ziehen Sie grundsätzlich den Zündschlüssel ab, wenn Sie aussteigen – manche wollten bloß nachsehen, ob ein Hinterreifen platt ist, und sahen ihr Auto samt Urlaubsgepäck davonfahren. Das Loch im Reifen war kein Zufall. Die Zeichen- und Gestensprache kann von Nutzen sein. Öffnen Sie im geparkten Wagen das Handschuhfach, um den Herren Einbrechern zu signalisieren: Es lohnt sich nicht, es ist nichts da. Eine andere Denkschule empfiehlt, das Auto überhaupt unversperrt zu lassen – so werden Schäden vermieden, wenn ein »Neugieriger« nachsieht, ob was zu holen ist. Stecken Sie die Geldbörse nicht in eine Gesäßtasche. Halten Sie die Brieftasche besonders fest, wenn Sie sie zum Bezahlen im lebhaften Marktgewühl herausziehen. Wenn Sie auf der Piazza Ihren Campari schlürfen: Stellen Sie Ihre Handtasche nicht einfach auf das Café-Tischchen. Mailänderinnen und Römerinnen haben sich längst angewöhnt, die Handtasche mit dem Riemen schräg über die Brust umzuhängen und sie in belebten Vierteln nie zur Fahrbahn hin, sondern auf der Häuserseite zu tragen.

Mit einem Wort: Wer träumt und unaufmerksam ist, signalisiert weithin, daß er ein mögliches Opfer für Kleindelikte ist. Wer um zwei Uhr nachts in anrüchigen Gegenden spazierengeht, auch. Wer sich für besonders schlau hält, hat sich die Folgen selber zuzuschreiben. Glauben Sie meinetwegen an das Wunder des heiligen Gennaro. Aber glauben Sie nicht, daß Sie in Neapel dem Weihnachtsmann begegnen, der Ihnen eine Antiquität, eine exklusive Uhr oder eine teure Spiegelreflexkamera zum halben Preis anbietet (weil es sich um Schmuggelware handelt, weil die *bambini* Hunger haben oder aus sonst einem phantasievollen Grund). Schon mancher hat die hübsche Schachtel im Hotelzimmer ausgepackt und statt der günstigen Erwerbung einen Stein darin gefunden.

Das alles hat weltweite Geltung im Dschungel der anonymen Großstadt. In Kleinstädten, in Dörfern, auf dem Land kennt jeder jeden, und Sie treten rasch, wenngleich nur flüchtig, in dieses Netz persönlicher Beziehungen. Der Barmann ist nach einer Plauderei Ihr *amico*. Der Bauer, den Sie gefragt haben, ob Sie auf seinem Hof das Auto abstellen dürfen, wird dadurch Ihr Gastgeber. Und Gäste oder Freunde behandelt man gut. Das gebietet die Ehre, nicht wahr? Überraschenderweise gehört zu den Dörfern, wo Gaunereien selten sind, ein besonders großes, tourismusgeschädigtes: Venedig. Zwar wird man Sie dort mit besonderem Vergnügen rupfen wie eine Weihnachtsgans – die Leute leben ja davon. Der *scippo*, der Straßenraub, der Banküberfall kommen dagegen kaum vor. Es leuchtet ein: In einem Fußgängerlabyrinth ist die Flucht erschwert. Soziologen mögen darüber nachdenken, wie weit Automobil und Motorrad an der steigenden Großstadtkriminalität schuld sind.

Vertrauen ist gut, doch sie sollten es nicht übermäßig beanspruchen. Die gesellschaftlichen Kontraste sind groß. Im armen Süden können selbst Dinge, die Sie nicht für besonders wertvoll halten, Begehrlichkeit wecken. Die achtlose Zurschaustellung von Besitz ist zumindest taktlos, provoziert Feindseligkeit und setzt die Hemmungen des Entwenders herab. In Neapel gab ein »Kassierer« der Camorra, der im Fernsehen interviewt wurde, unumwunden zu, daß er sich beim Erpressen von Schutzgeldern nichts Böses denke:

»Wo von dem Geschäft eine zehnköpfige Familie leben kann, wird auch ein elfter satt.«

In den Großstädten des Südens kommen die Kinder schon beinahe erwachsen zur Welt, in eine Welt, die für Kinder wenig Platz hat. Ein (armes) Kind in Neapel lernt zuerst, sich durchzusetzen, für Sitte und Gesetz ist vielleicht später Zeit. Die Verkörperung dieses Überlebensprinzips ist der *scugnizzo*: der Knirps auf der Straße, mit allen Abwassern gewaschen. Der Sechsjährige verkauft Taschentücher oder Kaugummi, mit sieben ist er Detailhändler für Schmuggelzigaretten, mit acht kennt er das Viertel wie seine Hosentasche und kann schon mal den Laufburschen spielen, ist er neun, reicht sein Arm eine halbe Autobreite, weit genug, um an verstopften Kreuzungen Windschutzscheiben zu putzen. Geben Sie ihm 1000 Lire und passen Sie gleichzeitig auf, daß er nicht mit raschem Griff durch ein Seitenfenster etwas mitgehen heißt. Mit zehn ist er vollwertiger Mitarbeiter im Familienbetrieb.

Naturgemäß werden Sie nie annähernd mit dem Einfallsreichtum jener Plagegeister konkurrieren können, die Ihnen etwas verkaufen, etwas zeigen, den Weg ebnen oder Ihnen sonstwie behilflich sein wollen. Den Versuch wenigstens sollten Sie machen. Statt den lästigen Kellner barsch abzufertigen oder den *Vu cumprà* mit Grobheit abzuwimmeln, erfinden Sie lächelnd eine Ausrede. Sie sind am Angebot brennend interessiert, haben aber im Moment nur die Kreditkarte bei sich und kein Bargeld. Sie haben genau dasselbe Stück schon gekauft, viel teurer. Verflixt, wenn Sie das vorher gewußt hätten! Nein, Sie haben leider keine Zeit / dürfen keinen Alkohol mehr trinken / nichts mehr essen,
– weil Sie gleich in der Nacht mit dem Auto weiterfahren müssen
– weil Freunde Sie erwarten
– weil Sie eine schwere enzephalographische Megalomanie am linken Zwölffingerdarm haben
– weil Ihre Frau dagegen ist.

Und drehen Sie den Spieß der Vertröstungen um. Sagen Sie immer: Ja – aber. Vertrösten Sie. Treffen Sie eine Verabredung für morgen. Ihr Gegenüber stimmt zu und weiß, Sie werden sie nicht einhalten. Beide haben das Gesicht gewahrt.

Freilich hat diese Technik Grenzen. Ein Beamter oder Polizist, der von Ihnen etwas will, wird sich nicht so leicht abspeisen lassen. In einer Zeit weltweiten Reiseverkehrs müßten Sie sich schon sehr anstrengen, Ihre völlige Unkenntnis der Sprache, Ihr absolutes Nichtbegreifen glaubhaft zu machen. Ein Beamter, von dem umgekehrt *Sie* etwas wollen, erwartet seinerseits als Stimulans schon eine besondere dramatische Leistung von Ihnen. Zwei Dinge jedenfalls sind vollkommen nutzlos: die Drohung mit einer Anzeige oder einer Beschwerde beim Vorgesetzten. Sie würden nur ausgelacht. Wenn dagegen ein brummiger Polizist erklärt: Fahren Sie weiter, ich habe Sie nie gesehen! oder ein Schalterbeamter, in Tränen ausbrechend, Ihnen mitleidig ein 500-Lirestück in die Hand drückt, dürfen Sie sich als perfekt betrachten.

1 In *Zibaldone*, Zeitschrift für italienische Kultur der Gegenwart, 2. Heft, München 1986.

2 Diese Vorschrift und nicht Mißtrauen Ihnen gegenüber ist der Grund, warum noch das kleinste Hotel (aus Angst vor Schließung durch die Polizei) Sie unter gar keinen Umständen ohne Ausweisdokument aufnehmen will.

Der Mago und la weltanschauung

Der Italiener hat ein sonniges Gemüt, singt den ganzen Tag Arien aus *Nabucco* und *Barbier von Sevilla*, braucht jede halbe Stunde einen Caffè (Germanen sagen dazu Espresso), fährt mit der Vespa und einer weiteren Freundin über Pinienalleen an den Strand und huldigt dort im großen und ganzen dem Dolcefarniente. Und er hat noch eine Eigenschaft: Es gibt ihn nicht.

Der Italiener hat ein düsteres Gemüt, haßt die Sonne, dreht das Kofferradio mit der Rockmusik lauter, trinkt am liebsten Whisky und Bier und träumt von einem deutschen Auto. Überflüssig zu sagen: Es gibt ihn auch nicht. Aber vielleicht ist er dem statistischen Mittelwert näher als der südländische Sonnyboy?

Ein paar Indizien. Wovon fühlt sich der italienische Deutschlandurlauber (nach einer Erhebung 1985) am meisten angezogen? Vom Norden, wo er am nördlichsten und finstersten ist. Nordsee, Ostsee und Lüneburger Heide stehen als Urlaubslandschaften am häufigsten auf der Wunschliste. Unter den Städten sind Berlin und Hamburg die Traumziele, erst dann kommt München. Bezeichnenderweise ist das nur eine Utopie. In Wirklichkeit werden Oberbayern und Schwaben am häufigsten bereist, ist die meistbesuchte Stadt Frankfurt (wohl mehr der Flughafen). Weit abgeschlagen Köln, München, Hamburg.

Beliebte ausländische Schriftsteller? Finsterlinge wie Dostojewski, Ibsen, Strindberg, Kafka, Thomas Bernhard, Jorge Luis Borges. Worüber schreibt Nationaldichter Dante in seiner *Göttlichen Komödie* am eifrigsten, bevor er sich der langweiligen Pflichtübung des Paradieses zuwendet? Über die Schrecken der Hölle und des Fegefeuers.

Was ist das gar nicht sonnige Thema der Komödien des Dichters aus dem sonnigsten und südlichsten Süden, des Sizilianers Pirandello? Der Abgrund der Identität, der Illusion, des schwarzen Zweifels. Der geistesverwandte, im Ausland viel zu wenig bekannte neapolitanische Komödiant und Autor Eduardo De Filippo (1900–1984), ein italienischer Nestroy, entwickelt einen eher beklemmenden Humor. Totò, *der* Filmkomiker Italiens, ist ein zweiter Karl Valentin, ein ausgesprochen anarchischer, oft sadistischer Misanthrop.

Liegt das an der Landschaft? Tatsächlich erweist sich das meerumspülte Paradies aus der Nähe betrachtet als wenig paradiesisch. Die Apenninenhalbinsel gehört zu den seismisch unruhigsten Gegenden der Erde. Sie plagt ihre Bewohner seit Jahrtausenden mit verheerenden Vulkanausbrüchen und Erdbeben.

Der Schöpfer hat Italien nicht aus dem allerbesten Material verfertigt. Es überwiegen Tone, Mergel, Kalkschiefer, hie und da vulkanische Aschen und Laven. Wo das minderwertige Zeug nur ein bißchen hügelig wird, ist es wenig stabil. Tiefe Täler zerhacken es, ungezählte *balze* und *frane*. In jedem Herbstregen sprießen wie Pilze die Warnungstafeln mit der Aufschrift *Frana*, wenn Erdrutsche und Bergstürze, Senkungen und Risse die Straßen verändern. *Balze* heißen die gefräßigen Steilabstürze in weichen, erdigen Konglomeraten. Immer wieder stürzt der Rand nach, wird ein Baum entwurzelt, manchmal ein Etruskergrab freigelegt. *Le Balze* von Volterra haben den Berg, auf dem die Stadt steht, angenagt und ein ganzes Kloster verschlungen. Ein zweites wird in den nächsten Jahrhunderten Stein um Stein das gleiche Schicksal erleiden. Aber die sanften Ebenen? Bis vor wenigen Jahrzehnten malariaverseucht. Der Po droht mit gelegentlichen Überschwemmungen.

Die Bewohner der Halbinsel haben sich an dieser stiefmütterlichen Erde nach Kräften gerächt. Seit der Römerzeit haben sie den Wald erbarmungslos abgeholzt; das machte die Umwelt nicht lieblicher. Sie haben ein abgrundtiefes Gefühl für die Vergänglichkeit entwickelt. Die Erde an Vulkanhängen ist die fruchtbarste und die bedrohteste. Das Gefühl herrscht, unberechenbaren Katastrophen hilflos ausgeliefert zu sein, dem Sturm auf dem Meer oder dem Großgrundbesitzer. Fatalismus, tiefe Frömmigkeit und abergläubische Ängste sind eine, Zynismus, vordergründige Lebensfreude, stoische Geduld und unerschütterlicher Optimismus die andere Seite derselben Mentalität. Ein sonniges Paradies?

Zum Glück für den Besucher Italiens lassen nur ein paar Streiks die Neurose ahnen. Die Abgründe der italienischen Seele sind überdeckt. Die Dämonen liegen an der Kette und sind zu Wasserspeiern an den Domen versteinert. Böse Geister sind durch geeignete Gesten gebannt und die Scharen der Unterwelt unter Kontrolle der aufsichtführenden katholischen Amtskirche.

Auf dem Gebiet der Moral bekämpfte das Gesetz Merlin die Prostitution, indem es sie für nicht vorhanden erklärte. Die Mächte der Hölle werden ernst genommen. Satan existiert. Das sagt nicht nur eine Fachautorität wie der Dozent für katholische Dogmatik Don Giorgio Gozzolino[1], und der muß es wissen. Das sagen auch die Anwender Schwarzer Magie, die mit Satans Hilfe erfolgreich unschuldige Opfer behexen, krankzaubern oder gar umbringen. Allerdings, so haben Ethnologen auf Haiti in mühseligen Recherchen herausgefunden, selbst ein Woodoo-Zauber funktioniert oft nicht ohne doppelten Boden. Zur Wirkung der Zaubermedizin tritt eine handfeste Droge. Die Nadel in der Puppe, die das Opfer symbolisiert, ergänzt ein spitzes Instrument größerer Mensur, angewandt direkt auf das lebende Objekt.

Gegen Satan und die Schwarze Magie hat der Kardinal Anastasio Ballestrero, Erzbischof von Turin, 1986 drei Weltpriester und vier Ordensleute mit einem Amt betraut, das nach der Pensionierung der letzten beiden Titulare lang vakant war. Nach strenger Wahl unter den 2000 Geistlichen der Diözese wurden sieben Exorzisten als Kämpfer für das Gute berufen.

Weil man nie wissen kann, ob der oder das Böse zum Erreichen teuflischer Ziele den spirituellen Zerstörungskräften nicht ganz ordinäre Wahnvorstellungen, Psychosen, Paranoia oder gar einen handfesten Gehirntumor beigesellt, stehen den amtlich autorisierten Teufelsaustreibern zweitens, so will es der Erzbischof, Psychiater bei, die genau zu untersuchen haben werden, ob einer, der an gewöhnlicher Geisteskrankheit leidet, sich nicht zu Unrecht eine Besessenheit anmaßt. Da könnte ja jeder kommen. Es gilt dem Hochmut des Teufels und jener Hochstapler entgegenzutreten, die vorgeben, diesen im Leib zu haben, aber auch dem Übermut selbsternannter Exorzisten.

Ist wildes Exorzieren nicht fast ebenso gefährlich wie das ungezügelte Abhalten Schwarzer Messen? Weltliche Exorzisten üben ihr Amt aus, etwa Oberto Airaudi in Valchiusella, nicht weit von Turin, wo sich 180 Mitglieder einer Gemeinde namens »Damanhur« Tiernamen gegeben haben. Immerhin geht Airaudi ganz mit der Zeit: Der Computer berechnet die Leitfähigkeit der Haut, physiologische Rhythmen und tiefenanalytisches Kraftfeld, um dann unfehlbar auf An- oder Abwesenheit des Teufels zu schließen. Mit einem kleinen tragbaren antisatanischen Blitzableiter beherrscht man die synchronischen Linien, die magnetischen Bahnen und das Gesetz der Dinge. Jeder Verständige wird begreifen, daß es auf diese Weise leicht ist, sich vor dem Teufel zu schützen.

Der Verständige sieht auch ein: Es ist dringend nötig. Haben doch – wie Polizeiberichten über Störung der Religion und der Friedhofsruhe zu entnehmen ist – gerade in und um Turin Delikte wie Hostienraub und Diebstähle von Schädeln oder anderem Gebein zugenommen. Erklärungen gibt es dafür mehrerlei. Sie wollen nicht an den Satanomagnetismus glauben? Dann können Sie sich an die Untersuchungen von Giuditta Dembech halten, Autorin des erfolgreichen, in mehreren Auflagen erschienenen Buchs *Torino magica*. Sie hat – wohl mit magischen Kräften – die Zahl der dortigen Schwarzmagier, Satanisten und Mitläufer berechnet. Rund 40 000 scharen sich um einen harten Kern von einigen Dutzend. Warum gerade die nüchterne Hauptstadt der Piemontesen, der »Preußen Italiens«, so magieanfällig ist?

Logisch: Turin, wie Lyon und Prag, steht an geweihtem Ort über einer Ecke des Dreiecks der Weißen Magie, zugleich aber an einem Eckpunkt des schwarzmagischen Dreiecks, wie London und San Francisco. Turin ist somit Hauptschauplatz eines Krieges zwischen dem Guten und dem Bösen.

Daß in Turin die Selbstmordrate die höchste von ganz Italien ist, daß hier die Statistik der kleinen und großen Kriminalität der von Camorra- oder Mafia-Hochburgen im Süden nicht nachsteht, daß Drogensucht, Okkultismus, Neurasthenie, ideologischer Radikalismus als verschiedene Symptome derselben Krankheit gerade hier so stark auftreten, hat nach anderer Ansicht einen gemeinsamen Nenner in der Gesellschaft selbst. Er heißt industrielle Monokultur.

In Turin wedelt der Schwanz mit dem Hund. Das Schicksal der Autokonjunktur bestimmt ungedämpft das der Stadt, die gerade durch sie Ziel des stärksten inneritalienischen Wanderstroms wurde. In Turin prallen nördliche Ressentiments und entwurzelte Süditaliener aufeinander. Die *immigrati* haben ihre archaische Denk- und Lebensweise in die nördliche Industriewelt importiert, die camorristische Bandenkriminalität und steigenden Analphabetismus. Das hat Turin zur »magischen Stadt« gemacht. Ob es der Teufel holt?

Der Teufel bedroht in der Tat nicht etwa die entlegenen Winkel Siziliens, Kalabriens oder Sardiniens am stärksten[2], sondern den industrialisierten Norden. Die berühmtesten Hexenmeister und Wundertäter haben ihren Sitz in den großen Städten Mailand, Turin, Rom und Neapel. Was in Deutschland die hinteren Seiten anrüchiger Groschenhefte füllt, hat selbst in den seriösen Tageszeitungen eine eigene, ins Auge springende Anzeigenrubrik: *CHIROMANZIA* – Handlesekunst. Möglichkeiten der Wirklichkeitsbewältigung tun sich auf, die nördlich der Alpen höchstens auf Jahrmarktniveau bekannt sind. Hier empfiehlt sich nicht nur der *chiromante*, sondern auch der und die *cartomante* (Kartenaufschläger/in), der *astromante* (Sternwahrsager), der *astrochiromante*, der kombinierte *astrochirocartomante*. Es gibt Psychohellseher, parapsychomediale Wahrsager und fluidologische Medien, von gewöhnlichen Astrologen zu schweigen.

Der Supermagier (von der Hohen Brasilianischen Schule) und der Paratelepathologe (Ehrendozent des Okkultistischen Instituts) helfen (auf jede Entfernung, auch in hoffnungslosen Fällen) gegen das Schlimmste: die *fattura*[3], die *iettatura* und andere Formen der Behexung, etwa den bösen Blick (*malocchio*). (Nur für den verhexten Alltagskram mag die gewöhnliche *scaramanzia* helfen, die magische Formel oder Geste wie das Fingerkreuzen.) Magier mit glückverheißenden Namen wie Fausto oder Fortunato und mehreren Telefonnummern führen erfolgreich Großbetriebe mit Assistenzhexern und Zauberersubstituten und genießen das Wohlwollen der öffentlichen Meinung.

Es scheint unlautere Konkurrenz zu geben. Manche Dämonologen und Pranovisionäre versprechen nichts als Beratung, seelische Hilfe, Erleichterung. Der Verdacht ist begründet, daß sich hinter solchen Anzeigen nicht ein seriös hexendes Medium verbirgt, sondern ein gewöhnlicher Seelenkundler, womöglich an einer ordinären Universität ausgebildet. Tatsächlich sagt der Italiener, er geht zum *mago*, wenn er den Psychologen, Psychotherapeuten, Psychiater oder Psychoanalytiker meint. Es ist weniger ehrenrührig, Probleme zu haben, die nur der Magier lösen kann, als das Eingeständnis, man sei irgendwie *matto* oder *pazzo*, nicht ganz richtig im Kopf. Soziologen und Firmenberater mit Erwerbssinn hängen sich gleichfalls den Magiermantel um.

Das italienische Gesetz über öffentliche Sicherheit aus dem Jahr 1931 läuft dieser Realität genauso voraus wie die Verfassung. Es verbietet im Artikel 121 jede Scharlatanerie, die »Aberglauben und Vorurteile anderer ausnützt oder nährt, wie Wahrsagerei, Traumdeuterei, Kartenaufschlägerei, Verhexungen, Exorzismen«. Das königliche Dekret 635 von 1940 verbietet »Hypnose (Magnetismus, Mesmerismus, Bezauberung), Fakirtätigkeit und ähnliches, was sich bei einem leichtgläubigen Publikum schädlich auswirken kann, ausgenommen harmlose Unterhaltungen, die nach dem Urteil des Provinzarztes als unbedenklich anzusehen sind«.

Die Praxis ist anders. Das allgemeine Bedürfnis nach Magie ist stärker. Das Horoskop gehört zur Normalausstattung privater Fernsehprogramme. Parapsychologie ist ein ergiebiger Markt. Selbst die *RAI* holte, von Naturwissenschaftlern und Nobelpreisträgern kritisiert, mit einer Sendereihe zum großen tele(video)kinetischen Schlag aus. Aus Gründen der Gleichheit werden die genannten Verbote daher – Sie ahnen es schon – weder gegen Fernsehanstalten noch gegen Großmagier, die täglich tausende Mark für Fernsehwerbung ausgeben, angewandt. Wenn eine *maga* wie die betrügerische und erpresserische »Mamma Ebe« mit einem gelinden Hausarrest wegkommt, verwundert mehr die Tatsache, daß sie überhaupt angeklagt wurde, als die milde Strafe.

Ein aufsehenerregender Grenzfall: Armando Verdiglione. Der kalabrische Bauernsohn, der sich als Fortsetzer der psychoanalytischen Schule Lacans bezeichnete, steht für die intellektuelle Spielart des *mago*. Er gründete eine Stiftung, ein kleines Verlagsimperium, richtete eine barocke Villa als »psychoanalytische Klinik« ein. Zu seinen Kongressen in Mailand, Paris, Tokio, New York, Rom lud er Kulturprominenz von A bis Z: von Arrabal und Borges über Strehler bis zu Wiesel, Xenakis und Zanussi. Er wurde 1987 in einem Berufungsprozeß zu einer Gefängnisstrafe von vier Jahren wegen Nötigung, Erpressung, Mißhandlung, Einschüchterung psychisch Labiler, Betrugs, des italienischen Straftatbestands der »Ausbeutung hilfloser Personen« verurteilt.

Die Vielfalt praktischer Lebenshilfen durch Magie läßt fast vergessen, daß Italien – noch immer – ein katholisches Land ist. Gewiß, die Kirche hat zumindest ein Auge zugedrückt, manchmal beide, wenn der Volksglaube stärker war als die Theologie. Katholisch oder nicht – Reliquien, fliegende Patres, Verflüssigungswunder, Skapuliere und Rosenkränze und das Turiner Grabtuch bilden für einfache Leute das nötige Zubehör, mit dem sie den Widrigkeiten des Lebens besser zu Leibe rücken.

Die doppelte Buchführung benutzt der Italiener, bewußt oder nicht, auch in seinem Seelen- und Geisteshaushalt. Der

Mechaniker, der Ihnen eben die Einspritzelektronik am Auto in Ordnung gebracht hat, weiß, das der Motor jetzt nur läuft, weil er die *scaramanzia* nicht vergessen hat. Der Durchschnittsitaliener, ein Mosaik. Gibt es ihn? Ein Kommunist, der vielleicht Gramsci auswendig zitiert, aber zur Weihnachtsmette geht und tags darauf zum *mago*, um die richtigen Börsentips zu erlangen, der *fumetti* (Comics) liest und über *il weltschmerz* und *la weltanschauung* diskutiert.

Diese beiden Worte gehören zu dem wenigen, was die deutsche Sprache und Philosophie mehr zum Schmuck als zur Verständigung in der italienischen Geisteswissenschaft hinterlassen hat. Moderne italienische Philosophen sprechen allerdings fast besser heideggerisch als italienisch und vollbringen das Höchste in der Rhethorik. Giambattista Vico, neapolitanischer Rhetorikprofessor des 18. Jahrhunderts, lange verkannt, leistete folgerichtig Hervorragendes als Geschichtsphilosoph.

So ist es – wenn Sie glauben, heißt ein Theaterstück von Pirandello. Aber auch der unkünstlerische Italiener traut seiner Phantasie oft mehr als der erdbebengeschüttelten Wirklichkeit. Noch in einer ganz gewöhnlichen Live-Show im sizilianischen Fernsehen muß die Wirklichkeit nicht wirklich sein. Vor die laufenden Kameras stürzte ein Geiselnehmer und bedrohte die Schauspieler. Die Zuschauer riefen das Überfallkommando an, doch der Geiselnehmer war ein Schauspieler. Der Durchschnittsitaliener[4] fällt darauf kaum mehr hinein. Eher hält er den echten Überfall für Filmdreharbeiten. Heult der Einbruchsalarm nebenan, dreht er sich angeödet weg. Sind Sie nun so verwirrt wie ein italienischer Fernsehzuschauer? Glauben Sie, daß es eher den Yeti gibt als einen gewöhnlichen wirklichen Italiener?

1 Im Turiner Diözesanblatt, Februar 1986.

2 In diesen Regionen liegt die offizielle Analphabetenrate noch immer über sechs Prozent, die inoffizielle (die das Phänomen des sogenannten Rückkehranalphabetismus einschließt) beträgt das Doppelte.

3 Nicht zu verwechseln mit der *fattura fiscale*, der Steuerrechnung.

4 Er verbringt genau sechs Stunden 47 Minuten täglich vor dem Fernseher. (Allerdings auch essend, dösend, plaudernd oder die Zeitung lesend, was die doppelbödige Statistik verschweigt. Es ist wie mit Einaudis Berechnung des theoretischen Steueraufkommens: Wenn Sie die Beschäftigungen summieren, hat der Tag des Durchschnittsitalieners mindestens 36 Stunden.)

Land ohne Italiener?

Ein schwerer Verdacht keimt auf nach allen bisher gemachten Bemerkungen über Sprache, Individualismus und Partikularismus. Italien ist ein Land – vielleicht das einzige auf der Welt – , in dem es keine Italiener gibt. Zwar: Die Bürokratie, die Schule, das Fernsehen und andere segensreiche Einrichtungen tun ihr Bestes, aus den Bewohnern der Halbinsel Italiener zu machen. Doch weil die politische Einigung so spät erfolgt ist, hinken Nationalbewußtsein, Nationalbewußtseinsbildung und Nationalbewußtseinsbildungsprozeß noch immer weit hinterher.

Für den Deutschen ist es schwer, das italienische Einigungstrauma zu begreifen. Wird von der Verschiedenheit italienischer Dialekte gesprochen, meint er ruhig, die gebe es ja im deutschen Sprachraum auch. Klagen Italiener, sie hätten nie eine nationale Revolution gehabt, erinnert sich der Deutsche, so etwas Ähnliches fehle in der eigenen Geschichte. Auf Stichworte wie »geteiltes Deutschland« und »Mauer« antworten Italiener, in Istrien und im Tessin habe man selber Landsleute jenseits der Staatsgrenzen.

Auch wenn Deutsch in viele Dialekte zerfällt, die Hochsprache hatte fast stets das höhere Sozialprestige. Als sich das Königreich Piemont die südlichen Regionen einverleibte, stieg – im Gleichschritt mit der Einigung Italiens im Jahrzehnt von 1861 bis 1871 – die Analphabetenrate kontinuierlich auf 65 Prozent (Preußen 1871: 12 Prozent). Nach 1871 sprachen nur 2,5 Prozent der Bevölkerung korrektes Italienisch, in der Toskana (deren Einwohner von sich behaupten, sie hätten keinen Dialekt) ganze 9,5 Prozent.

Nicht nur vor hundert Jahren war das so. Luigi Malerbas Erzählung *L'Italiano* (Der Italiener – aber auch: Das Italienische) beschreibt mit bitterem Sarkasmus die Distanz des Normalitalieners von »seiner« Sprache. Ein Bauer, der sie im Gefängnis gelernt hat, spricht sie nun im Glauben, er hätte einen Schritt des sozialen Aufstiegs geschafft. Im Dorf wird er nur noch »der Italiener« genannt, was so klingt wie: Ausländer.

Die Bemerkung, die ich aus dem Mund eines Taxifahrers in Neapel gehört habe, taucht in ähnlicher Form immer wieder auf:

»Schauen Sie sich *Napule* an, die Palazzi, die Kirchen, die Vesuv-Villen und überhaupt – das ist die schönste Stadt der Welt. Aber seit wir von diesen verdammten Piemontesen besetzt sind, geht alles kaputt.«

Auch die Sarden und die Sizilianer begehren gegen die »Besatzungsmacht« auf, sie nennen das restitalienische Festland *il continente*. Es klingt in ihrem Mund wie: Ausland. Die Venezianer trauern der Serenissima nach und hätten gern ihre Seerepublik wieder. Extremisten schmieren an die Wände: »Römer raus aus dem Veneto«. Siena und Florenz erinnern sich gern ihrer Rivalität im Mittelalter. Die auseinanderstrebenden politischen Vorstellungen gehen bis ins Skurrile. In Mailand gibt es einen monarchistischen Verein, die »Freunde des Lombardo-Veneto«, die gern wieder ein gekröntes Haupt in Italien hätten. Nicht was Sie denken. Keinen Savoyer. Einen Habsburger! Sie feiern noch immer, wie zu den Zeiten Franz Josephs I., am 18. August Kaisers Geburtstag. Ein Leserbrief im *Corriere della Sera* kritisierte erbittert die gegenwärtige chaotische und selbstherrliche Verwaltung: *Cecco Beppe*, wie Franz Joseph bei den Lombarden heißt, habe sich als erster Diener des Staates bezeichnet, während heute der letzte Amtsdiener sich als absoluter Monarch fühle. Mailand, die heimliche Hauptstadt, die sich in ihrer Macht als Wirtschaftsmetropole wohl fühlt, beklagt zugleich – aus sicherem Abstand – die verlorene *Felicità mitteleuropea*. Neapel nennt ein besonderes Durcheinander im Dialekt nicht *casino*, sondern *'na repubbreca!* – Das ist eine Republik!

Sie liegen sich ständig in den Haaren. Nur in vier Punkten

läßt sich mehr oder weniger Übereinstimmung erzielen. Erstens vergessen die Regionen ihre nachbarschaftlichen und sonstigen Rivalitäten, sobald es um den großen Nord-Süd-Gegensatz geht. Da gibt es zwei große Parteien, hier *il Nord, il Settentrione,* dort *il Sud, il Meridione, il Mezzogiorno.* Zweitens vergessen sie ihre Meinungsverschiedenheiten, sobald es gegen Rom geht. Römer sind wenig beliebt. Römern ist auch heute noch mit Sicherheit klar: Ihre Stadt ist der Nabel der Welt. Daß die italienische Einigung vom Norden ausging, ist ein Stachel in der Seele historisch gebildeter Römer. Den folgenden Witz muß ein selbstkritischer Bewohner der Hauptstadt oder ein ironischer Mailänder erfunden haben:

»Welche Stadt ist provinzieller, Rom oder Mailand, und wo ist man besser informiert?« – »Provinzieller ist natürlich Mailand, besser informiert ist man in Rom: Jeder Römer weiß, daß Mailand provinzieller ist.«

Wenn ein selbstbewußter Römer gefragt wird: »Sind Sie Italiener?«, kann er beleidigt ausrufen: *No. Romano!* Der Ausländer wird begreifen, daß die Römer – wie ihre Vorfahren vor zweitausend Jahren – in allen übrigen Regionen als überheblich und arrogant gelten. Der Franzose kennt das von den Parisern. Der Wiener schmäht den Restösterreicher »Gscherten« (was vom geschorenen Hammel oder Leibeigenen kommt) und macht sich nach besten Kräften unbeliebt. Im Vorkriegsdeutschland hatten Witz und Volksmund den Berliner mit seiner frechen Schnauze in dieser Funktion vor Augen. Der Normalamerikaner und der New Yorker, beide betonen unablässig mit entgegengesetzter Wertskala, daß New York nicht Amerika sei. Gemeinsamer Nenner ist – auch – der Mentalitätsunterschied zwischen dem raschen, reizüberfluteten und gestreßten Hauptstädter, der nach dem Terminkalender hetzt und rücksichtsloser Auto fährt, und dem ausgeglicheneren, in Großstädteraugen verschlafenen, ein bißchen beschränkten Provinzler. Die Uhren gehen verschieden.

Trotz Rom und Mailand, trotz Industrialisierung und Technisierung sind die Italiener wenigstens in der Sprache

Bauern geblieben: Die Marmorarbeiter Carraras zum Beispiel sprechen von der »Kultivierung« des Steinbruchs, als wäre es der Weingarten oder der Ölbaumhain im Dorf zu Haus. Sie sprechen von Marmorsorten wie von erlesenen Weinen, sind Kenner und Liebhaber. Die Bauern sind immer zugleich Städter: Einzelhöfe nach germanischer Art gab es kaum (nur die großen Latifundien mit der herrschaftlichen Villa als Zentrum). Das Städtische der Dörfer springt ins Auge. Ihre schöne Geschlossenheit ist die Frucht des Privilegienneids. Strenge mittelalterliche Bauverordnungen sorgten dafür, daß die Türme des Individualismus nicht in den Himmel wuchsen. Zum Beispiel in San Gimignano, wo noch heute 15 von 72 Türmen stehen, die im *Trecento*[1] gezählt wurden. Der Campanile des Doms, 51 Meter hoch, wurde zum äußersten Maß der erlaubten Höhe für private Türme erklärt. Klarer Zweck war, Konkurrenz für den an der höchsten Stelle des Stadthügels errichteten Stadtturm, das Herrschaftszeichen der Stadt, zu verhindern. (Was den zwei mächtigsten, miteinander verfeindeten Familien der Stadt, den welfischen Ardinghelli und den ghibellinischen Salvucci, den gleichen schlauen Gedanken eingab: zwar die zugelassene Höhe einzuhalten, aber architektonisch ungleich beeindruckendere Zwillingstürme zu errichten. Die Architekten des World Trade Center in New York haben eine siebenhundert Jahre alte Idee geklaut.)

Mitsamt den Römern sind sich drittens alle verfeindeten Brüder in der herzlichen Abneigung gegen den Staat einig. Der ungeliebte Staat hat naturgemäß keine andere Wahl, als zur Bekämpfung der ganz allgemein als gerechtfertigte Notwehr angesehenen Verweigerung des Respekts Vorschriften zu erlassen, die unter Hintanhaltung von Schwindel, Unterschleif und Korruption die Einhaltung von Vorschriften gewährleisten sollen, welche die Kontrolle solcher Erlässe und Verfügungen regeln, mit deren Hilfe die Nichtbefolgung jener Dekrete unterbunden werden soll, welche dazu beitragen, die Umgehung gewisser gesetzlicher Regelungen zu erschweren, denen der Zweck innewohnt, die Geltung geltender Gesetze auch in der Praxis durchzusetzen, welche nichts anderes zu bewirken haben, als die verfassungsmäßigen Rechte und Pflichten auch in der Wirklichkeit zur Anwendung zu bringen. Dies ist ungefähr die einfachste mögliche Beschreibung des Verhältnisses zwischen dem italienischen Staat und seinem Bürger. Sie werden verstehen, daß die albtraumhaften Romane Franz Kafkas der italienischen Realität recht nahekommen.

Ein Ausländer hat in diesen subtilen Auseinandersetzungen nur die Chance, Fehler zu machen. Er ergreift Partei, oder er versucht vermittelnd einzugreifen und Frieden zu stiften. Alle werden dann schlagartig für wenige Augenblicke zu Italienern und fallen über den Unvorsichtigen her. Wo es viele Ausländer gibt, im Ausland zum Beispiel, hält dieser Einigungseffekt an. Nur so ist zu erklären, daß dort die Genießer mediterraner Gastronomie »zum Italiener« gehen, und nicht zum Pugliesen, Neapolitaner und Toskaner. New York hat sein *Little Italy* und kein *Little Naples*.

Man sage nicht, Kirchturmpolitik, *campanilismo*, und Reibereien halb scherzhafter Art gebe es auch zwischen den deutschen Ländern. Es ist kein Zufall, daß Anfang 1988 eine Umfrage in den vier großen Industrieländern der EG über die Bereitschaft, eventuell auch im Ausland zu arbeiten, überraschenderweise ergab, Franzosen und Deutsche zeigten die größte Mobilität. Das widerspricht dem Augenschein. Sind die Franzosen nicht die größeren Nationalisten, arbeiten nicht viele Italiener in Deutschland, wenige Deutsche in Italien? Gewiß: Wer nicht im Ausland arbeiten muß, hat es leicht, Mobilität zu bekunden. Aber auch der Sprachgebrauch bestätigt den Unterschied. Italiener sprechen von ihren *emigrati* und meinen fast nie die Auswanderer in den Vereinigten Staaten, Argentinien oder Brasilien, nur manchmal die Gastarbeiter in der Schweiz und der Bundesrepublik. Mit Emigranten meinen sie zuallererst die *meridionali* in Turin oder Mailand.

Herzzerreißend klagen Kalabresen, sie fänden im kalten, abweisenden Norden keine Freunde, keine Mädchen, seien ausgestoßen. Der kalte Norden beginnt jenseits des Apennin. Welcher Münchner in Hamburg würde sich als Emigrant fühlen? Welcher Stuttgarter von »unseren Gastarbeitern aus Norddeutschland« sprechen? Deutsche ziehen innerhalb des Landes ohne viel Umstände um. Österreicher strömen in die Bundesrepublik, ohne sich besonders ausländisch zu fühlen. Daß sich nicht mehr Deutsche oder Österreicher in der Schweiz niederlassen, liegt nur an eidgenössischer Überfremdungsangst. Italiener sind in der Realität mobiler – gezwungenermaßen, ungern. Stärker als die Verwurzelung in der Heimat ist der Selbsterhaltungstrieb.

Wer kann, versucht ja lieber die eigene Heimat wohnlicher zu machen, als sie aufzugeben. Nehmen wir Mailand. Das Klima der Ebene mußten schon die Römer miserabel finden: drückend schwül und mückengesegnet im Sommer, feuchtkalt und begnadet mit feinstem Nebel im Winter. Nennenswerte Gewässer gibt es nicht, abgesehen von den paar sumpfwiesengesäumten Teichen und trägen Bächen, die der Schöpfer vorsorglich für das Wohlbefinden der Mükken eingeplant hat. Berge gibt es auch nicht. Nicht einmal wie überall sonst, in Turin, Genua, Bologna, Florenz, die charakteristische *collina*, die umliegende Hügellandschaft, wo einst die Sommerresidenzen der Wohlhabenden errichtet wurden und noch heute die begehrtesten Wohnviertel liegen. Ob es am langobardischen Erbteil liegt, daß die Lombarden dickschädlig und zielstrebig darangingen, diesen Widrigkeiten abzuhelfen? Das Klima konnten sie nicht ändern. Sie bauten sich immerhin ein künstliches Gewässernetz, das die fehlenden schiffbaren Flüsse ersetzte. Und weil sie nicht den kleinsten Hügel ihr eigen nannten, begannen sie ein ganzes Gebirge zu errichten und nannten es Dom. Das Material dazu holten sie auf Lastkähnen, den *navigli*, über die selbstgegrabenen Flüsse.

Mailand ist zugleich Beispiel dafür, wie die italienische Zersplitterung zu lokalen Traditionen, zu Sonderrechten, zu Sondersprachen führte und diese bewahrte. Der Schutzpatron der Stadt, Ambrosius, ein durchaus lebenslustiger und

Der Mezzogiorno: Zu Hause kann man leben (oben) – verdienen in Turin (unten)

190

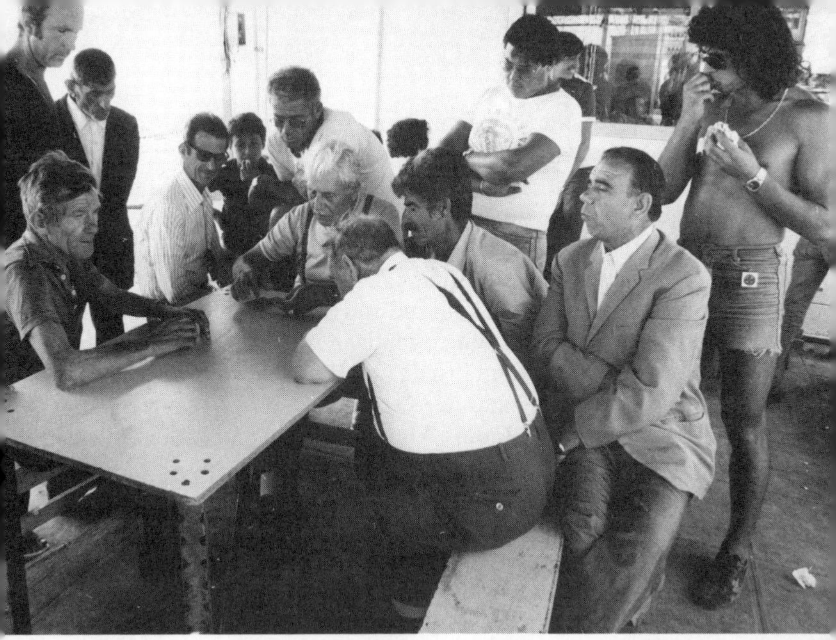

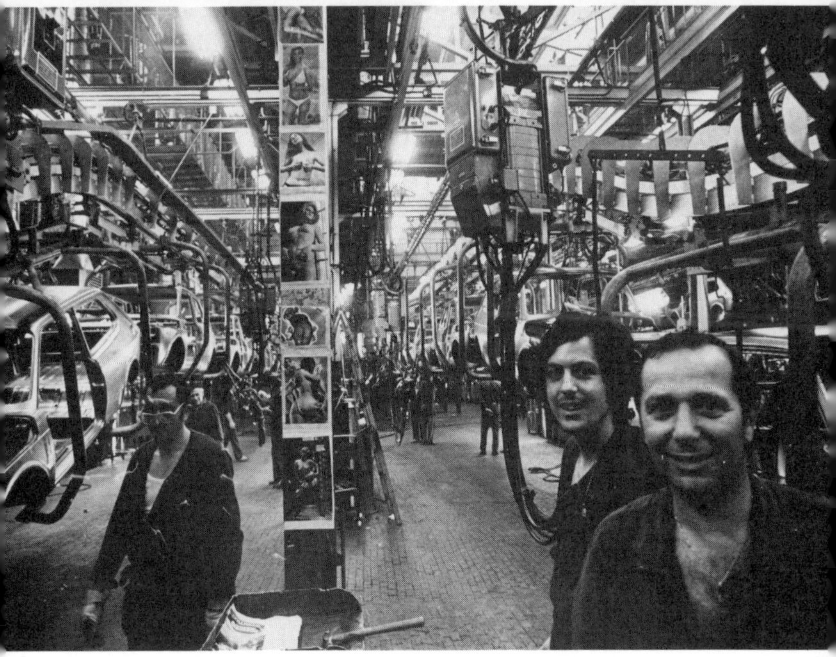

streitbarer Mann, noch nicht einmal getauft, als er 374 zum Bischof gewählt wurde, setzte für seine vom theologischen Krieg mit den Arianern hinlänglich geplagten Mailänder Gläubigen den *Carnevale ambrosiano* durch, der statt am Aschermittwoch erst am Sonntag darauf zu Ende geht. Das war nichts als ein politisches Zugeständnis auf dem Weg zur Vereinheitlichung der Kirche und ihrer Liturgie: Einheit auf Kosten von Privilegien. Irgendwie ist es dann dabei geblieben, in Mailand beim Privileg, in Italien bei diesem Prinzip.

Italien ist ein Land der Gegensätze und Sonderregelungen auf engstem Raum. Als ob die Gegensätze der Gegenwart nicht reichten, haben sich hier und da solche aus dem Mittelalter erhalten. Das Kirchenrecht, das neue Konkordat (seit 1985), bäuerliche Sittenstrenge und die Gewohnheiten der mobilen Industriegesellschaft ermöglichen gemeinsam, alte und neue Unvereinbarkeiten auf phantasievolle und fruchtbare Weise ineinander zu verflechten. So kann sich ein interessanter Streit entwickeln, wo gewöhnlicher Menschenverstand leichtsinnig eine friedliche Lösung fände.

Die Regionen verhalten sich zueinander wie die Einzelpersonen auch. Sie legen gar keinen Wert auf Gleichmacherei, sondern mehr auf die ausgleichende Ungerechtigkeit. Sie wollen Privilegien – mindestens die gleichen wie der beneidete Nachbar. In Italien hat die widersinnige Wortprägung »unterprivilegiert« unfreiwillig einen konkreten Inhalt. Unterprivilegiert ist besonders der *Mezzogiorno*. Der Süden fühlt sich als Opfer der Geschichte. Doch auch Rom fühlt sich als Opfer der Geschichte. Turin mit seiner glanzvollen Vergangenheit als Hauptstadt der Savoyerkönige und als italienisches Hollywood der Stummfilmzeit ist den Römern und den Filmstudios in *Cinecittà* gram und fühlt sich als Opfer der Geschichte. Die Venezianer mit ihrer untergegangenen Republik, Florenz, das sich für kurze Zeit als Hauptstadt des geeinten Italien freuen durfte, alle sind sie Opfer.

Weil es, aufs Ganze gesehen, naturgemäß jeweils mehr »andere« gibt als regionale Mitbürger, kann sich der Bewohner jeder Region als Angehöriger einer Minderheit fühlen.

Ganz besonders als Opfer fühlen sich die Minderheiten im eigentlichen Sinn, manche unter ihnen mit anhaltendem Erfolg. Italien ist zwar kein Bundesstaat. In der Praxis läuft die Gliederung der Verwaltung darauf hinaus, daß die Vielfalt gefördert wird. Von den zwanzig Regionen sind fünf autonom. Sie haben zum Teil mühevoll errungene Sonderrechte: das Aostatal, Sizilien, Sardinien, Friaul-Julisch Venetien, Trentino-Südtirol. Darin ist noch einmal jede der beiden Provinzen Trentino und Südtirol für sich autonom.

Offiziell gibt es vier Sprachen. Im ganzen Staatsgebiet ist Italienisch Amtssprache, im Val d'Aosta daneben Französisch, in Südtirol Deutsch, in Triest Slowenisch. Die Wirklichkeit ist ein wenig komplizierter. Jeder der italienischen Dialekte verursacht bereits eine De-facto-Zweisprachigkeit. Ein Ladiner im Grödner Tal hingegen wächst gleich viersprachig auf: mit seiner Muttersprache, mit dem unentbehrlichen Südtiroler Dialekt der Nachbarschaft, mit Deutsch und Italienisch in der Schule. Auch die Ladiner fühlen sich unterprivilegiert, weil ihre Sprache, dem Graubündner Rätoromanischen eng verbunden, nicht volle politische Anerkennung genießt. Noch unterprivilegierter fühlen sich die Ampezzaner (um Cortina), deren Ladinisch von Mussolinis Regierung überhaupt geleugnet worden war. In gleicher Situation befindet sich das Friaulsch.

Die Valdostaner sprechen kein richtiges Französisch, wenigstens nicht als Muttersprache, sondern *patois*, wachsen also dreisprachig auf. Der Dialekt gehört zur frankoprovenzalischen Dialektgruppe wie der einiger piemontesischer Gebirgstäler. In valdostanischen und piemontesischen Tälern am Südfuß des Monte Rosa leben die Walser, aus dem Wallis eingewandert, und noch wird von manchen das aussterbende Walsertitsch, ein deutscher Dialekt, gesprochen. Andere sterbende deutsche Sprachinseln sind das Tal von Pladen/Sappada mit seinem Osttiroler Dialekt und die berühmt gewordenen *Sette comuni* nördlich von Vicenza mit ihrer mittelalterlichen Sprache.

Das Slowenisch in Julisch-Venetien, wen wundert es, hat wie die Sprache der Slowenen in Kärnten vom benachbarten

Friulaner Dialekt manches aufgenommen. In Grenznähe gesprochene Dialekte dieser Art sind wie Findelkinder: Ein Italiener würde den Dialekt von Görz sofort als Slowenisch identifizieren, ein Slowene aus Laibach hingegen mit einigem Zögern eher als ein sonderbares Italienisch, von dem hie und da ein Brocken zu verstehen ist. Ein ähnliches Slowenisch gibt es noch in der Region Molise.

Die Sarden sprechen eine altertümliche, dem Latein nahe Sprache, die in so viele Dialekte zerfällt, daß einer mit einem guten Ohr den andern nicht zu fragen braucht, aus welchem Dorf er kommt. In zwei Gebieten Sardiniens werden katalanische Dialekte gesprochen. Albanisch hat in mehreren Sprachinseln des *Mezzogiorno* (um Bari, in der Basilicata, in einem Abruzzendorf, in Kalabrien und Sizilien) überlebt. Die Albaner kamen auf der Flucht vor den Türken über die Adria. Frankoprovenzalische Gruppen gibt es nicht nur im Piemontesischen, sondern auch in Unteritalien. Und zu guter Letzt hat das antike Großgriechenland seine Spuren hinterlassen. In Sizilien, Apulien und Kalabrien (zum Beispiel im Dorf Pentedàttilo, zu deutsch: Fünffinger) gibt es Gruppen, die *Grecano* sprechen, das Griechisch der *Magna Graecia*.

Nicht genug? Dann kann ich noch mitteilen, daß verschiedene Kriegsereignisse Flüchtlingsströme und in der Folge Dialektexklaven erzeugt haben. So gibt es in Sizilien verwirrenderweise Dörfer mit lombardischem Dialekt, also einem vom anderen Ende Italiens. Immerhin wäre es übertrieben zu behaupten, der Partikularismus Italiens ginge so weit, daß jeder der 57 Millionen Bewohner des Landes seine eigene Sprache spricht. Die Vielfalt wird in Zukunft nicht geringer werden. Zur Zeit ist – in Sizilien, in den großen Zentren – das Arabisch der Einwanderer aus Nordafrika im Vordringen. Der Reisende kommt vorläufig trotz allem mit Italienisch am besten durch, ausgenommen Südtirol und – wie schon erwähnt – manche Adriastrände. Dort ist schon lange Deutsch geläufiger.

Sie können sich vorstellen, daß für Italiener ihre Herkunft ein schier unerschöpfliches Gesprächsthema ist, viel mehr als in deutschsprachigen Ländern. Die Komplikationen werden fast als eine Besonderheit empfunden: »Wissen Sie, mein Vater war aus Ligurien, meine Mutter eine *Tifernate*.« Bei letzterem Ausdruck wird selbst ein Italiener zurückfragen: »Eine was?« – *Tifernate!*

So heißt ein Bewohner von Città di Castello. Es wundert dann gar nicht mehr, neben gewöhnlichen Herkunftsbezeichnungen – *Romano, Milanese, Veneziano* – gelinde gesagt ungewöhnliche zu hören, die man lernen muß. Die Bewohner von Tivoli sind die *Tiburtini*, die von Todi (Umbrien) die *Tudertini*, La Spezia beherbergt *Spezzini*. Während in Reggio Emilia die *Reggiani* wohnen, sind es in Reggio Calabria die *Reggini*. Es gibt über hundert solche unregelmäßige Herkunftsbegriffe. Im beliebten Thermalkurort Abano Terme leben außer Deutschen noch ein paar Ureinwohner. Sie heißen *Apontini*. Am überraschendsten dürfte der Name der Bewohner von Ivrea, dem Sitz Olivettis, sein: sie heißen *Eporediesi*.

Nicht immer sind damit Menschen gemeint. Ist die Rede von einer *Persiana* oder *Veneziana*, denken Sie nicht, man unterhalte sich über schöne Frauen aus Venedig oder gar Persien. Das erste ist ein Fensterladen, das zweite eine Fensterjalousie. Eine *Trevigiana* ist hingegen ein rötlicher Salat (aus Treviso). Die *Bavarese* jodelt nicht in den bayrischen Alpen, sondern schmeckt als cremige Süßspeise, eine *Macedonia* wohnt nicht in Mazedonien, sondern ist ein Fruchtsalat. Die *Portoghesi* haben mit Portugal nichts zu tun, sondern sind jene Virtuosen, die es fertigbringen, ohne gültige Karte (aber auch ohne Gewalt) ins Stadion einzudringen, wenn das ausverkaufte Meisterschaftsspiel *Napoli* gegen *Inter Mailand* bevorsteht.

Bei all diesem Reichtum: Für die gefühlsbeladene »Heimat« haben die Italiener sonderbarerweise keine rechte Entsprechung. *La patria* ist mehr das Vaterland, dem sich der Patriotismus und nicht die Heimatliebe zuwendet. Bei einem deutsch-italienischen Turiner Kongreß über Nationalität und Identität gerieten sich die Italiener schnell in die Wolle, ob es ein Heimweh gebe, wenn keine Heimat es hervorrufe. Als die Dichter Antonio Tabucchi und Vittorio Sermonti heftig darüber stritten, ob die italienische Sprache überhaupt existiere, griff der Germanist Cesare Cases salomonisch ein: Wenn zwei Literaten, die noch dazu aus demselben toskanischen Dorf stammen, in einer gemeinsamen Sprache sich über sie so uneins sein könnten, bedeute das – mag sie auch sehr literarisch geblieben sein – den schönsten Nachweis ihrer Existenz. Und wenn es die italienische Sprache gibt, dann muß es auch die geben, die sie sprechen: die Italiener. Zumindest der indirekte Nachweis ist damit gelungen.

---

1 Der Italiener zählt nicht die Jahrhunderte, sondern deren runde Anfangsdaten und läßt tausend Jahre weg: Das *Trecento* ist das 14., das *Quattrocento* das 15. Jahrhundert und so fort. Wenn er ausnahmsweise das 3. Jahrhundert meint, drückt er es wie die Deutschen aus: *Terzo sècolo*.

Das Rätsel Italien

Das Vertraute im Fremden, haben wir uns eingangs gefragt, oder das Fremde im Vertrauten? Es hängt vom Blick ab. Der wirkliche Abstand zwischen etwas Fremdartigem und unserer Gruppennorm wird künstlich vergrößert, wenn er sich in ein (Vor-)Urteil verwandelt[1]. Wie klein sind die Italiener? Die statistische Verteilung der Körpergröße in der Bevölkerung Italiens und eines germanophonen Landes, das sind zwei zwetschkoidisch verzogene Gaußsche Glokkenkurven. Sie überdecken einander zum allergrößten Teil. Extreme und Mittelwerte liegen nur wenig auseinander. Von Blond über Rot und Braun bis Schwarz gibt es alle Haarfarben sowohl nördlich wie südlich der Alpen. Die Prozentsätze unterscheiden sich nicht erheblich – aber die Vorstellung filtert aus dem bißchen mehr Schwarz dort und ein bißchen mehr Blond hier, aus den wenigen Zentimetern durchschnittlicher Größenunterschied auf beiden Seiten die gleiche Gruppenabstraktion:

Der große blonde und blauäugige Apulier schaut dem kleinen schneckerlhaarigen Münchner in die braunen Augen und erklärt trotzdem unbeirrt, daß in Deutschland, Bayern eingeschlossen, nur Riesen mit strohfarbenem Haar und stählernen Blicken hausen, während der Bayer dem Sizilianer eröffnet, daß in seinen Augen die Italiener alle schwarzhaarige Zwerge mit dunklen Kulleraugen sind. Man sieht es ja. Lassen Sie mir mein wohlbegründetes Vorurteil, ist die herrschende Meinung, und verwirren Sie mich nicht mit Tatsachen.

Selbst die Vereinfachung ist nicht einfach genug. Sie wird zur nochmaligen Vereinfachung einmal gefiltert, wie Wechselstrom vom Gleichrichter: So, jetzt liegen die Stirnfransen schön gekämmt, alle nach einer Seite. Weil das Bild vom sympathisch-oberflächlichen Mittelmeeranrainer nicht zuläßt, daß da solche Absonderlichkeiten vorkommen wie vollautomatische Fertigungsstraßen und High Technology, Physiknobelpreisträger und medizinische Spitzenforschung, blendet der Betrachter alles aus, was nicht hineinpaßt.

»Die italienische Polizei ist ausgezeichnet.« – »Wieso, haben wir nicht die Carabinieri-Witze?«

»Italienische Typographen arbeiten in unerreichter Qualität.« – »Aber... ich denke, die leben im totalen Chaos?«

»Italienische Unternehmer strecken ihre Arme nach Belgien, Frankreich, den Vereinigten Staaten aus.« – »Haben die nicht mit sich selber genug Probleme?«

Sicher, es gibt Vorurteile, die sogar stimmen[2]. Doch im großen und ganzen dürfen Sie ruhig behaupten, daß *nichts* von dem vollkommen richtig ist, was ich in diesem Buch behauptet habe. Schlimmer noch. Es sieht so aus, als sei Italien überall. Ulrich Greiner meinte, Deutschland sei von Italien kaum zu unterscheiden. Aber das empfänden sie gar nicht weiter als schlimm, nur den ständigen Regen könnten sie nicht aushalten, die Deutschen. Nur die Deutschen? Überall gibt es jene Zustände, deren negative Seiten am stärksten ins Auge springen, und die offensichtlich überall und offensichtlich zu Unrecht als »italienische Zustände« bezeichnet werden.

Massenhaft verlorengegangene Postsendungen? Nein, nicht in Neapel. 1987 in München, der Weltstadt mit Herz. An Haupreisetagen wegen Streiks geschlossene Museen? Nein, nicht Florenz: der Louvre und Versailles, zu Ostern 1988. Fahrlässig verursachte Schiffshavarien? Nein, nicht Messina, sondern eine Fähre zwischen Dover und Ostende. Wartezeiten von zwölf Stunden? Nicht vor den Schiffen nach Sardinien, sondern vor denen der *Sealink*. Es gibt plötzlich gar keine Fährverbindungen? O nein, nicht die Inseln des Mittelmeers sind wochenlang von einem Streik betroffen, sondern England, in seine *splendid isolation* zurückgestoßen. Chemieskandale? Die tüchtigen Schweizer lassen die Italiener hoffnungslos schwach abstinken. Giftmüll? Hamburg schlägt die Lombardei mit Leichtigkeit. Die Wasserverschmutzung? Rhein und Elbe können dem Po das Wasser reichen. Die Korruption? Haben wir hier in...[3] auch und nicht zu knapp. Das Krankfeiern? (Nur bei Hochkonjunktur, versteht sich) Die italienischen Gastarbeiter können sich nicht erlauben, was sich die Einheimischen in...[3] herausnehmen. Die Überfüllung von Messestädten, Autobahnen, Ausflugszielen? In Mailand wie in Köln, vor Salzburg wie vor Neapel, in Neuschwanstein wie in Venedig. Die mangelnde Verkehrsdisziplin? Die Statistiken unterscheiden sich wohl nur in Nuancen. Die überkomplizierte und doch nicht funktionierende Bürokratie? Da sind wir in...[3] auf dem besten Wege...

Von Amerika wollen wir nicht reden. *Little Italy* ist überall, erstreckt sich von New York über die ganzen Vereinigten Staaten und weiter, stellt der Reisende nicht ohne Verblüffung fest. Nicht davon zu reden, daß Venedig in Italien nur einmal, in Amerika vielfach vorhanden ist: *Venice, Italy* steht allein einer Phalanx gegenüber von *Venice, Florida*, bis *Venice, Louisiana*. Von *Venice, Florida* ist es auch nicht weit nach *Naples, Florida*. *Florence* gibt es (nicht nur) in South Carolina, Alabama und Oregon. *Syracuse, Cremona, Mantua* – die ganze italienische Geographie ist transplantiert. Rom hat Schwestern in Georgia und New York (wogegen noch niemand etwas von einem New York in der *Provincia di Roma* gehört hat). Nur California hat in der Gegenrichtung gewirkt. Ein lombardisches Dorf heißt so.

Es gibt viel mehr Parallelen als nur die Namen. New Yorker bezeichnen ihre Straßen stolz als die schlechtesten der Welt – wahrhaftig, sie brauchen sich vor denen in Mailand nach den Frostaufbrüchen eines strengen Winters nicht zu verstecken. Das Leitungswasser ist überall untrinkbar – ganz wie in Venedig. Selbst in New York ist im Herbst die alljährliche Trockenheit Grund für einen Wassermangel, den man nur sizilianisch nennen kann. Daß die Mafia Italien und Amerika auf das engste verbindet, ist ein Gemeinplatz. Doch die sizilianische Mafia, schreibt ein Freund aus Kolumbien, ist gegen die Kokain-*Connection* von Medellín oder die chinesische *Cosa nostra* der reinste Trachtenverein. Das berühmte amerikanische Umweltbewußtsein? Außerhalb der Nationalparks ist es schon längst italianisiert, das merkt man schnell: Die Straßen von San Francisco haben mit denen von Neapel nicht die Schönheit, nur den Schmutz gemeinsam. Die Armut des *Mezzogiorno*? Wird von Lateinamerika, aber selbst vom reichsten Land der Welt überholt. Viele Menschen essen aus den Mülleimern auf den Straßen, im Land, wo die Orangen reifen – Steinbecks kalifornische Früchte des Zorns auf Hunderten von Quadratkilometern. Nicht in Italien. Am andern Ende der Skala erlebt Amerika seit 1987 eine Italienwelle, die von *Gucci* zu *Versace*, von *Ferragamo* zu *Benetton*, von *Fiat* zu *Ferrari* und von *Krizia* zu *Missoni* schwappt.

Die Italienwelle ist auch über die Alpen geschäumt. Nehmt alles nur in allem: Italien *ist* überall. Italien ist *in*. Ein Rätsel bleibt, ein Widerspruch ist nicht aufzulösen. Wieso ist der Italiener der Prügelknabe für das Selbstbewußtsein der europäischen Familie? Ein schwarzes Schaf, ein charmanter Nichtsnutz, dem man nichts zutraut? Wie kommt es zu der merkwürdigen Begeisterung von der überheblichen, selbstgerechten Art: Italien wäre ja ganz schön, wenn die Italiener nicht wären?

Liegt es womöglich an einer raffinierten machiavellischen Verkleidung? Die tüchtigen und fleißigen Musterschüler Europas, sitzen die vielleicht gar nicht an Rhein, Elbe und Donau, sondern in Wirklichkeit am Tiber, Po und Arno? Und sie lassen es nur nicht merken? Sie haben ja vor Augen, wie Musterschüler eingeschätzt, wie wenig sie geliebt werden. (Um so ärger, wenn einer sich als Musterschüler aufführt im Glauben, er wäre noch einer.) Sind die Italiener vielleicht zu klug, ihre Tüchtigkeit wie ein Kainsmal auf der Stirn zu tragen? Die Römer waren die personifizierte Tüchtigkeit, vollendete Straßenbauer, perfekte Planer, genaue und sorgfältige Verwalter ihrer Eroberungen. Sie veränderten die antike Welt, sie wurden von der Mit- und Nachwelt bewundert, respektiert. Geliebt? Gewiß nicht. Die Nachfahren von Romulus und Remus hatten viele Jahrhunderte Zeit, ihre Vorzüge zu verschleiern. Denn das Perfekte wird bewundert, oft gefürchtet, manchmal vielleicht sogar verehrt. Aber geliebt: Geliebt wird Italien.

1 Peter R. Hofstätter: *Gruppendynamik*, Rowohlt, Hamburg 1957
2 So ist Italien tatsächlich das größte Weinproduktionsland der Erde, und die Süditaliener reden nicht nur mehr als die Deutschen mit den Händen, sondern gestikulieren auch mehr als die norditalienischen Mitbürger, wie Ricci-Bitti herausfand (*Italian Journal of Psychology*, III/1976).
3 Gewünschtes Land nach Belieben einzusetzen.

Glossar

il **caffè**

Sowohl der Caffè wie das Café: die dicke Brühe, die in der Bar aus der Espressomaschine kommt, und das inzwischen von il bar fast verdrängte altneapolitanische, altrömische und österreichisch-ungarische, also venezianische und lombardische Etablissement. Caffè ist nicht zu verwechseln mit Wiener Kaffee oder norddeutschem Káffe, einer ziemlich ungenießbaren Flüssigkeit.

il **calcio**

Das wichtigste Sonntagsvergnügen des Italieners. 23 Männer, davon einer in Schwarz, sind mit den Bewegungen eines Lederballs beschäftigt, bis zu 50000 andere schauen zu, Millionen sehen die Fernsehübertragung. Der in Schwarz hat die gefährlichste Rolle. *Un calcio nel sedere*, ein Tritt in den Hintern, ist zwar auch ein Vergnügen, doch ein selteneres, teureres und privateres.

il **casino**

Achtung: Wenn der Italiener sein Geld im Glückspiel verlieren will, geht er ins *casinò* (letzte Silbe betont). Das *casino* ist das Freudenhaus. Man hört das Wort oft und könnte meinen, Italien sei voll von diesen Einrichtungen. Der Ausruf *Che casino!* hat aber nichts mit Freuden, geschweige fleischlichen zu tun, sondern bedeutet: Was für ein Durcheinander, Chaos, Wirrwarr, zäher Verkehr, Gedränge. *Casino* bezeichnet den Zustand, in dem sich der Italiener, besonders der Großstädter, gewöhnlich fühlt.

Càvolo!

Eigentlich: Kohl. In den beiden deutschen Bedeutungen kaum gebraucht. Ausruf des Erstaunens, des Ärgers, der Bewunderung, der Überraschung. Es ist eine euphemistische Umschreibung, die zwei Wörter vermischt: den Fluch *Diavolo!* (Teufel) und *Cazzo!*

Cazzo!
Nicht sehr wissenschaftlicher Begriff für jenen Körperteil, auf den viele italienischen Männer insgeheim am meisten stolz sind, weil er den Frauen fehlt. Der Stolz spiegelt sich im Reichtum einiger Dutzend ebenfalls unwissenschaftlicher Synonyme. Das häufigste ordinäre Wort der Umgangssprache. In abgeschwächter Version: *Cacchio!*, noch harmloser: *Cavolo!* als verärgerter, auch als bewundernder Ausruf gleichwohl in allen (allen!) Gesellschaftsschichten gebraucht, von wohlerzogenen Leuten ausschließlich im privaten Kreis. Entspricht als Anerkennungsruf dem bayrisch gefärbten Götz-Zitat: Dieses ist eine keineswegs beleidigende Aufforderung, wie in Urteilen bayrischer Gerichte inzwischen amtlich bestätigt. Analog gilt »Ungeheuer« im Ausruf *Che mostro!* als höchstes Lob wie bayrisch »So ein wilder Hund!«

il crucco
Der hart lautende Ausdruck nationaler Vorurteile für den häßlichen Deutschen (Schweizer, Österreicher). Die *crucchi* sind wahnsinnig tüchtig, ungemein genau, unübertrefflich geizig, haben ein Herz aus Stein und die Haut des Elefanten: Der *crucco* ist so hart wie das Sympathische an ihm, die harte Mark. Ein *crucco* ist immer auch *pignolo*, ein *pignolo* nicht notwendigerweise ein *crucco*. Der Austausch von Schimpfwörtern im geeinten Europa benachteiligt die Italiener. Auch ohne Kenntnis des Deutschen können sie *Katzelmacher* wegen der klanglichen Nähe zu *cazzo* als beleidigend empfinden. Katzelmacher haben entgegen einem verbreiteten Aberglauben nichts mit Katzen zu tun, sondern mit der *cazzuola*, der Maurerkelle, mit der sich die Bewohner der armen Alpentäler als Saisonarbeiter verdingten, nach anderer Ableitung mit der *cazzeruola*, dem Topf als Kennzeichen wandernder Kesselflicker.

i **coglioni** siehe *le scatole*.

Che culo!
»So ein Schwein!« Wer es hat, hat in Italien *culo* (Hintern): Fortuna, das Glück lacht ihm. Nicht mit dem Artikel! Dann bezeichnet *culo* familiär die Sitzfläche, in der Halbwelt den Homosexuellen.

il divorzio
Fortsetzung des Ehekriegs mit anderen Mitteln. Seit 1.Dezember 1970 ist das *divorzio all'italiana*, die Scheidung auf italienisch, nur noch ordinärer Verwaltungsakt wie in anderen Ländern und wird nicht mehr wie im Film von Pietro Germi (1961) mit Hilfe eines Revolvers »aus verletzter Ehre« vorgenommen.

il dolce far niente

Von Dichtern in die Welt gesetztes Gerücht, das an der italienischen Realität weit vorbeigeht. Italienischer Fleiß wird in Form von Arbeitern, denen man mit der Bezeichnung »Gast« schmeichelt, in Landschaften nördlich der Staatsgrenze exportiert.

la figura, la figuraccia

Italiener haben mit Chinesen eines gemein: Das Gesicht wahren ist oft das wichtigste. *Fare figura* oder gar *fare bella figura* ist mehr: Eindruck schinden, imponieren, sich in die Brust werfen oder beliebt machen, gut abschneiden, Bewunderung erregen, von sich reden machen, andere an die Wand spielen, überlegen wirken. *Fare una figuraccia / brutta figura* ist das Gegenteil: sich unmöglich machen, sich danebenbenehmen, ins Fettnäpfchen treten, dumm dastehn, Sympathien und Chancen verscherzen, nicht ernst genommen werden, kurz: das Gesicht verlieren. Übliche Folge des Ehrverlusts: Sie werden ausgelacht.

la filastrocca

Kinderreim, Abzählvers oder Scherzgedicht, zum Beispiel: *Igne migne magna mo...*, auf deutsch: Ene mene mu (und drauß' bist du). Sie sehen, man kann das wörtlich genau übersetzen, ohne zu wissen, was es heißt. Diese *filastrocca* kommt wohl von einem vergessenen Zauberspruch.

la frana

Eigentlich Erdrutsch. Ungeheuer mit zwei linken Händen und zwei linken Füßen, in dessen Nähe Blumenvasen um- und Kaffeetassen zu Boden fallen, Uhren falsch, Fernseher kaputt- und Töpfe übergehen, das Essen an- oder das Haus abbrennt.

Mamma mia!

»Meine Mutter!« Der wichtigste Vielzweckausdruck, ersetzt alle anderen Ausrufe: bei Unglücksfällen (*Che disastro!*), Glücksfällen (*Che fortuna!*), Schlechtwetter (*Che tempaccio!*), Schönwetter (*Che bel sole!*), im Anblick von Trotteln und Tolpatschen (*Che frana!*), von Genies (*Che mostro!*), Heiligen (*Che Santo!*), bei Diebstählen (*Al ladro!*) und allen Vorkommnissen, die den Alltag farbig, kurz: italienisch gestalten.

Marameo!

Das Wort, das ein Kind denkt oder ruft, wenn es die Nase zeigt. (Daumen an der Nasenspitze, die anderen Finger machen eine flatternde Bewegung)

il **menefreghismo**

Der verbreitetste -ismus. Schopenhauer und die stoische Philosophie für den kleinen Mann. Oft konzentriert auf eine einzige Gebärde (siehe »Das andere Italienisch«).

la **multa**

Jener Zettel, den der *Vigile Urbano* hinter die Scheibenwischer klemmt. Abergläubischer Beschwörungszauber, der nach einem alten Volksglauben dazu führt, daß die vielen falsch geparkten Autos von den Straßen verschwinden und mehr Geld in die Gemeindekasse fließt.

il **pernacchio**

Siehe »Das andere Italienisch«. Das Geräusch ist schon im Parlament gehört worden, aber nicht parlamentarisch. Bei diplomatischen Empfängen zu vermeiden.

il **pignolo**

Wörtlich eigentlich ein Pinienkern: ein Pedant, Kleinigkeitskrämer, Korinthenkacker oder Schlimmeres. Ein unsympathischer Mensch, dessen hervorstechendste Eigenschaft aus italienischer Sicht »typisch deutsch« ist: (übertriebene) Genauigkeit, kleinliches Aufrechnen, Beharren auf dem Detail, die Unfähigkeit, einmal fünf grade sein zu lassen. Der *pignolo* rechnet stets mit so vielen Stellen hinter dem Komma, wie der Taschenrechner ausspuckt, und beschwert sich, daß der Kassierer im Supermarkt fünf Lire (der *pignolo* weiß genau: 0,680272108 deutsche Pfennije) nicht herausgibt.

il **ponte**

Die Brücke, von einem Feiertag zu einem fast benachbarten, um die dazwischenliegende Zeit nicht mit Arbeit zu verplempern. Der Brückenbau bedient sich der (diplomatischen) Krankheit, des *sciopero*, der allgemeinen Schwierigkeiten (*sciopero* der Züge, Autobusse oder anderer). Venedig hat besonders viele Brücken: das ermöglicht der *sciopero* der *vaporetti* und – besonders wirksam – das *acqua alta* (Hochwasser).

lo **scagnozzo**

Junger Mann im Süden, meist arbeitslos, der sich nützlich macht: Beseitigung unerwünschter Personen, Eintreiben von Außenständen, Erzeugung von Verkehrsunfällen, Bestrafung unerträglicher Unhöflichkeiten und ähnliches. Untergeordnete, schlecht bezahlte Tätigkeit, jedoch mit Aufstiegschancen. Die minderjährige Version des *scagnozzo* ist der *scugnizzo*.

le **scatole**, le **palle**

Was den Mann zum Mann macht. *Mi rompe le scatole* (wörtlich: er/sie/
es zerbricht mir die Schachteln) bedeutet, etwas geht mir auf die Nerven, an die Nieren, auf den Geist, auf den Grind, auf den Zwirn, auf
den Bims, auf die Eier, auf den Zeiger, auf den Keks, auf den Koks, auf
den Wecker, auf den Sack. Sackzement!

lo **sciòpero**

Volkstümliche Beschäftigung (siehe *dolce far niente*). Beschäftigte geben sich ihr hin, weil sie mehr Bezahlung, weniger Zwang, mehr Ar-
beitsplätze, weniger Arbeit, mehr Parkplätze, weniger Strafzettel,
mehr Sonne, weniger Steuern, mehr Ordnung, weniger Staat, ein
freies Nicaragua, ein freies Afghanistan, ein freies Wochenende, eine
andere Regierung, überhaupt keine Regierung, mehr oder weniger irgend etwas anderes wollen.

lo **scippo**

Mehr oder minder gewaltsame Eigentumsübertragung auf der Straße.
Tätigkeit, meist im Team von Motorradfahrer und Sozius, der sich eine
verschwindende Minderheit der 1 388 000 jugendlichen Arbeitslosen
(Angabe ISTAT, Januar 1988) hingibt, um zu überleben, sich Drogen
zu beschaffen oder auf andere Weise an der Verschönerung der Welt
(ihrer Welt) zu arbeiten.

gli **strangolapreti**

Wörtlich Pfaffenwürger. Keine antiklerikalen Aktivisten, sondern eine
Art *gnocchi*, Spätzle oder Nockerl, meist aus grünem (spinathaltigem)
Teig, beliebt vom laizistischen Piemont bis zur frommen Campania.
Die italienische Küche kennt auch den *cappello da prete* (Priesterhut),
schiaffoni (Riesenohrfeigen), *castagne del prete* (Pfaffenmaroni) und
den *vinsanto* (heiligen Wein): respektlos ist die Phantasie des Gau-
mens. Italiener essen oder leben nicht wie Gott in Frankreich, sondern
da papi – wie die Päpste.

il **tifo**

Typhus von besonderer Art, dessen Ansteckungszentren die Fußball-
stadien sind (siehe *calcio*). Die Befallenen, die *tifosi*, suchen sich mit
langen Schals zu schützen, auf denen magische Namen wie Maradona
oder Rummenigge stehen. Sie brechen hin und wieder in krampfhafte
Zuckungen oder Sprechchöre aus und sind imstande, mit dem Ruf
»Eins zu null! Eins zu null!« wildfremde Personen zu umarmen. Die
Krankheit gilt als unheilbar.

Va!

Meist *Ma va!* oder *Ma va?*: »Aber geh!« oder »Da schau her!« Einer der Ausrufe für jedes Wetter, drückt je nach Tonfall Unglauben, Überraschung, Erstaunen, Ärger, Ungeduld, Freude, Ironie und noch ein paar Dutzend Gefühlslagen aus.

Vaffanculo!

Unter allen Umständen zu vermeidende Aufforderung. Im Deutschen entspricht ihr die berühmte, in Goethes Drama *Götz von Berlichingen* ausgesprochene Einladung. Sie ist vergleichsweise aristokratisch formuliert. Beide Sätze haben in sauberen Texten die Orthographie gemeinsam. Nämlich: »...!«